평화를 여는 역사

한중일 청소년이 함께 쓴 동아시아 근현대사

한중일3국공동역사편찬위원회 지음

한중일 3국이
함께 생각하는
동아시아의 미래

서문

　한중일3국공동역사편찬위원회는 2005년 첫 번째 한·중·일 공동역사교재인 《미래를 여는 역사》에 이어 2012년 《한중일이 함께 쓴 동아시아 근현대사 1·2》를 출간했습니다. 그리고 2025년 세 번째 공동역사교재인 《평화를 여는 역사》를 내놓습니다. 앞선 두 책을 출간했음에도 또 한 번 공동역사교재를 집필하게 된 이유는 무엇일까요?

　공동역사교재 편찬을 시작한 2002년으로 잠시 돌아가 보겠습니다. 당시 일본의 우익 세력은 잘못된 역사관을 바탕으로 일본의 침략 역사를 부정하는 교과서를 만들고 역사 왜곡과 역사 인식의 혼란을 일으키며 시대의 흐름에 역행하는 행보를 보였습니다. 동시에 역사의 진실과 초국경적 역사 인식을 바탕으로 동아시아 나라 간의 역사 화해와 동아시아 공동체 수립을 모색하고 지역의 평화를 실현하고자 하는 사람들이 있었습니다. 한국·중국·일본의 학자, 교사, 시민 들은 세 나라를 오가며 수십 차례의 국제회의를 열고 서로에 대한 이해를 넓혀 나갔습니다. 그 결과 역사 인식에 대한 공감대가 어느 정도 형성되었으며, 이를 기반으로 두 차례에 걸쳐 동아시아 3국 근현대사 책을 출간했습니다. 또한 '역사 인식과 동아시아 평화 포럼'을 통해 오직 사실과 근거에 입각하여 역사의 진실을 함께 규명하고, 동아시아 평화 실현이라는 굳건한 신념을 바탕으로 동아시아가 진정한 화해로 나아갈 수 있는 길을 모색했습니다. 이러한 노력은 한·중·일 세 나라의 역사 화해와 우호 협력은 물론 국제사회에도 긍정적인 영향력을 발휘했습니다.

그동안 한·중·일 세 나라는 한층 더 깊이 있게 관계를 발전시키며 함께 폭넓은 성과를 거두었습니다. 그러나 다른 한편으로는 역사 인식, 영토 분쟁, 상대국의 현실과 미래에 대한 인식의 차이 등으로 지속적인 부침과 기복을 겪으면서, 세 나라 관계는 여러 갈등이 중첩되어 복잡하고 첨예하며 구조화되는 양상을 보였습니다. 최근에는 댜오위다오(센카쿠열도), 사드, 강제 징용, 일본군 '위안부' 문제 등에 더해 미국이 시작한 세계 무역전쟁 및 인도태평양전략까지 가세하며 세 나라 관계에 미묘한 변화가 일어나고 있습니다. 한·일 관계, 한·중 관계, 중·일 관계는 긴장과 이완을 반복해 왔습니다. 국제 정세는 여전히 불안하고 동아시아의 평화에는 불확실성이 존재합니다. 전반적인 국제 정세와 동아시아 국제 관계는 앞선 두 책을 집필할 때와 비교해 나아지지 않았고, 특히 역사 인식과 화해 문제는 한·중·일의 관계에서 여전히 중요한 부분을 차지하고 있습니다. 따라서 동아시아 지역의 평화를 위해 지식인과 시민으로서의 양심을 지키고 지혜를 모으는 노력이 중단되어서는 안 될 것입니다.

그렇다면 이 책, 《평화를 여는 역사》는 앞서 출간된 두 책과 비교해 무엇이 다르고 어떤 점에서 새로운 의미를 지닐까요?

첫 번째 책 《미래를 여는 역사》는 동아시아 세 나라의 근현대사를 간략히 서술한 것으로, 세 나라 집필자들이 각자 자기 나라의 역사를 서술했습니다. 두 번째 책 《한중일이 함께 쓴 동아시아 근현대사 1·2》의 경우, 1권은 동아시아 3국과 국제 관계의 변천사를, 2권은 세 나라 민중의 생활과 교류의 역사를 담았습니다. 《평화를 여는 역사》는 국가별로 자기 나라 역사만 서술하던 방식에서 벗어나 세 나라 집필자들이 장별로 집필을 맡아 세 나라의 역사를 하나로 엮어 서술했습니다. 내용 또한 앞서 진행한 두 차례의 집필 과정에서 비교적 논쟁이 많았던 주제이거나 학술적 가치와 역사적 영향력이 큰 문제, 독자의 관심이 높은 사건 등 한·중·일 세 나라 근현대사의 중요한 쟁점들을 위주로 다루었습니다. 무엇보다 가장 큰 특징은 하나의 정답을 제시하는 것이 아니라, 절마다 질문으로 시작해서 질문으로 끝을 맺으며 독자 스스로 다각적으로 사고할 수 있도록 열린 글쓰기를 한 점입니다. 여타 동아시아 근현대사 책과 차별성을 두고 한층 더 깊이 있고 흥미로운 내용으로 독자의 이목을 끌기 위해 많은 사진과 문헌 자료, 통계 자료를 제시했습니다.

성찰의 시각을 가득 채운 이번 책이 동아시아 역사를 이해하는 새로운 창이 되어 독자 여러분에게 새로운 영감과 정신적 즐거움을 선사할 수 있기를 바랍니다. 더불어 여러분의 통찰력 있는 견해와 건전한 비판을 통해 우리 모두가 동아시아 역사를 한층 깊이 인식하고 나아가 동아시아 평화를 위한 새로운 여정에 오를 수 있기를 기대합니다.

한중일3국공동역사편찬위원회

2025년 8월

이 책을 읽는 여러분께

독자 여러분, 이 책의 첫 장을 펼치면 가장 먼저 무엇이 보이나요?
 오늘날 동아시아에는 새로운 역사 과목이 등장하고 있으며, 역사교육의 방식도 크게 변화하고 있습니다. 한국 고등학교에서는 2012년부터 '동아시아사'가 선택과목으로 개설되었고, 일본 고등학교에서는 2022년에 새로운 필수과목 '역사종합'이 등장했습니다. 우리는 과거로부터 무엇을 배우고, 현재를 어떻게 인식하고, 미래를 어떻게 열어 나가면 좋을까요? 과거가 현재를 좌우하듯이 현재는 미래의 모습을 좌우합니다.
 지금의 세계, 특히 젊은 세대는 기후변화 위기와 코로나19 같은 팬데믹에 큰 불안을 느끼고 있습니다. 우크라이나 전쟁과 가자 침공 등, 세계 정세도 급격히 변하고 있습니다. 동아시아로 눈을 돌리면 국가와 국가 간의 관계 변화로 여러 어려운 현실에 직면하고 있습니다. 그러나 젊은 이들의 교류와 상호 문화에 대한 높은 관심은 새로운 시대를 마주할 용기를 불러일으킵니다.
 지나간 일은 직접 보거나 체험할 수 없습니다. 학교에서 배우거나 책을 읽거나 드라마나 만화를 보면서, 또는 텔레비전·신문·인터넷 등을 통해 과거에 대한 다양한 지식과 정보를 얻을 수 있습니다. 과거에 대한 이미지는 그러한 지식이나 정보로 만들어집니다. 그렇다면 동아시아의 과거에 대해서는 서로가 얼마나 알고 있을까요?

　이 책은 한·중·일 세 나라를 둘러싼 동아시아 근현대사입니다. 근현대사를 시대별로 3개의 '부'로 나누어 다룹니다. '부'는 장면의 큰 전환을 나타내는 연극의 '막'과 비슷합니다. 각각의 막은 시간의 흐름과 주제에 따라 3개의 '장'으로, 각 장은 4개의 '절'로 이루어져 있습니다. 총 36개의 '절'에서는 당시의 다양한 그림이나 사진 등의 자료를 통해 그 장면 속으로 들어가 볼 수 있도록 했습니다. 우리는 독자 여러분이 그림, 사진, 문헌 자료 등을 활용하여 역사가 던지는 물음을 스스로 생각하고 풀어 보기를 바랍니다. 이를 통해 글로 역사를 아는 데 그치지 않고 다양한 자료를 소재 삼아 역사를 읽는 힘을 기를 수 있을 것입니다.

　이것은 비단 세 나라만의 과제가 아닙니다. 대립하는 입장 너머의 역사를 배우고 대화를 통해 미래를 만들어 나갈 수 있는 지혜가, 위기에 처한 세계에 요구되고 있습니다. 이 책을 읽으면서 자기 나라를 다른 두 나라와 비교하거나, 다른 나라의 관점에서 생각하거나, 세 나라 사이의 관계를 살펴보세요. 자기 나라 중심의 시각을 넘어서면 지금까지 알고 있던 역사의 다른 측면이, 지금까지 보이지 않던 것들이 분명 보이기 시작할 것입니다. 동아시아가 함께 안고 있는 문제들을 한쪽에서만이 아니라 여러 방향에서 바라보면, 다르다고만 생각했던 것들에서 공통적인 부분을 찾을 수 있을 것입니다. 한쪽 상황만이 아니라 여러 상황을 찾아내 맞대어 보고 각각의 상황을 알게 되면, 자신은 물론 서로에 대한 인식이 깊어지고 그 폭도 넓어질 것입니다. 인식을 풍부하게 만드는 이러한 사유를 통해 세 나라가 공유할 수 있는 역사 인식의 폭 또한 점차 넓어질 것입니다.

역사를 국가의 울타리로 가르지 않고 보다 넓은 시선으로 과거에 눈길을 보냈으면 합니다. 독자 여러분이 이 책을 통해 세 나라의 관계를 탐색하면서 풍부한 관점을 얻고 미래로 이어지는 새로운 시야를 열어 갔으면 좋겠습니다. 세 나라의 역사를 동아시아 속에서, 그리고 세계사의 전개 속에서 읽으면서 글로벌한 시야를 길렀으면 합니다.

무엇보다 중요한 것은 국경 너머에 있는 벗들을 아는 일입니다. 누군가를 적대하는 것은 기본적으로 상대를 잘 모르기 때문입니다. 대화와 토론 그리고 미래를 향한 연대야말로 자신뿐만 아니라 상대방도 풍요롭게 하며 새로운 역사의 가능성을 열어 줄 것입니다. 이 책을 통해 독자 여러분이 국경 너머에 많은 벗이 있다는 것을 알고, 평화롭고 풍요로운 미래를 만드는 연대의 고리를 만들어 가면 좋겠습니다.

물론 이 책이 다루고 있는 내용은 크나큰 역사 속의 극히 일부분일 뿐입니다. 이 책에서 다루지 못한, 더 많이 대화하고 풀어 가야 할 중요한 사안들이 많습니다. 이 책을 디딤돌 삼아 독자 여러분이 더욱 풍부하고 활발하게 대화하고 교류해 나가기를 바랍니다. 동아시아와 세계의 평화로운 미래를 위해!

차례

서문 · 5

이 책을 읽는 여러분께 · 8

1부 동아시아의 변동과 근대화

1장 개항과 근대화

1 서양은 어느 날 갑자기 동아시아에 나타난 걸까요? 20
2 외교 담판은 무슨 언어로 진행되었을까요? 30
3 민중은 어디에서 '서양'을 만났을까요? 38
4 근대의 민중은 새로운 국가 수립 과정에 어떻게 대응하고 48
   참여했을까요?

칼럼 멕시코의 은 · 58 | 민간 종교와 남녀평등 · 60 | 만세 · 62

2장 전쟁과 동아시아 질서의 재편성

1 청일전쟁에서 누가 무엇을 위해 싸웠을까요? 66
2 러일전쟁은 사람들의 세계관을 어떻게 변화시켰을까요? 76
3 일본은 어떻게 타이완을 식민 통치했을까요? 86
4 일본은 어떻게 조선을 지배했을까요? 96

칼럼 일본군이 전쟁에 동원한 말 · 105 | 정로환의 탄생 · 107
1900년 파리 만국박람회 · 109

3장 민중 생활의 변화

1	양복과 단발은 언제부터 시작됐을까요?	112
2	새로운 교통수단과 전신의 발전은 민중들에게 어떠한 변화를 가져왔을까요?	121
3	가족과 양성 관계는 어떻게 변화했을까요?	131
4	학교의 등장으로 아이들은 무엇을 어떻게 배우게 되었을까요?	141

칼럼 세 나라의 새해 첫날 • 150 | 사진의 등장과 민중생활 • 152
학교 체육 교육의 시작 • 154

2부 두 번의 세계대전과 동아시아

1장 제1차 세계대전 이후의 동아시아

1	제1차 세계대전이 동아시아에 미친 영향을 민중은 어떻게 받아들였을까요?	160
2	동아시아 민중은 러시아혁명을 어떻게 바라보았을까요?	170
3	3·1운동과 5·4운동에서 꿈꾸었던 세상은 무엇일까요?	178
4	전쟁을 막으려는 노력은 왜 실패했을까요?	186

칼럼 아시아의 쌀 소동 • 197 | 동아시아사의 관점에서 본 간토 대지진 • 199
제1차 세계대전에 동원된 아시아와 아프리카 민중들 • 201

2장 동아시아의 총력전과 민중의 저항

1	일본은 왜 계속해서 대외 전쟁을 확대했을까요?	204
2	전쟁 시기 징병은 어떻게 이루어졌을까요?	214
3	전쟁터에서 여성에게는 어떤 폭력이 가해졌을까요?	224
4	세 나라 민중은 일본의 침략전쟁에 어떻게 저항했을까요?	234

칼럼 한·중·일이 얽힌 완바오산 사건 • 243 | 반전 평화를 노래하다 • 245

3장 대중문화와 민중의 삶

1 도미코 가족은 왜 조선으로 건너왔을까요?   252
2 동아시아의 도시인들은 어떻게 살았을까요?   261
3 식민지와 전쟁터의 대중은 어떤 노래를 불렀을까요?   272
4 어린이는 총력전 시대를 어떻게 살았을까요?   282

칼럼 《중국의 붉은 별》• 292 | 어린이날 • 294
유학을 다녀온 신여성, 여성교육에 뛰어들다 • 295

3부 현대 세계와 동아시아

1장 전후 국제관계의 변화와 민중

1 8월 15일은 무슨 날일까요?   302
2 동아시아의 몇몇 나라는 왜 아직도 평화적인 외교 관계를   313
  맺지 못하고 있을까요?
3 동아시아에 미군기지가 여전히 남아 있는 이유는 무엇일까요?   324
4 동아시아인들은 평화를 위해 어떤 노력을 했을까요?   332

칼럼 동아시아의 전통명절 • 340 | 평화기념관 • 341 | 재일코리안의 '국적' • 343

2장 경제성장의 빛과 그림자

1 동아시아 나라들의 경제가 빠르게 성장한 이유는 무엇일까요?   346
2 경제성장은 사람들의 생활을 풍요롭게 만들었을까요?   354
3 고학력이 미래의 '행복'을 보장해 줄 수 있을까요?   364

4 육아하는 남성은 '이상적 남성상'일까요?   373

칼럼 미투운동 • 384 | 인터넷과 소셜미디어 • 386 | 동아시아의 신세대 • 388

3장 동아시아의 미래

1 세계화는 왜 무한 경쟁을 낳았나요?   392
2 동아시아 사람들의 안전한 삶을 위협하는 것은 무엇일까요?   401
3 어떻게 역사 갈등을 해결하고 화해로 나아갈 수 있을까요?   411
4 동아시아의 평화를 위해 무엇을 할 수 있을까요?   426

칼럼 이수현 • 436 | 스포츠로 가까워지는 남북한 • 438
국경을 넘어서는 애니메이션, 게임, 케이팝 • 440

편집 후기 • 442

저자 소개 • 446

사진 출처 및 소장처 • 450

찾아보기 • 454

1부

동아시아의 변동과 근대화

1840	청, 아편전쟁(1842 난징조약)
1845	청, 상하이에 영국 조계 설치(1848 미국 조계 설치. 1849 프랑스 조계 설치)
1853	미국의 페리 함대, 일본에게 개항 요구
1861	청, 총리각국사무아문 설치, 양무운동 시작
1868	일본, 메이지유신, 신정부 성립
1871	청일수호조규 체결
1874	일본, 타이완 침공. 청일호환조관 체결
1876	조일수호조규(부산 개항)
1879	일본, 류큐왕국 병합
1880	일본, 자유민권운동 고양
1882	조선, 임오군란(1884 갑신정변), 조청상민수륙장정 체결
1883	조선, 인천 개항(일본인 거류지 설치. 1884 중국 조계 설치)
1889	일본, 대일본제국헌법 공포(1890 교육칙어 공포)
1894	조선, 갑오농민전쟁. 청일전쟁. 갑오개혁
1895	시모노세키조약, 일본에 타이완 할양
1896	조선, 독립협회운동
1897	조선, 대한제국 수립
1898	청, 무술변법운동. 무술정변
1900	청, 의화단운동. 8개국 연합군, 베이징 점령
1901	청과 열강, 신축조약
1904	러일전쟁. 한일의정서. 제1차 한일협약
1905	포츠머스조약. 제2차 한일협약(을사조약)
1906	한국통감부 설치. 남만주철도주식회사 설립
1907	제3차 한일협약. 한국, 의병운동 전국 확대
1910	한국병합, 대한제국 멸망. 조선총독부 설치(1914 거류지 폐지)
1911	청, 신해혁명(1912 중화민국 성립)

19세기 중반 이후 서양 열강의 압력으로 동아시아는 커다란 변화의 소용돌이에 휩싸였습니다. 아편전쟁 후 중국은 열강의 강압에 못 이겨 개항했고, 이어 일본도 미국의 압력에 문호를 열었습니다. 서양과의 통상을 거부하던 조선도 일본의 압력으로 개항했습니다. 이렇게 해서 서양과 동아시아 사이에는 새로운 관계가 형성되었습니다.

　이러한 상황은 동아시아 내부에도 큰 변화를 불러왔습니다. 일본은 재빨리 근대적 국가 건설을 추진하고 서양의 압력에 맞서면서 동아시아 지역으로 세력을 넓혀가려 했습니다. 일본과 청의 대립이 깊어지는 가운데 일본은 청일전쟁을 일으켰고, 전쟁의 결과로 동아시아의 국제 관계가 새롭게 재편되었습니다. 일본은 조선의 갑오농민전쟁을 진압하고 청일전쟁에서 승리했고, 이어 타이완을 무력으로 탄압하고 식민지화하여 동아시아 최초로 식민지를 보유한 국가가 되었습니다. 조선은 대한제국이 되었고, 청을 분할하려는 서양 열강의 움직임이 강해지자 일본도 이에 가세하려 했습니다. 또한 한반도와 중국 동북 지방을 놓고 일본과 러시아의 대립이 깊어졌습니다. 그 결과 일어난 러일전쟁으로 동아시아의 국제 관계는 변화를 거듭했습니다. 일본은 한국을 보호국으로 삼고 한국인들의 거센 저항을 탄압하며 끝내 한국을 식민지로 만들었습니다. 한편, 중국에서는 신해혁명으로 청 왕조가 무너지고 중화민국이 성립되었습니다.

　서양과 관계를 맺으면서 근대화의 물결이 동아시아로 밀려와 정치·경제에서부터 사회·생활·문화에 이르기까지 다양한 변화가 일어났습니다. 그리고 청일전쟁과 러일전쟁을 거치며 식민지화와 종속화가 진행되는 동안 근대화를 둘러싼 동아시아 내부의 상호 관계도 복잡해졌습니다.

　1부에서는 동아시아의 개항부터 러일전쟁 이후까지의 시기를 다룹니다. 동아시아의 국제 관계와 정치·사회·문화가 왜, 어떻게 변동하고 변모했는지 다양한 자료를 읽으며 생각해 봅시다.

1장에서는 개항을 통해 서양에 문을 열면서 동아시아 사회와 국가가 어떻게 변화했는지 생각해 봅니다. 이 시기에 서양 각국이 동아시아에 나타난 것은 갑작스러운 일이었을까요?(1절) 서양과 동아시아는 무슨 언어로 외교 교섭을 했을까요?(2절) 동아시아 사람들은 서양을 어떻게 받아들였을까요?(3절) 서양과의 접촉은 동아시아 국가에 어떤 변화를 일으켰을까요?(4절)

2장에서는 청일전쟁과 러일전쟁을 거치면서 동아시아 질서와 관계가 어떻게 재편되었는지를 짚어봅니다. 청일전쟁은 청과 일본만의 전쟁이었을까요? 실제로 전쟁에서 싸운 것은 누구와 누구였을까요?(1절) 러일전쟁은 동아시아 민중에게 어떤 의미의 전쟁이었을까요? 사람들은 이 전쟁을 어떻게 받아들였을까요?(2절) 일본은 청일전쟁의 결과 식민지가 된 타이완을 어떻게 지배했을까요?(3절) 러일전쟁을 거치며 대한제국을 식민지로 삼은 일본의 지배 방식에는 어떤 특징이 있었을까요?(4절)

1장과 2장이 시간의 흐름을 따랐다면, 3장에서는 1부의 전체 시기, 때로는 이후 시기를 넓게 바라보면서 동아시아 사람들의 생활과 사회에 어떠한 변화가 생겼는지 살펴봅니다. 우선 물질적인 면에서 서양과의 접촉과 교류는 민중의 생활에 어떤 영향을 미쳤을까요?(1절) 기선·철도·전신 등 새로운 교통·통신 수단은 사회에 어떠한 변화를 가져왔을까요?(2절) 다음으로 사회 변화의 양상에 대해서 근대화 이전과 이후를 비교하면서 생각해 봅니다. 가족의 형태, 남녀관계의 모습은 어떻게 변화했을까요?(3절) 근대화 과정에서 등장한 학교에서 아이들은 무엇을 어떻게 배웠을까요?(4절)

1부 전체를 통해 동아시아와 서양의 관계, 동아시아 내부 상호관계의 변화를 살펴보고, 정치·사회·생활의 각 영역에 커다란 영향을 미친 '근대'의 의미에 대해 생각해 봅시다.

1장 개항과 근대화

1

서양은
어느 날 갑자기
동아시아에 나타난 걸까요?

아편전쟁 당시 청과 영국의 해상 전투

이 그림은 1841년 1월 중국 연해에서 일어난 전투를 그린 동판화입니다. 오른쪽 멀리 보이는 영국 군함이 청의 배를 공격하고 있습니다. 청은 왜 영국과 전쟁을 하게 되었을까요? 지금으로부터 약 300년 전으로 거슬러 올라가 동아시아와 유럽의 관계를 살펴보고, 이 시기 출현한 영국 군함이 어떠한 의미를 갖는지 생각해 봅시다.

15~17세기, 동아시아와 유럽은 어떤 관계였을까요?

뒷장에는 16세기의 항해도가 있습니다. 유럽의 에스파냐와 포르투갈에서 출발하여 아메리카, 유라시아 대륙 동쪽까지 뻗어 있는 항로를 볼 수 있죠. 네 개의 항로 중 포르투갈의 리스본에서 출발하는 항로는 대서양을 횡단하여 마젤란해협을 거쳐 태평양에 이릅니다. 이어서 필리핀군도와 인도양을 지나 희망봉에 다다른 후 아프리카 대륙을 따라 북상하여 리스본으로 되돌아옵니다. 이 항로는 지구 전체를 한 바퀴 돌아 유럽과 아시아를 연결합니다. 그렇다면 이 항로는 언제, 어떠한 이유로 개척되었을까요?

르네상스 이후 유럽은 세계 지리에 대한 새로운 인식을 갖게 되었습니다. 베네치아의 상인 마르코 폴로는 《동방견문록》에 동아시아 각국의 번성한 모습을 기록했는데, 이는 서양인들의 호기심을 크게 자극했습니다.

16세기 포르투갈과 에스파냐가 개척한 항로

유럽에서 가장 먼저 해외 확장을 시작한 곳은 이베리아반도의 국가들이었습니다. 포르투갈과 에스파냐는 15세기부터 동방으로 직접 연결되는 바닷길을 찾기 시작했습니다. 그 결과, 지도에서 알 수 있듯 당시 항로들은 각각의 대륙을 하나로 연결했습니다. 새로운 항로 개척으로 동서양의 교류는 더욱 활발해졌고, 더 이상 육상 실크로드˚에만 의존할 필요가 없어졌습니다.

새로운 항로가 열린 후 동서양의 경제·문화는 점점 더 밀접하게 연결되었고, 떨어져 있던 세계는 점차 일체화되었습니다. 포르투갈과 에스파냐가 16세기 초 세계 무역을 주도하고 드넓은 식민지를 점령할 수 있었

˚ 중국과 서아시아 및 지중해를 잇는 육상교통로. 과거 중국의 비단(실크)이 육로를 통해 서양으로 유입되어 붙여진 이름이다.

던 것 역시 새로운 항로를 개척한 덕분이었습니다. 포르투갈인들은 포교와 무역을 결합하며 아시아와의 통상에서 중요한 역할을 했습니다. 이들은 식민지의 항구에서 향료 같은 물자를 구입한 후 유럽으로 실어 날랐습니다. 1553년 포르투갈인들은 명나라 관리에게 뇌물을 주어 마카오에서의 무역권과 체류권을 획득한 후, 중국의 금과 비단을 일본의 은과 구리로 맞바꾸는 중계무역을 했습니다. 에스파냐는 1571년 마닐라를 점령해 식민지를 구축한 뒤 무역을 독점했습니다.

한편, 유럽 국가들 사이의 상업 활동이 활발해지면서 네덜란드가 해상국가로 성장했습니다. 네덜란드는 국내의 농업과 모직물 산업을 기반으로 17세기부터 유럽의 중계무역을 주도했습니다. 또한 동인도회사를 설립하여 포르투갈을 제치고 동남아시아에 진출했습니다. 17세기 네덜란드는 세계 최대 규모의 상선단을 소유함으로써 '바다의 왕자'로 불리기도 했습니다. 막강한 선단을 보유한 네덜란드는 동남아시아를 거점으로 동서양 무역을 중계했고 대일본 무역을 독점했습니다. 또한 커피나 무´를 동남아시아에 들여와 새로운 경제 자원으로 발전시켰습니다.

이렇듯 서유럽이 세계의 무역을 이끌었고, 네덜란드의 암스테르담은 중계무역과 가공업의 중심지가 되었습니다. 네덜란드는 포르투갈의 식민지를 빼앗아 상품작물을 재배하고 교역망을 확대했으며, 1639년 일본의 막부가 포르투갈인들을 강제 추방한 후에는 일본의 유일한 통상국이 되었습니다.

／ 커피의 원산지는 브라질로, 유럽의 식물원에서 개량해 동남아시아 지역의 농장에서 대규모로 재배하였다.

18세기에 동아시아와 유럽의 상황은 어떠했을까요?

오른쪽 그림은 18세기 후반 중국 광저우항의 모습입니다. 서양 여러 나라의 깃발과 건물이 보입니다. 이 항구에는 왜 이렇게 많은 서양식 건축물이 들어서 있는 걸까요?

17~18세기 유럽은 격변을 겪었습니다. 국민국가 체제가 확립되었고, 18세기 중엽까지 패권 쟁탈을 위한 국가 간 대립이 계속되었습니다. 유럽의 경제 패권은 포르투갈과 에스파냐에서 네덜란드를 거쳐 영국으로 넘어갔습니다. 영국은 동인도회사를 통해 무역을 독점하고 이를 기반으로 북아메리카의 식민지를 공업제품 시장으로 삼는 한편, 인도를 식민지로 만들었습니다.

한편, 동아시아의 상황은 어땠을까요? 17세기 전반 일본은 가톨릭을 전파하던 에스파냐와 포르투갈과의 무역을 금지하고, 네덜란드와 중국 두 국가만 나가사키에서 무역을 할 수 있도록 허용하는 이른바 쇄국정책을 실시했습니다. 청의 경우 외국 상선이 연해의 항구들을 드나들자, 18세기 중반 광둥성의 광저우항에서 정부가 허가한 상인들만이 외국과 무역할 수 있도록 제한했습니다. 즉, 일본과 청은 서양과의 무역을 통제했던 것입니다. 나가사키 주재 네덜란드 무역관과 광저우를 중심으로 활동하던 영국 동인도회사가 동서양의 통상을 이어주는 연결고리가 되었습니다. 반면 이 시기의 조선은 유럽과 직접적인 관계가 없었습니다.

한편 15~16세기 류큐왕국(일본 오키나와에 존재했던 왕국)은 청, 일본, 조

광저우항의 모습
왼쪽부터 덴마크, 에스파냐, 미국, 스웨덴, 영국, 네덜란드의 국기가 게양되어 있다.

　선, 동남아시아 사이에서 적극적으로 중계무역을 실시하여 한때 '세계를 잇는 가교'라 불리기도 했으나, 포르투갈과 네덜란드 같은 해양 강국들이 등장하면서 류큐왕국의 중계무역은 점차 쇠퇴했습니다.

　한·중·일 3국의 무역은 오랜 시간 이어졌습니다. 청과 일본은 나가사키에서, 조선과 일본은 부산에 설치한 왜관에서 교역했습니다. 또 조선은 청에 조공사절단을 보내 양국 간 무역을 실시했습니다. 조선은 청으로부터 생사(누에고치에서 뽑은 비단을 만드는 실)나 비단을 수입하여 인삼 등과 함께 일본에 수출했고, 일본으로부터 은과 구리를 수입했습니다. 조선은 19세기 초까지 일본으로 통신사를 보냈는데, 이는 양국의 문화 교류에 중요한 통로였습니다. 18세기의 동아시아 지역은 대규모 전쟁이나 분쟁 없이 평화와 안정을 유지했습니다.

　한편, 18세기 중반 영국에서 면직물업을 중심으로 산업혁명이 시작되었습니다. 증기기관을 이용한 기계로 면직물을 대량 생산할 수 있었습니다. 영국이 기계로 생산한 값싼 면직물을 인도로 수출하자 인도의 면직물업이 몰락했습니다. 영국은 19세기 초에는 동인도회사의 특권을 폐지하고 자유무역을 추진했습니다.

영국은 인도와 싱가포르를 식민지로 만들어 나갔으며 이러한 흐름은 중국에도 영향을 미쳤습니다. 영국은 중국의 차(茶)를 살 돈을 확보하기 위해 인도에서 아편을 생산하여 중국에 팔았습니다. 이에 따라 영국의 면직물은 인도로, 인도의 아편은 중국으로, 중국의 차는 영국으로 수출되는 삼각무역이 전개됐습니다. 영국으로서는 중국이라는 거대한 시장을 '개방'시키는 것이 중대한 과제였습니다.

●

동아시아 각국은 어떻게 개항하게 되었을까요?

아편 무역은 청 정부의 재정에 심각한 타격을 입혔습니다. 이에 청 정부는 치열한 격론 끝에 아편을 엄격히 금지하기로 결정했고, 영국은 이를 빌미로 1840년 아편전쟁을 일으켰습니다. 영국은 근대식 증기선과 무기로 전쟁에서 승리했고, 청 정부는 영국의 압박에 못 이겨 난징조약(1842)을 체결하고 개항했습니다.

그림은 아편전쟁 후 10여 년이 지나 일본 연해에 나타난 미국 군함의 모습입니다. 이곳에 왜 미국 함대가 나타난 걸까요? 그리고 일본은 어떻게 대응했을까요?

일본 연해에 나타난 미국 함대의 증기선과 막부의 작은 배

　18세기 후반 미국은 영국의 식민통치에서 독립하여 점차 강대해졌습니다. 미국은 자본주의 경제의 급속한 발전에 따라 대중국 무역에서 영국과 경쟁하기 위해 태평양을 가로지르는 항로를 개척하기 시작했습니다. 1853년 미국의 페리 함대는 일본과의 교섭이 실패할 경우에는 류큐왕국을 근거지로 삼을 생각으로 우선 류큐왕국을 방문한 후 일본 본토로 향했습니다. 페리 함대는 통상과 더불어 연료 공급과 난파선 선원 보호를 요구했고 이듬해 다시 일본을 압박하여 미일화친조약을 체결했습니다. 이로써 일본은 문호를 개방하게 되었습니다. 또한 1858년에는 양국이 상호 외교사절을 파견한다는 내용의 미일수호통상조약을 체결했고 일본은 항구 네 곳을 추가로 개방했습니다.

　청과 일본이 잇따라 강제로 개항할 때 조선은 세도정치가 한창이던 시기로 해금 정책'을 실시하고 있었습니다. 영국, 프랑스, 미국 등이 조선의 문호를 개방하기 위해 여러 차례 통상을 요구했지만 모두 거절당했습니다. 1866년에는 프랑스군이, 1871년에는 미군이 강화도를 일시 점령하기도 했지만 모두 조선군의 저항으로 철수했습니다.

옆의 그림은 그로부터 4년 뒤인 1875년 9월 조선 영종도에 병사들이 상륙하고 있는 모습입니다. 과연 어느 나라 군대일까요? 그림 속 병사들은 일본 사람들이며 왼쪽에 보이는 배 역시 일본의 군함(영국이 제작한 목조 증기선)입니다. 일본은 이 강화도 사건을 빌미로 이듬해 또다시 조선에 함대를 보내서 불평등조약인 조일수호조규(강화도조약) 체결을 강요했습니다. 이 조규의 내용은 일본이 서양과 맺은 조약보다 훨씬 불평등했습니다. 이후 조선은 일본의 조선 진출을 견제하려는 청의 주선으로 미국과 통상조약을 체결했고 이어서 영국, 독일과도 조약을 맺었습니다.

동아시아의 한·중·일 세 나라는 모두 개항 과정에서 외국의 압박을 받았지만 그 방식은 저마다 달랐습니다. 청은 영국과 전쟁을 치른 후 개항했고, 일본은 미국의 위협 속에서 협상을 통해 개항했으며, 조선은 일본에 의해 강제로 문호를 개방했습니다. 세 나라의 각기 다른 개항 방식이 이후의 역사에 어떠한 영향을 미쳤을지 생각해 봅시다.

서양은 19세기 중반 어느 날 갑자기 동아시아에 나타난 것이 아닙니다. 개항 전 동아시아 지역은 원칙적으로 해금 정책을 실시하고 있었기 때문에, 바다를 건너온 서양 상인들은 지정된 항구에서만 활동했습니다.

/ 조선은 왜구 대책 중 하나로 자국 백성이 먼 바다로 나가거나 육지로부터 멀리 떨어진 섬에 거주하는 것을 금지하는 정책을 폈다.

조선 영종도에 상륙한 병사들

외국인들이 내륙으로 들어와 여행하는 것은 불가능했기 때문에 일반 민중들과 교류도 없었습니다. 세 나라의 평범한 사람들에게 서양은 너무도 멀고 자신들과 무관한 존재였습니다. 그러나 개항 후 상황은 완전히 달라졌습니다. 개항은 세 나라의 사회와 민중들의 삶에 어떠한 변화를 가져왔을까요? 1부 각 장의 내용을 읽고 생각해 봅시다.

2

외교 담판은 무슨 언어로 진행되었을까요?

난징조약에 서명하는 청과 영국
빨간 동그라미 속 인물은 왼쪽부터 시계 방향으로 존 모리슨, 카를 귀츨라프, 로버트 톰.

1842년 8월 29일 영국 군함 콘윌리스호 선상에서 난징조약에 서명하는 장면입니다. 가운데 테이블에 중국인 세 명과 서양인 한 명이 앉아 있습니다. 중국인 세 명은 협상 대표와 고위 지방관입니다. 그렇다면 유일한 서양인 한 명은 누구일까요? 바로 로버트 톰이라는 보조 통역사입니다. 영국의 협상 대표는 테이블에서 떨어져 왼쪽 뒤에 앉은 채 서명 장면을 지켜보고 있습니다. 뒤쪽 중앙에 검은색 양복을 입고 서 있는 존 모리슨과 카를 귀츨라프도 통역사들입니다. 왜 난징조약의 서명이 이루어지는 테이블에 영국 대표가 아닌 통역사가 앉아 있을까요?

이 그림은 동아시아 국가와 서양 열강이 처음 서양식 조약을 맺는 과정에서 통역사가 얼마나 중요한 역할을 담당했는지를 상징적으로 보여 줍니다. 청, 일본, 조선과 서양 열강 간의 조약문은 어떤 언어로 작성되었을까요? 서로 사용하는 말이 다른 각국의 외교관들은 어떤 언어로 외교 담판을 하고 의사소통을 했을까요?

●

중국과 서양 열강의 외교 담판은
어떤 언어로 진행되었을까요?

앞서 살펴본 것처럼, 청은 아편 수입 금지 조치를 놓고 발생한 영국과의 아편전쟁(1840~1842)에 패배하고 난징조약을 체결했습니다. 이어서 청은 미국, 프랑스 등과도 조약을 맺었습니다. 1856년 영국 범선 애로호의 중국인 선원을 청 관리가 체포한 것을 빌미로 영국은 청을 공격하고, 이듬해에는 프랑스와 함께 출병하여 광저우를 점령한 후 톈진으로 향했습니다(2차 아편전쟁). 1858년 청은 영국, 프랑스와 톈진조약을 맺었지만,

다시 전쟁이 발발하여 1860년 영불연합군은 베이징을 점령하고 청에게 베이징조약을 강제했습니다. 러시아도 청과 조약을 맺었습니다. 이렇듯 청은 서구 열강과 일련의 불공정한 조약을 맺어야 했습니다. 이를 불평등조약이라고 합니다.

그렇다면 불평등조약을 체결할 때는 어떤 언어를 사용했을까요? 쉽게 생각하면 전쟁에서 승리한 서양인들의 언어로 담판이 진행되었을 것 같지만 사실은 그 반대였습니다. 예를 들어, 1858년 청과 영국 사이에 체결된 톈진조약의 경우, 교섭과 관련한 공문 대부분은 중국어로 작성되었고 회담장에서도 서양인 통역사가 영어를 중국어로 옮기는 방식으로 담판이 진행됐습니다. 이는 영국인들이 중국인의 언어 능력을 신뢰하지 못했기 때문입니다. 청뿐만 아니라 조선, 일본 등 동아시아 국가들과의 초기 외교 교섭에서 통역을 맡은 이들은 대부분 선교사였습니다. 이들은 외교 교섭에 통역사로 참여한 것을 계기로 훗날 공식 외교관에까지 임명되는 경우가 많았는데, 앞의 그림에 등장한 존 모리슨이나 카를 귀츨라프도 여기에 해당합니다.

오른쪽 사진은 난징조약의 조약문 원문입니다. 여기에서 알 수 있듯이 문서는 영어와 중국어로 각각 작성되었습니다. 그런데 이때만 하더라도 서양 국제법이나 조약의 전문용어를 한문으로 풀이한 사전은 존재하지 않았습니다. 물론 서양인들도 동아시아의 국제적 관례를 의미하는 한문 개념들을 이해하기 어려웠습니다. 그렇다면 영어와 한문 조약문 사이에 해석 차이가 생길 수 있지 않을까요?

이 때문에 청과 영국이 체결한 톈진조약 제50조에는 다음과 같은 규정을 두었습니다. "앞으로 영국 여왕의 외교관과 대리영사가 중국에 보

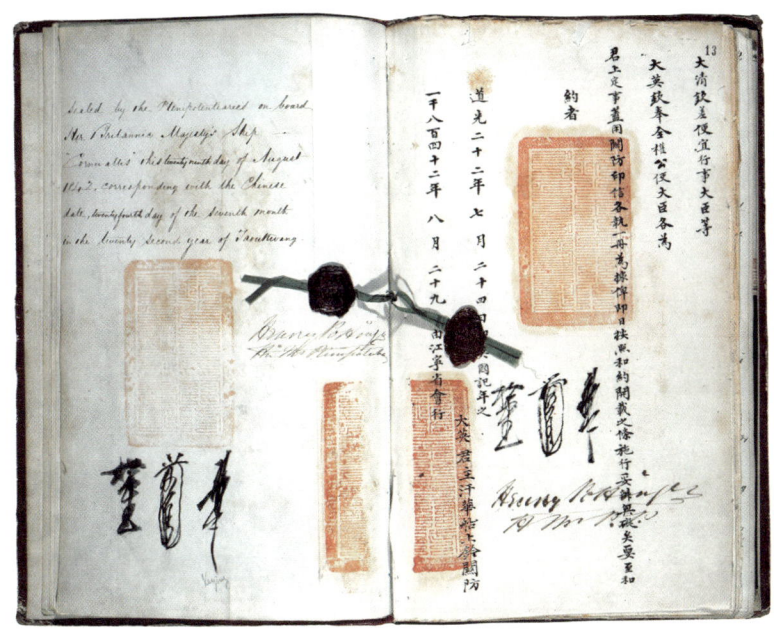

영어와 중국어로 작성된 난징조약 조약문

내는 모든 공문서는 영어로 작성한다. 당분간 중국어본이 첨부되지만, 영어본과 중국어본 사이에 의미가 다를 경우 영국 정부는 영어본에 표현된 의미를 올바른 것으로 간주한다." 이는 청과 영국 사이의 교섭에서 영어가 우선시되며, 조약문의 의미에 대해 서로 의견이 다를 경우에는 그 최종 해석 권한이 영국에 있다고 밝힌 것입니다.

하지만 이대로라면 청은 서양 열강과의 교섭에서 항상 불리한 위치에 놓일 수밖에 없었습니다. 이 때문에 난징조약과 톈진조약 체결 이후 청을 비롯하여 동아시아 3국에는 서양 국제법 서적을 한문으로 번역해서 그 의미를 정확히 파악하는 것이 시급한 과제가 되었습니다. 1862년 중국 최초의 관립 외국어학교인 동문관이 설치된 후 가장 먼저 번역한 서양 서적은 《만국공법》이라는 국제법 서적이었습니다.

●

왜 미일 교섭에는
네덜란드어 통역이 필요했을까요?

일본이 서양 국가와 처음 맺은 조약은 1854년 3월 31일에 체결한 미일화친조약입니다. 오른쪽 그림의 인물들은 네덜란드어 통역관 안톤 포트먼과 중국어 통역관 새뮤얼 웰스 윌리엄스입니다. 왜 미일화친조약에는 중국어와 네덜란드어 통역이 함께 필요했던 것일까요?

에도시대 일본은 나가사키에 데지마라는 작은 인공 섬을 만들고 네덜란드인의 거주와 교역을 허용했습니다. 특별히 네덜란드인만 받아들인 이유는 이들이 다른 서양인들과 달리 기독교 선교를 시도하지 않았기 때문입니다. 그래서 일본은 주로 네덜란드인을 통해 의학·과학·수학·천문학 등 서양의 근대 학문을 수용했는데, 이를 난학(蘭學)이라고 합니다. 1854년 당시만 해도 영어와 일본어를 직접 통역하는 것이 쉽지 않아서 네덜란드어나 중국어로 한 단계를 더 거칠 수밖에 없었습니다. 그 결과 미일화친조약의 최종 조약문은 영어·일본어·네덜란드어·중국어 등 무려 4개국의 언어로 작성되었습니다.

1856년 미국의 초대 일본총영사로 부임한 타운젠드 해리스는 헨드릭 휴스켄이라는 네덜란드 출신 미국인을 통역사로 고용했습니다. 해리스는 1858년에 미일수호통상조약을 체결했는데, 이 조약문은 영어·일본

미일화친조약 통역을 맡았던 안톤 포트먼(왼쪽)과 새뮤얼 웰스 윌리엄스(오른쪽)

어·네덜란드어 3개국의 언어로 작성되었습니다. 영어 조약문과 일본어 조약문 사이에 해석 차이가 발생할 때는 어떻게 했을까요? 미일수호통상조약 제14조에서는 톈진조약과 달리 공평하게 제3국인 네덜란드어 조약문에 따른다고 규정했습니다. 패전의 결과로 맺은 난징조약, 톈진조약과 달리 협상을 통해 체결되었기에 그 조건이 비교적 덜 불리했습니다.

●

조미수호통상조약은 왜
중국인 역관이 통역을 담당했을까요?

조선의 조약 체결 과정에는 세 가지 특징이 있습니다. 첫째, 최초의 근대적 조약을 서양 열강이 아니라 이전부터 국교가 있었던 동아시아 국가 일본과 체결했습니다. 둘째, 서양 열강과의 전쟁에서 패하거나 군사적 위협에 굴복한 결과로 조약을 체결했던 청이나 일본과 달리 자발적인 방식으로 조약을 맺었습니다. 셋째, 조선과 서양 열강 사이의 직접 교섭이 아니라 청의 중개로 이루어졌습니다.

조선은 1876년 일본과 조일수호조규를 체결하고 6년이 지난 1882년 5월 22일 서양 국가 중에서는 가장 먼저 미국과 조미수호통상조약을 체결했습니다. 이보다 앞서 청은 비공식 경로로 조선에 미국과의 수교 및 통상을 권유했습니다. 당시 청은 서양 열강과 일본의 팽창으로 전통적 중화질서의 판도가 무너지고 있는 상황을 우려했습니다. 다만 조선에 대한 영향력을 유지하기에는 힘이 부족했으므로, 조선이 여러 서양 국가와 조약을 체결하게 함으로써 어느 한 나라가 조선을 독점하지 못하게 한다는 전략을 세웠습니다.

한편, 조선의 국왕과 개혁 관료들은 서양 열강과 수교를 추진하려고 했지만, 개혁과 개방에 반대하는 국내의 보수 여론 때문에 고심하고 있었습니다. 그래서 이들은 청의 권유를 국내 여론 설득의 구실로 삼으려고 했습니다.

1882년 당시 조선에는 영어를 구사할 수 있는 역관이 없었습니다. 그래서 전권대표 신헌의 말을 조선 역관이 중국어로 옮기면, 중국인 역관이 다시 영어로 통역해서 미국 전권대사 로버트 슈펠트에게 전하는 방식으로 회담이 진행되었습니다. 이후 양국의 교섭 과정에서 사용할 공식 언어와 관련해서는 조미수호통상조약 제13조에 다음과 같이 규정했습니다. "이번에 양국이 체결하는 조약과 앞으로 왕래할 공문은, 조선은 오직 한문만 쓰고 미국도 한문을 쓴다. 또는 영문을 사용하되 반드시 한문으로 주석을 달아서 착오를 피한다." 조선의 경우는 조선어를 사용하지 않고 당시 동아시아에서 통용되는 한문을 사용한 것입니다.

동아시아 국가 간의 조약에는
어떤 언어가 사용됐을까요?

서구식 조약은 동아시아 국가와 서양 열강 사이에서뿐만 아니라 동아시아 국가들 사이에서도 체결되었습니다.

첫 번째는 1871년 청과 일본 간에 체결된 청일수호조규입니다. 양국 사이에 사용될 공식 언어와 관련해서는 청일수호조규 제6조에 "청은 한문을 쓰고 일본은 일본어로 쓰되 한문으로 번역된 문서를 첨부하거나, 한문만 써서 편리하게 한다"라고 규정했습니다. 이전까지 청과 서양 열강 사이에 체결된 불평등조약은 서양의 언어가 우선이었는데, 청일수호조규를 통해 처음으로 한문 조약문이 기준이 된 것입니다.

두 번째는 1876년 조선과 일본 간에 체결된 조일수호조규입니다. 당시 협상은 한문 필담이나 조선어로 진행되었는데, 통역은 일본 쓰시마 출신으로 부산 왜관에서 오래 근무하다가 1871년 신설된 외무성에 관료로 임용된 사람들이 주로 맡았습니다. 조약문은 한문으로 작성되었습니다.

세 번째는 1882년 조선과 청 사이에 의정된 조청상민수륙무역장정입니다. 조선과 청 사이의 외교협상은 중국어와 한문 필담으로 진행되었고, 조약문은 한문으로 작성되었습니다.

이처럼 조약은 당시 동아시아에서 통용되던 한문을 기준으로 작성되었습니다. 그렇다면 한·중·일 3국이 상호 새로운 조약을 맺은 이후 동아시아 국제관계는 어떻게 변화했을까요?

3
민중은 어디에서 '서양'을 만났을까요?

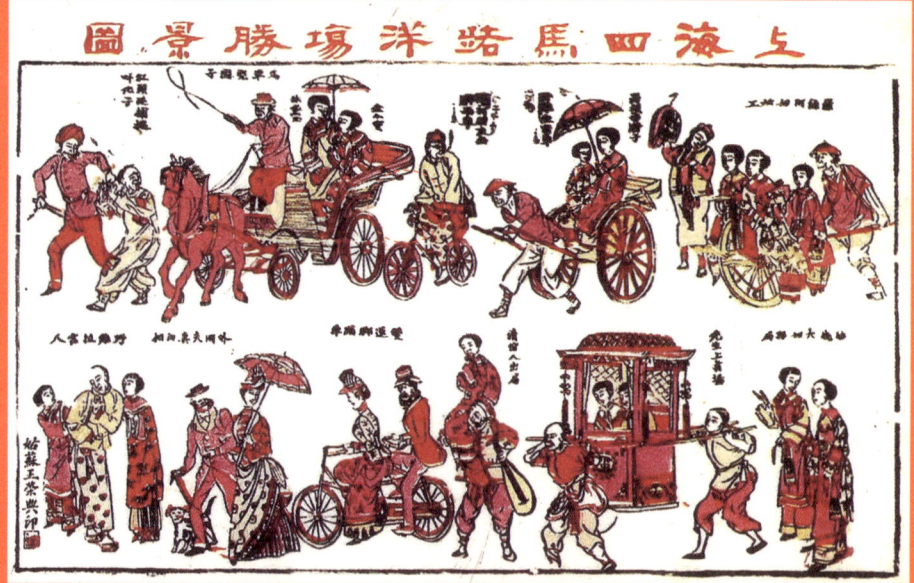

〈상하이 사마로 양장 승경도〉

상하이의 거리 모습을 담은 그림입니다. 마차나 인력거를 타고 있는 중국 사람들이 보이고, 개를 동반하거나 자전거를 탄 서양인 남녀의 모습도 그려져 있습니다. 왜 이런 광경이 펼쳐졌을까요? 제목에서 '양장(洋場)'이란 무엇일까요?

●
동아시아 사람들은 어디에서 처음 서양과 접했을까요?

아편전쟁에서 영국에 패배한 청은 난징조약으로 상하이 등 다섯 곳의 항구를 개항했습니다. 청에서 조계˘는 1845년 영국이 상하이에 처음 설치한 이후 다른 개항도시로도 확대되었고, 외국인은 그곳에 거주하며 활동하고 행정권을 장악했습니다. 왼쪽 그림의 제목에서 '양장'은 조계를 말합니다. 상하이에는 영국·미국·프랑스의 조계가 차례로 생겼다가, 영국과 미국 조계가 합병해 공공조계를 형성했고(1863) 프랑스를 제외한 각국은 이곳을 거점으로 삼았습니다.

상하이 조계에는 동서와 남북으로 '마로(馬路, 도로)'가 뻗어 있고, 그 길을 따라 서양인이 경영하는 상사나 은행 등이 들어섰습니다. 왼쪽 그림은 '사마로(四馬路, 오늘날의 푸저우루)'의 모습입니다. 그런데 왜 외국인 거류

> ˘ 중국의 각 개항장에 있던 외국인 거류지. 국가 간의 합의로 영토의 일부를 정해진 기간 동안 다른 나라에 대여해 주는 조차지나 다른 나라의 지배 아래 놓여 정치적, 경제적으로 종속되는 식민지와는 구별된다.

지의 모습을 그린 그림에 이렇게 많은 중국인을 그려놓은 걸까요? 상하이 조계에서는 서양인과 중국인이 한데 섞여 살았기 때문입니다. 태평천국운동✓ 등으로 난민이 유입하면서 조계에 거주하는 중국인은 2만여 명으로 크게 늘어났습니다. 그 후 중국인이 경영하는 공장이 세워지고 상공업이 발전했습니다.

한편, 미국의 압력을 받아 개항한 일본에도 개항장과 개시장(開市場)✓✓에 서양인 거류지가 설치되었습니다. 1858년 안세이5개국조약으로 요코하마 등 다섯 개 항구를 개항장으로, 에도와 오사카를 개시장으로 삼아 무역할 수 있게 했기 때문입니다. 그러나 상하이와 달리 요코하마는 거류지와 일본인 거리가 큰 도로를 중심으로 구분되어 있었습니다.

그렇다면 조선은 어땠을까요? 오른쪽 사진은 1883년 개항 당시의 인천해관(세관) 모습입니다. 외국과 교역하는 인천항의 창구인 셈인데, 정면의 건물이 세관감시소, 오른쪽 위가 인천해관 청사, 그 아래가 검사소입니다.

강화도 사건을 계기로 일본에 부산·원산·인천을 개항한 조선은 우선 일본인 거류지를 설정했습니다. 이어서 청의 개입이 강화되고, 서양에 대해서도 개항했기 때문에 인천에는 청과 서양 각국의 거류지가 설치되기 시작했습니다. 사진에는 나와 있지 않지만 오른쪽(동쪽)에 일본 거류

> ✓ 1851~1864년 일어난 대규모 농민 봉기. '태평천국'이라는 국호로 국가를 수립하고 난징에 수도를 두었다.
>
> ✓✓ 일본에서는 무역·항만 시설을 갖춰놓고 외국 무역에 종사하는 외국인의 거류를 인정하는 개항장과 별도로, 거대 도시 에도(오늘날의 도쿄)와 오사카를 개시장으로 개방하여 외국인이 장사를 하는 동안만 체류할 수 있도록 규정했다.

개항 당시의 인천해관

지가 있었고, 정면 언덕 너머에 청의 거류지, 일본과 청의 거류지 뒤쪽에 외국인 거류지가 있었습니다.

사람과 물건, 정보가 집적되면서 개항장에는 도시가 건설되기 시작했습니다. 점차 신식 도로와 서양식 다리(철교), 하수도, 가스등·전등 등이 설치되고 근대적 건축물이 세워졌습니다. 개항장은 서양과 동아시아가 직접 만나는 창구로서 서양 지식을 전파하고 기독교를 포교하는 거점이 되었습니다(1부 1장 3절 참조). 상하이에서는 1850년 영자 신문이, 1861년 중국어 신문이 창간되었습니다. 요코하마에서도 1861년 영자 신문이 발행되고, 1870년에는 최초의 일본어 일간신문이 창간되었습니다. 부산과 인천에서는 일본 거류민을 위한 신문이 발행되었습니다. 개항장은 새로운 정보의 집적지이자 발신지였습니다.

3국의 거류지와 조계는 그 후 어떻게 되었을까요? 일본에서는 서양 국가들과 조약을 개정한 결과 1899년 거류지가 폐지되었습니다. 중국에서는 청일전쟁 후 열강의 이권 획득 경쟁으로 조계가 급증했다가, 제2차 세계대전 중에 모두 중국에 반환되었습니다. 조선에서는 한국병합 후인

1913년에 폐지되었습니다. 거류지와 조계의 행방에 3국의 근대사가 압축적으로 드러나고 있습니다.

●
서양식 거리와 경관은 어떻게 확대되었을까요?

중국에서 서양의 영향이 미친 영역은 다섯 개 항구에 그치지 않았습니다. 개항장은 그 후에도 늘어났고, 청 정부에서는 서양 기술을 도입해 서양식 군대를 마련하고 공업화를 추진하려는 양무운동(1861)도 일어났습니다. 제2차 아편전쟁 후 1860년에 개항한 톈진에서도 영국·프랑스·미국의 조계가 생겨 서양식 거리가 출현하면서 근대 문물이 잇따라 등장했습니다. 베이징과 가까운 톈진은 개항 이후 수도로 향하는 외국 세력의 상륙 거점이 되었습니다. 1897년에는 톈진과 베이징을 잇는 철도가 개통됐습니다. 상하이·푸저우·광저우 등 연안 지역과 우한·난징 같은 양쯔강 유역에 외국 공장들이 들어섰습니다.

한편, 일본에서는 1872년 도쿄 신바시와 요코하마를 잇는 철도가 개통되어 수도와 개항장을 직접 연결했습니다. 신바시 역에 인접한 긴자는 문명개화의 관문이었고, 영국인 기술자의 지도 아래 시가지가 개조되면서 형성된 서양식 벽돌 건물 거리는 문명개화의 전시장과도 같았습니다. 그 후 도시를 중심으로 의식주가 서양화되면서 문명개화의 풍조는 전국으로 확산되었습니다.

1878년 '오지'를 여행하기 위해 일본에 온 영국인 여성 이사벨라 버드 비숍은 어느 마을의 학교 모습을 다음과 같이 묘사했습니다.

내가 보기에 학교 건물은 영국 교육위원회도 뭐라 할 수 없을 만큼 너무도 서양식으로 지어져 있었다. 아이들은 일본식으로 앉지 않고 책상 앞의 높은 걸상에 앉아 있어 무척 불편해 보였다. …… 교사는 칠판을 자유자재로 사용하며 매우 빠른 속도로 학생들에게 질문을 던졌다. 영국과 마찬가지로 가장 우수한 답변을 한 사람이 학급 수석을 차지한다.

- 이사벨라 버드 비숍, 《일본 오지 기행》(1880)

'서양식'이 곳곳으로 퍼진 결과 일개 마을의 학교에도 서양식 건물과 책걸상이 등장했던 것입니다(1부 3장 4절 참조).

그렇다면 조선의 풍경은 어땠을까요? 1894년부터 1897년까지 네 차례 조선을 여행한 비숍은 한성의 인상을 다음과 같이 서술했습니다.

이중 지붕의 높은 성문을 통과해 초라한 골목을 따라 10분 정도 더 이동하니, 산들바람이 부는 언덕 꼭대기에 진한 붉은색 벽돌로 지은 영국 공사관과 영사부 건물이 나왔다. 러시아 공사관 건물은 더 높은 언덕에 있어 그 우뚝 솟은 탑과 멋진 파사드(건물 정면)가 서울에서 가장 눈에 띄는데, 언덕의 3분의 1은 건물들이 메우고 있다. …… 마을 반대편 언덕은 일본이 차지하고 있다. 그 때문에 1883년까지만 해도 내쫓겼던 외국인들의 존재를 이제는 현지인들이 도성 곳곳에서 피부로 느낄 수 있게 되었고, 조선의 수도에서 조선적인 것들은 서서히 침식되고 있다.

- 이사벨라 버드 비숍, 《조선과 그 이웃 나라들》(1897)

조선과 조약을 맺은 미국이 먼저 서울 정동에 공사관을 개설한 이후 1900년까지 러시아·영국·프랑스도 각국의 공사관을 준공했습니다. 그 주변에는 교회·병원·호텔과 서양인 주택이 지어져 서울 일각에 서양식 거리가 출현했습니다. 조선은 중국인이 서울 등지에서 상업 활동을 전개하고, 일본인과 서양인이 서울에 거주할 수 있게 허가했습니다. 서울의 남산 아래에는 일본 영사관과 공사관이 마련되고 일본인 거리가 형성되었습니다. 이처럼 1894년 갑오개혁 이후 조선에서는 한성을 중심으로 생활면에서 서양 문화가 활발히 수용되었습니다. 그러나 조선 민중의 주거에는 큰 변화가 없었습니다.

●

동아시아 사람들의 서양 인식에 기독교는 어떤 역할을 했을까요?

16세기 중반부터 17세기에 걸쳐 포르투갈과 에스파냐는 해외에 가톨릭을 포교해 나갔는데, 그 흐름이 청과 일본에도 이르렀습니다. 청은 처음에는 선교를 허용했지만, 이후 가톨릭을 '부정한 종교'라며 거세게 탄압했습니다. 일본에서도 포교로 신자가 늘었지만 에도 막부는 가톨릭을 금지하고 박해했습니다. 조선에서는 가톨릭 포교가 18세기 후반부터 본격화했습니다. 조선 정부도 유교를 수호한다는 명분으로 탄압을 거듭했습니다.

중국에서는 19세기에 들어 개신교의 전도가 이루어졌지만, 기독교 포교가 본격화한 것은 19세기 중반 개항한 이후입니다. 가톨릭은 고관들을 중심으로 위로부터 포교하고 활동하려 했지만, 개신교는 직접 서민들에게 포교하는 방식을 취했습니다. 전도와 함께 의료·교육 활동을 펼치고 신문·출판 사업도 진행하며 중국 사회에 새로운 지식과 생활양식을 가져왔습니다.

기독교는 중국 대륙의 중남부를 지배한 태평천국에도 영향을 미쳤습니다. 지도자 훙슈취안은 기독교 포교서의 내용을 반영하여 운동을 전개했습니다. 한편, 선교사의 활동은 중국의 전통 종교나 민중 생활양식과 충돌한 데다 포교 활동이 열강의 정치적·경제적 진출의 첨병 역할을 했기 때문에, 민중과 선교사·기독교 신자 사이에 분쟁이 잦았습니다. 다음 자료는 1861년 장시성 난창 성내에 붙은 격문의 한 구절로 기독교 배격을 호소하고 있습니다.

개탄스럽게도 그릇된 주장이 나날이 성행하여 정도(正道)를 침해하고 힘을 약화시킨 이래 이족(異族)들이 활개 치니, 인심은 함께 격분하고 있다. …… 도처에서 포교하며 어리석은 무뢰한들을 유혹하고 사악한 책들을 인쇄해 배포하며 버젓이 엉터리로 사람을 속이니, 불변의 도덕이 훼손되고 염치가 모조리 사멸해 버리고 말았다.

– 〈후난성의 격문〉(1861)

1870년에는 톈진에서 프랑스 영사와 가톨릭 신자들이 살해되는 사건이 발생했습니다. 1898년경부터 1900년에 걸쳐 전개된 의화단운동✓으

✓ 백련교 계열의 비밀결사인 의화단을 중심으로 서구 열강의 진출에 맞서 일어난 배외적 저항운동.

로 각지에서 외국인과 기독교 교회가 습격당했습니다.

일본에서도 개항 후 선교사들이 포교와 함께 교육·복지 활동을 전개했습니다. 에도 막부를 무너뜨리고 성립한 메이지정부는 처음에는 막부의 정책을 이어받아 기독교를 금지하고 탄압했습니다. 하지만 근대화를 추진하기 위해 1873년 기독교를 묵인하는 정책으로 전환했습니다. 개신교 선교사들은 각지에 교회와 학교를 세우고 전도 활동을 하면서 점차 신자를 늘려갔습니다. 가톨릭도 선교와 함께 복지·의료·교육 활동을 펼쳤습니다.

오른쪽 그림은 1894년경 도쿄의 긴자와 가까운 쓰키지 거류지를 묘사한 것으로, 아래쪽 중앙에 교회 건물들이 늘어서 있습니다. 쓰키지는 각 교파의 교회가 만들어지면서 기독교의 중요한 거점이 되었습니다. 기독교 학교가 개교함으로써 아오야마학원·릿쿄학원·메이지학원 등의 발상지가 되었습니다. 이렇듯 개항장과 도시부를 거점 삼아 일본 사회에 들어온 기독교사상은 '문명'화뿐 아니라 인도주의와 평등사상도 가져와 자유민권운동✓이나 초기 사회주의 등 사회변혁운동에도 큰 영향을 주었습니다.

조선에서도 개항 후 개신교 각 교파들이 선교사를 파견해 포교 활동을 전개했습니다. 선교사는 배재학당(오늘날의 배재대학교), 이화학당(오늘날의 이화여자대학교) 등 기독교계 학교와 병원을 설립하고 운영했습니다. 서양의 근대 문화는 기독교 포교를 통해 조선 사회에 퍼졌습니다. 신진

✓ 1870년대 후반부터 1880년대에 걸쳐 전국적으로 전개된 운동으로, 국회 개설과 헌법 제정 등을 요구했다.

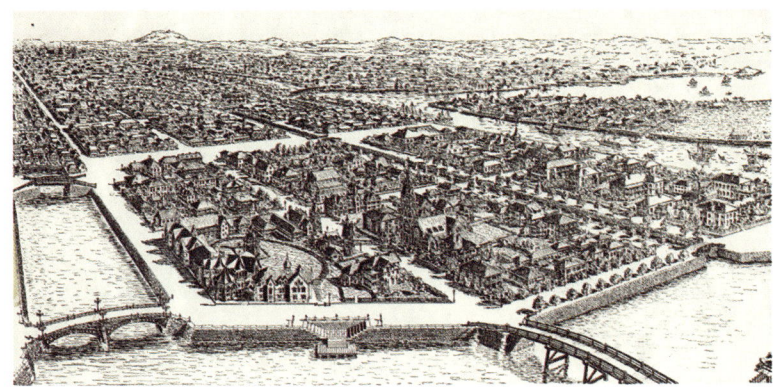

쓰키지 거류지

지식층 가운데 기독교인이 되어 조선의 개혁을 도모하려는 사람들도 생기기 시작했습니다.

한편, 19세기 중반 조선 각지에서는 민중이 거세게 저항하는 등 사회 불안이 증대하고 서양 열강의 침략에 대한 경계심도 높아졌습니다. 이런 가운데 민간신앙을 기초로 유교·불교·도교 등을 도입한 독자적 종교인 동학이 탄생했습니다. 동학은 명칭부터 서학에 맞선다는 의미를 담았는데, 기독교가 조선의 전통을 파괴한다고 생각하며 이와 대립했습니다.

앞서 1절에서 보았듯이, 개항장은 기독교 포교의 거점이었습니다. 개신교의 포교는 교회·학교·병원의 연계 속에서 진행되었습니다. 기독교를 매개로 한 서양과의 만남은 동아시아 근대화에 다양한 영향을 미쳤습니다. 다만 그 이면에는 서양 국가들의 권한을 우선적으로 보장하는 불평등조약 체제와 서양 '문명'이 우월하다는 의식이 존재했던 점도 간과할 수 없습니다. 서양의 동아시아 진출과 기독교 포교의 관계에 대해 생각해 봅시다.

4

근대의 민중은
새로운 국가 수립 과정에
어떻게 대응하고 참여했을까요?

위원의 《해국도지》

후쿠자와 유키치의 《서양사정》

'오랑캐의 기술을 배워 오랑캐를 제압한다(師夷長技以制夷)'라는 말을 들어 본 적이 있나요? 이 말은 위원(魏源)이 쓴 《해국도지(海國圖志)》에서 제시된 사상입니다. 위원이 이 책을 쓴 계기는 무엇이고, 책의 내용은 무엇이었을까요? 한편 아래의 책은 후쿠자와 유키치가 쓴 《서양사정(西洋事情)》입니다. 《해국도지》와 비교하여 어떤 특징이 있을까요? 그리고 당시 사회에 어떤 영향을 끼쳤을까요?

●
서양의 정치사상은 어떻게
동아시아로 전파되었을까요?

개항 후 서양의 정치사상은 서적, 신문, 집회 등을 통해 동아시아에 전해졌습니다. 중국은 비교적 일찍 서양의 정치제도를 접한 나라입니다. 아편전쟁 이전에도 간혹 서양의 정치제도를 소개하는 서적이 출판되었지만 영향력은 미미했습니다. 아편전쟁에서 청이 패하자, 청의 학자 위원은 서양을 소개하는 저서를 집필하기 시작했고 1842년에 《해국도지》를 완성했습니다. 이는 당시 서양의 과학기술과 역사지리를 가장 상세하게 설명한 책입니다. 《해국도지》와 《영환지략》 등 서양을 소개하는 서적들은 중국인들 사이에 전파되었을 뿐 아니라, 일본어로도 번역되어 일본 내에서 서양 각국에 관한 지식을 증진하는 데 큰 영향을 미쳤습니다. 사람들은 서양의 해군 장비 가운데 배가 견고하고 대포의 화력이 강하다는 것을 알게 되었고, 그 배후에 있는 서양의 사회·정치제도도 인식하게 되었습니다.

일본에서도 서양을 소개하는 서적들이 출간되었습니다. 1866~1870년 계몽사상가 후쿠자와 유키치는 자신이 해외사절단으로 유럽을 방문한 당시 시찰과 조사를 통해 얻은 자료를 기반으로 서양의 문명과 각국의 상황을 소개하는 《서양사정》을 펴냈습니다. 당시 발행 부수는 25만 부에 달했습니다. 이 책에서 후쿠자와는 중국 서적을 통해 서양을 알아 온 일본인들에게 과학기술과 군사만 아니라 정치와 사회의 근본부터 서양 문명을 받아들여야 한다고 주장했습니다. 일본 메이지유신 시기의 개혁파도 서양 사회에 관한 서적을 펴내며 서양의 정치제도를 소개했습니다. 일부 인쇄물은 서양을 적극 홍보하기 위해 서양인이야말로 문명인이며 개화된 사람이라고 예찬하며, 이러한 서양을 배울 것을 호소하기도 했습니다.

조선도 개항 이전에 이미 청에서 《해국도지》, 《영환지략》 등의 서적을 들여왔는데, 이는 지식인층, 특히 조선 개화파가 개혁을 구상하는 데 영향을 끼쳤습니다. 1881년 조선은 일본에 조사시찰단을 파견하고 유학생들을 보내기 시작했습니다. 유길준은 일본 게이오기주쿠대학에서 유학을 한 데 이어 미국에서도 공부했는데, 귀국 후 갑신정변을 일으킨 개화파의 일당으로 간주되어 체포·구금되었습니다. 1895년에는 《서유견문》을 출간해 자신이 서양 국가에서 직접 보고 들은 것과 후쿠자와 유키치의 《서양사정》을 바탕으로 조선 민중에게 세계의 상황을 소개했습니다. 이렇듯 개항 이후 세 나라의 민중은 여러 서적을 통해 서양의 문화와 생활방식을 이해하기 시작했습니다.

●
일본의 자유민권운동은
어떻게 전개되었을까요?

　일본에서는 1868년 에도 막부가 무너지고 메이지정부가 수립되었습니다. 메이지유신 이후 정부는 서양을 모방한 개혁을 통해 부국강병을 이루고자 했고, 서양의 근대사상과 정치제도가 일본에 소개되면서 자유민권사상도 확산되었습니다. 이때부터 일본에 일간지가 등장하면서 대중에게 정기적으로 정보를 제공하는 시대가 열렸습니다. 1870년대 중반부터는 정부의 권력 독점에 대응하여 자유민권운동이 일어났습니다. 활동가들은 영국이나 프랑스와 같이 민중의 정치 참여가 이루어지길 바라면서 정부에 국회 설립을 요구하고, 민중에게는 자유와 권리의 중요성을 호소했습니다.

　신문은 자유와 민권에 관한 글을 게재하며 정부를 비판했고, 대중 앞에서 사상과 주장, 견해를 펼치는 연설이라는 형식이 보편화되면서 특정한 주제를 다루는 연설회가 개최되기도 했습니다. 1880년 무렵에는 각지에서 수많은 청중이 모이는 정치 연설회가 활발하게 열렸으며 지역별로 다양한 운동 단체가 조직되기도 했습니다. 정부가 국회를 설립하려 하지 않았기 때문에 민중들은 직접 헌법 초안을 작성하거나 정당을 만들기도 했습니다.

　다음 그림은 1881년 8월 25일 도쿄의 신토미자에서 열린 연설회 장면입니다. 당시 신문 보도에 따르면 연설장을 가득 메운 3,000여 명의 청중은 귀를 기울여 연설을 들었고, 논의가 무르익자 박수 소리로 회장

일본 도쿄 신토미치에서 열린 연설회 장면

이 떠들썩했다고 합니다. 연설자는 정부의 권력 독점과 정치의 사유화를 비판했습니다. 1881년 한 해에 1만 2,010회의 연설회가 열렸다는 정부 통계도 있습니다. 상황이 이에 이르자 메이지정부는 10년 후 국회 설립을 약속했지만 국회의 조직과 권한은 천황이 결정한다는 단서를 달았습니다. 그 후 정부는 민권운동을 탄압하는 한편, 헌법 수호를 위해 국내 체제를 강화했습니다. 그리고 1889년 마침내 '대일본제국헌법'을 공포했으나 헌법은 천황에게 권력을 집중시켰고 민중의 권리는 제한적으로 인정했습니다. 이듬해에는 국회가 열렸습니다.

자유민권운동 시기에 여성들은 전국 각지의 연설회에 참석하여 남녀평등과 참정권을 호소했습니다. 여성만 참석하는 연설회가 개최되는가 하면 8개 지역에 여성 결사대가 만들어지기도 했습니다. 하지만 정부는 1890년에 여성의 정치 결사 및 집회를 금지했습니다.

헌법과 의회는 여러 한계가 있었지만 그럼에도 일본인들은 이를 발판으로 민중의 정치 참여와 의회 중심의 정치 활동을 추진했습니다.

중국에서는 정치 참여 움직임이 어떻게 일어났을까요?

그림은 청일전쟁 이후, 각 지방의 거인˅들이 공거상서˅˅에 서명하는 모습으로, 명부에 자신의 이름을 쓰는 사람들을 볼 수 있습니다.

1894년 7월 발발한 청일전쟁은 이듬해 청의 패배로 끝났습니다. 패전 소식은 중국인들을 충격에 빠트렸고, 각지에서 정부의 개혁을 요구

공거상서

하는 목소리가 터져 나왔습니다. 1895년 봄, 회시를 치른 응시자들이 베이징에서 시험 결과를 기다리고 있었습니다. 이때 일본이 청에 시모노세키조약 체결을 강요하며 타이완과 랴오둥반도의 할양 및 배상을 요구한다는 소식이 전해졌고 사람들은 격분했습니다. 4월 22일 캉유웨이(청말기 사상가이자 정치가)는 1만 8,000자에 달하는 상소문을 썼고, 과거시험

˅ 거인(擧人)은 과거시험 중 향시(지방시험)에 합격하여 회시(중앙시험)에 참가할 자격을 갖춘 사람.

˅˅ 공거(公車)는 국가에서 내려주는 수레라는 뜻으로, 회시 응시자를 가리킨다. '상서(上書)'는 주군이나 고위 관리에게 의견을 제시하는 문서이다.

을 치르기 위해 18개 지역에서 수도로 모여들었던 응시자들이 연명으로 호응하면서 공거상서가 시작되었습니다. 아래의 자료는 량치차오가 공거상서 당시의 상황을 묘사한 글입니다.

> 을미년(1895) 2월에서 3월, 강화조약 체결을 앞둔 이때는 마침 과거시험인 회시가 열리는 해였다. 각 지방에서 수많은 응시자가 베이징으로 모여들었다. 캉유웨이는 황제에게 강화조약을 거부하라는 상소문을 올렸고, 량치차오는 밤낮없이 뛰어다니며 연명의 상소를 올려 나랏일에 동참할 것을 호소했다. 광둥성과 후난성에서 가장 먼저 상소를 올렸고, 다른 성들도 뒤따랐다. 각지에서 올라온 연명 상소가 매일같이 도찰원으로 몰려들었다.
> - 량치차오, 《무술정변기》(1898)

상소문의 주요 내용은 수도 이전, 군사훈련 및 변법(개혁)을 요구하는 것이었습니다. 그 후 캉유웨이, 량치차오 등 유신파는 간행물을 창간하고 학당을 설립했으며, 근대 민권사상과 군주입헌제를 널리 알리며 변법자강운동을 추진했습니다. 변법자강운동은 비록 실패로 끝났지만 그 영향력은 매우 컸습니다. 민권·평등·자유 등의 사상을 널리 알려 민주사상 전파를 위한 기초를 다지고 입헌과 혁명을 위한 인재의 기반도 마련할 수 있었습니다.

청 말 여성들은 여성해방을 국가와 민족의 독립과 연결시켰습니다. 추근은 이때 활동한 대표적인 여성 혁명가 중 한 명입니다. 이처럼 다각도로 민중의 정치 참여 의식이 깨어나자 청 정부도 새로운 흐름에 발맞추고자 대신들을 외국으로 파견해 입헌정치를 살펴보도록 하고 예비 입헌을 준비했습니다. 하지만 진정한 의미의 근대적 정치 체제를 구축할 계획이 없었기 때문에 청 정부는 황족 위주의 내각을 구성했습니다. 결국 1911년 10월 10일, 우창에서 쑨원의 혁명파가 봉기하면서 신해혁명의 첫 신호탄을 쏘아 올렸습니다.

●
한국의 독립협회는
어떤 목표를 이루고자 했을까요?

한국에도 자유민권사상이 전파되면서, 외세의 간섭과 압박에 대응하기 위해 민중들이 집결하기 시작했습니다. 국가가 처한 상황을 타개해 위기에서 나라를 구하고자 한 것입니다.

뒷장의 사진은 한국의 계몽 단체인 독립협회가 1898년 10월 28일 서울 종로에서 대규모 집회를 열고 있는 모습입니다. 정부의 관료들과 민중이 국정을 논의하기 위해 함께 모인 '관민공동회'에는 신분이 가장 낮은 백정도 참석했습니다. 이 집회에서 관료들과 민중이 함께 고종 황제에게 전달할 '헌의 6조'를 결의했습니다. '외국인에게 의지하지 않고 관민이 단결하여 황권을 공고히 할 것'을 비롯하여 정부 예·결산 공개, 공정한 재판 실시, 외교 절차 및 관리 임명 방식의 개선, 법치주의 등을 주요 내용으로 포함했습니다.

종로에서 열린 민중집회는 고종 황제가 상술한 요구 조건을 승인할 때까지 6일간 지속되었습니다. 정부의 악법 부활 시도에 반대하고 부패한 관료를 고발하기도 하면서 다시금 한 달 넘게 이어지던 집회는 민중

독립협회 주최로 종로에서 열린 민중 집회

중심의 만민공동회로 연결되었습니다.

이 집회는 한국 최초의 서구식 민주주의 정치운동이자 민권계몽운동입니다. 만일 이들의 요구가 받아들여졌다면 대한제국은 입헌군주제의 길을 걸었을지도 모릅니다. 하지만 고종과 그 측근인 보수파들은 1898년 12월 독립협회와 만민공동회를 해산시켰고, 결국 민중의 기대는 물거품이 되고 말았습니다.

개항 이후 한·중·일 세 나라의 민중은 서적과 신문 등을 통해 서양의 근대 과학기술과 민주정치를 접했고 서양에 대한 이해를 점차 심화해 갔습니다. 하지만 그 결과는 각기 다른 양상으로 나타났습니다. 일본의 경우 대내적으로는 자유민권운동이 일어났지만, 대외적으로는 부국강병의 길을 걸으며 적극적인 대륙정책을 추진하여 한국과 청을 상대로 전쟁을 일으켰습니다. 청은 청일전쟁 이후 혁명의 길로 나아갔으며,

대한제국은 국가의 독립적인 지위를 잃고 끝내 일본에 병탄되었습니다. 동아시아 3국이 서양의 충격 앞에서 각기 다른 길을 걷게 된 이유가 무엇인지 생각해 봅시다.

멕시코의 은

멕시코는 라틴아메리카의 대표적인 은 생산지로, 멕시코산 은으로 만든 동전을 '묵은(墨銀, Mexican dollar)'이라 부르기도 했습니다. 16세기 에스파냐 사람들은 멕시코 등 아메리카 식민지에서 은광을 발견한 후 은을 대량 채굴하여 에스파냐 은화를 주조했습니다. 동서양 사이에 무역이 이루어지면서 멕시코산 은은 필리핀을 거쳐 중국까지 유입되었고 점차 중국 은화의 주요 공급원이 되었습니다. 1712~1740년에 영국은 청과의 무역 대금을 대부분 은화로 지불했는데 이 중 대부분이 멕시코산 은이었습니다. 개항 이후, 특히 19세기 후반에는 멕시코산 은으로 주조한 은화가 청, 일본 등 동아시아 국가에 광범위하게 유통되어 중요한 무역 결제 수단으로 쓰였습니다.

일본은 유럽과 미국에 비해 금값이 저렴하여 개항 후 대량의 금화가 해외로 유출되고 역으로 멕시코 은화가 유입되어 경제적으로 큰 혼란에 빠졌습니다. 또 개항과 함께 외국 화폐가 국내에 자유롭게 유통되면서 국내외 화폐가 동일한 비율로 교환되었습니다. 당시 동아시아에서는 멕시코 은화가 국제통화로 사용되었고 국제 금은의 가격 비가 1:15인 데 비해 일본에서는 그 비가 1:5였기 때문에, 많은 외국 상인이 일본으로 은화를 들여온 후 일본의 금화와

1888년 발행된 멕시코 은화
동전의 진위 여부를 보장하는 중국 상인의 마크가 찍혀 있다.

바꾸어 폭리를 취했습니다.

조선은 청과 달리 국제무역과 정부 사업에서 대부분 은화가 아닌 동전을 사용하다가 1876년부터 멕시코산 은을 수입하기 시작했습니다. 은화가 마치 혈관처럼 동서양의 경제를 하나로 연결하면서 멕시코산 은은 동아시아 경제와 세계 무역에 커다란 영향을 주었습니다.

민간 종교와 남녀평등

한·중·일 세 나라에서는 19세기 중반 민간 종교가 등장하여 빈민과 여성이 커다란 희망을 갖게 되었습니다. 일본에서는 1838년 나카야마 미키가 천리교를 창시했습니다. 그는 살아 있는 신을 자처하며 출산과 질병을 다스린다고 천명했고, 세상이 모두 한 가족이며 인간이 모두 형제자매라고 강조했습니다. 그는 기존의 가부장제를 부정하며 가족 내 여성의 역할을 강조하고 남녀평등을 추구했습니다. 에도 말기와 메이지 초기에 미키를 따라 천리교에 가담하는 빈민이 늘어나면서 천리교는 세력을 확장했습니다.

중국의 광둥과 광시에서는 훙슈취안이 1843년 배상제회를 만들었습니다. 그는 "창조주 아래 모든 인간은 형제요 자매"라고 했습니다. 태평천국운동 시기에는 성매매를 금지하고 여성의 전족 착용과 인신매매 등 악습을 폐지했습니다. 여성의 자유결혼을 허용하고 여성을 별도의 군대로 편성하는 등 여권을 신장시켰습니다. 훙슈취안의 여동생 훙쉬안자오는 태평천국의 주요 지도자로 활동하기도 했습니다. 그러나 남녀평등을 실현하지는 못했습니다.

조선에서는 1860년 최제우가 동학을 창시했습니다. 그는 모든 사람은 마음속에 천주(天主)를 모시고 있다고 했습니다. 이후 2대 교주 최시형은 남녀차

| 천리교 교주 나카야마 미키 | 태평천국의 여성 영웅 홍쉬안자오 | 동학의 2대 교주 최시형 |

별을 부정하고 "어린아이를 때리는 것은 한울님을 치는 것"이라며 어린아이도 존중할 것을 강조했지만, 여성은 여전히 남성 중심 가족관계 안에 머물러 있었습니다. 그럼에도 동학은 1894년 갑오농민전쟁 시기 이조이와 같은 여성 지도자가 등장하고 과부의 재가가 허용되는 등 여성이 남성 중심 관습을 타파하고 사회로 진출하는 데 큰 영향을 끼쳤습니다.

만세

2019년 3월 한국 서울에서 열린 3·1운동 100주년 기념행사에서 사람들은 '만세' 삼창 후 거리행진을 했습니다. 일본에서는 같은 해 10월 천황의 즉위를 선언하는 의식에서 아베 총리가 천황을 향해 '반자이(만세)' 삼창을 했죠. 중국에서는 국가와 인민에 대한 축복의 말로 '완수이(만세)'를 사용합니다.

오늘날 3국에서 모두 다른 의미로 쓰이고 있는 '만세'는 중국에서 유래한 말로, 처음에는 황제의 장수를 기원하며 축축하는 의미로 사용되었습니다. 이것이 8세기경 일본에 전해져 '만자이', '반제이'로 발음되었는데, 지금처럼 양손을 번쩍 들면서 외치는 방식은 아니었습니다. 오늘날과 같은 의미의 '반자이'가 최초로 울려 퍼진 것은 1889년 대일본제국헌법을 공포한 날 제국대학 학생들이 천황과 황후가 타고 있는 마차를 향해 '천황 폐하 반자이'를 외치면서부터였고, 이것이 군중에게 파급되었다고 전합니다. 그 후 청일전쟁 시기 전의를 고무하는 의미로 외친 '제국 반자이', '육군 반자이'가 일본 병사들을 전쟁터로 내몰았습니다.

한편, 한국에서는 1897년 대한제국 성립 당시 '황제 만세'를 외치기 시작했습니다. 일본과 마찬가지로 국가(군주)를 중심으로 사람들을 통합하기 위한 의미의 만세였지요. 그러나 일본과 달리 한국에서는 이 '만세'가 일제의 식민 지배에 저항하는 독립운동과 결합하여 1919년 3·1운동의 '독립 만세'로 이어 졌습니다.

2장

전쟁과 동아시아 질서의 재편성

1
청일전쟁에서 누가 무엇을 위해 싸웠을까요?

청일전쟁 성환 전투 승리 후 서울 근교에 세워진 개선문을 지나는 일본군

그림은 청일전쟁 초기 성환 전투에서 청군에 승리한 일본군이 1894년 8월 서울로 개선하는 장면입니다. 일본군과 함께 조선인 관리도 보입니다. 개선문에 일본과 조선의 국기가 나란히 걸려 있는 이유는 무엇일까요? 청과의 전쟁에서 승리한 일본군은 왜 조선의 수도에서 기념식을 치렀을까요?

●
청일전쟁은 왜
조선 땅에서 시작되었을까요?

1894년 봄 조선의 동학 농민들이 전라도에서 봉기했습니다. 정부의 부패와 폐단을 시정하기 위해 일어난 이 농민 봉기는 곧이어 전국으로 확산되었습니다. 상황에 적절히 대처하지 못한 조선 정부는 청에 농민군 진압을 요청했습니다. 청은 1880년대 중반 이래 조선을 종속국으로 취급하여 내정간섭을 하고 있었기 때문에, 조선 정부의 요청에 군대를 파견했습니다.

청의 파병 소식이 들려오자 곧바로 일본도 자국의 군대를 파견했습니다. 당시 한 일본 신문은 "조선에서 동학당 소동 세력이 자못 커지는데, 현 정부에 불평을 품고 있던 선비들까지 그 대열에 합류하여 …… 무정부 상태에 빠져 다른 강국이 이 기회를 틈타기라도 한다면 어쩔 것인가《시사신보》, 1894년 5월 30일자)"라고 우려했습니다. 일본 정부는 겉으로는 일본인 거류민을 보호한다는 명분과 제물포조약, 톈진조약을 파병의 근거로 내세웠습니다.

그러나 제물포조약 제5조는 "공사관 보호를 위해 약간의 병력을 한성에 주둔시킨다"라고 명시하고 있었습니다. 즉 8,000여 명이라는 대규모 파병을 허용한 것은 아니었으며, 이는 명백한 조약 위반이었습니다. 실상은 1880년대 이래 조선 문제를 중시해 온 일본이 장차 청의 영향력을 배제하고 조선을 차지하기 위해 파병했던 것입니다.

그렇지만 동학농민군과 조선 정부군의 화해로 청·일 양국의 군사적 개입은 일시 중단되었습니다. 이렇게 청·일 양군의 조선 주둔 명분은 사라진 셈이었지만, 일본은 청에 대한 개전의 구실을 마련하기 위해 여러 책동을 벌였습니다. 1차로 일본은 조선의 내정을 공동으로 개혁하자고 청에 제안했으나 청은 이를 거절했습니다.

이후 7월 초 일본은 조선 정부에 직접 내정개혁을 강요했습니다. 23일 새벽에는 급기야 조선의 왕궁인 경복궁을 기습 공격하고 불법으로 점령했습니다. 일본은 이 일을 우발적인 총격으로 일어난 사건으로 꾸몄지만, 조선 왕궁을 일거에 장악하여 청과의 전쟁에 협조할 수 있는 친일 정권으로 개편하려는 의도였습니다. 이 사건은 조선의 독립 주권을 침해했습니다.

●
일본은 왜 전쟁을
일으켰을까요?

1894년 7월 25일 충청도 아산만 근처 풍도 앞바다에서 청일전쟁이 시작되었습니다. 일본은 정식 선전포고도 없이 전쟁을 일으켰습니다. 이후

8월 1일에야 메이지 천황의 이름으로 선전포고문을 발포했습니다. 처음에는 조선의 독립을 내세우면서 청뿐 아니라 조선과도 전쟁한다는 내용을 포함했지만, 최종안에서 그 내용은 뺐습니다. 일본은 이 전쟁이 조선의 독립을 방해한 청을 물리치고자 하는 '의로운 전쟁'이라고 선언했습니다.

이처럼 일본은 전쟁을 일으킨 명분으로 조선의 독립과 더불어 동양 평화를 내세웠습니다. 당시 일본의 근대 계몽사상가인 후쿠자와 유키치는 전쟁의 성격을 다음과 같이 말했습니다.

문명 세계의 국민 공중은 과연 이 전쟁을 어떻게 보아야 할 것인가. 전쟁이 청·일 양국 간에 일어났다고 해도 그 근원을 묻는다면 문명개화의 진보를 꾀하는 자와 그 진보를 방해하는 자의 전쟁으로, 단지 양국 간의 다툼이 아니다. …… 다시 말해 일본인의 안중에는 중국인이 없고 중국도 없다. 세계 문명의 진보를 목적으로 하여 그 목적에 반대하고 훼방하는 자를 타도하는 문제이므로, 그저 사람과 사람, 국가와 국가만의 일이 아니며, 일종의 종교 분쟁으로 볼 수도 있다.

- 후쿠자와 유키치, 〈청일전쟁은 문명과 야만의 전쟁이다〉, 《시사신보》 1894년 7월 29일자

과연 후쿠자와 유키치가 이야기한 것처럼, 이 전쟁을 문명과 야만의 전쟁이라고 말할 수 있을까요?

1차 전투에서 승리한 일본군은 9월 중순 조선의 평양과 서해에서 대규모 전투를 벌였습니다. 이제 전선은 한반도에서 중국으로까지 확대되었습니다. 일본군은 군사적 요충지인 랴오닝과 산둥 지역으로 공격해

평양성 공방전에서 일본군과 청군이 격렬하게 싸우는 장면을 묘사한 그림

들어간 뒤, 다음 해 2월 청의 북양함대 사령부와 군사학교가 있었던 산둥 웨이하이웨이의 류궁다오를 점령했습니다. 일본은 전쟁을 수행하면서 군수물자를 수송하는 부대를 별도로 편성하지 않고 점령 지역 현지에서 물자를 조달했습니다. 이 과정에서 일본군은 현지인들에게 무차별적인 노동력과 물자 징발을 강요했습니다.

●

조선 민중은
왜 일본과 싸웠을까요?

1894년 봄 조선의 농민군은 단지 동학이라는 종교적 신념만으로 봉기한 것이 아니었습니다. 이들은 전봉준 등 지도자들의 지휘 아래, 당시 조선 정부의 폐단을 바로잡기 위해 민중 중심의 정치개혁을 추진했습니다. 이들은 전국 각지에 집강소를 설치하여 노비제를 폐지하고, 양반 관료와 하급 관리의 횡포 및 과중한 조세 부과 같은 정치 폐단을 개혁해 나갔습니다.

그해 여름 청과 일본 사이에 전쟁이 시작되자, 동학농민군은 일본이 승리하면 결국 자신들을 토벌하리라고 예상했습니다. 마침내 10월 중순 농민군 지도자 전봉준은 2차 농민전쟁을 일으켰습니다. 동학농민군은 고시문에서 "개화를 주장하는 사람들이 일본과 연계하여 국왕을 핍박하고 국권을 마음대로 했으므로, 조선이 일본이 되지 않게" 하기 위해 봉기한다며 그 목적을 밝혔습니다. 동학농민군은 그해 7월 일본군의 경복궁 점령을 군사 침략 행위로 간주했습니다. 그리고 조선의 갑오개혁 정부가 일본의 전쟁에 협조할 뿐만 아니라 농민 생활에 어려움을 끼쳤다고 비판했습니다.

일본은 청일전쟁을 '문명의 전쟁'이라고 명분을 호도했고, 동학농민군도 '문명의 적'인 폭도라고 규정하여 탄압했습니다. 일본은 동학농민군이 도적 떼이고 나라의 화근이므로 이를 영원히 제거해야 한다면서 조선 정부에 탄압을 강요했습니다. 일본군 병참총감 가와카미 소로쿠는 초기부터 대규모 병력을 파견하여 "동학당에 대한 처치는 엄격함과 단호함을 요구한다. 향후 모조리 섬멸하라"며 비밀리에 명령했습니다.

1894년 12월 초까지 동학농민군은 일본군 및 그 휘하 조선 정부군과 치열한 전투를 치렀지만, 일본군의 주도면밀한 작전 능력과 우수한 무기를 이겨내지 못했습니다. 전봉준, 손화중 등 농민군 지도자들은 다음해 4월 서울에서 재판을 받고 사형당했습니다. 조선 정부군과 지방 유생

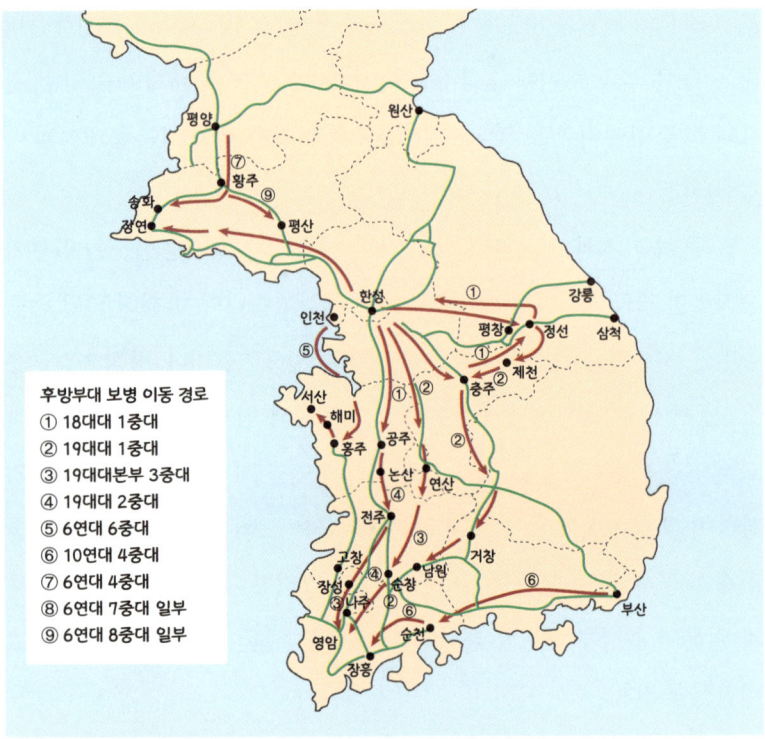

후방부대 보병 이동 경로
① 18대대 1중대
② 19대대 1중대
③ 19대대본부 3중대
④ 19대대 2중대
⑤ 6연대 6중대
⑥ 10연대 4중대
⑦ 6연대 4중대
⑧ 6연대 7중대 일부
⑨ 6연대 8중대 일부

1894년 10월 이후 일본군의 농민군 토벌 상황을 보여 주는 지도

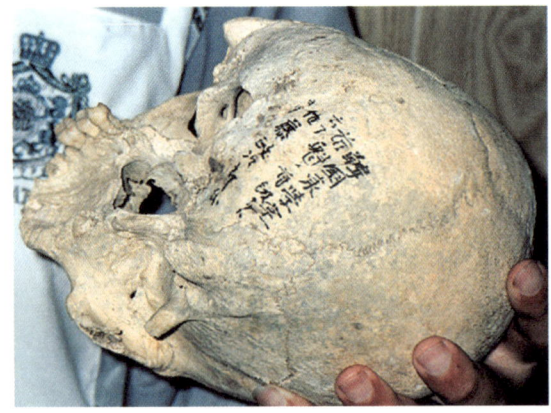

한 동학군의 유골
1906년 전라도 진도에서 수집된 유골에 "한국 동학당의 수급(전쟁에서 베어 얻은 적군의 머리)"이라는 글자가 적혀 있다. 이 유골은 홋카이도대학에 방치되어 있다가 1995년에야 동학군 유골로 밝혀졌다.

들은 일본군의 주도하에 한반도 전역에서 동학농민군을 대량 학살했습니다. 동학농민군에 참여하거나 협조한 사람들은 공정한 재판이나 조사도 없이 가혹하게 처벌당했고, 동학군의 시체는 함부로 다루어졌습니다. 1894년 10월 이후 동학농민군 토벌에 나선 일본군은 2,700명 이상, 희생된 농민군은 무려 2만~3만여 명으로 추산됩니다.

●
청일전쟁은 동아시아 사람들에게 어떤 영향을 미쳤을까요?

전쟁으로 조선과 중국에서 수많은 민간인이 희생되었습니다. 일본군은 랴오둥반도 공략을 위해 1894년 11월 21일 요충지 뤼순을 장악했습니다. 일본군은 점령 직후 4일간 여성과 아이를 비롯한 시민 수만 명을 살해했습니다. 영국의 《타임스》를 비롯하여 구미 각국의 신문들이 이러한 사태를 보도하는 가운데, 미국의 《뉴욕월드》는 일본을 "문명의 가면을 벗고 야만의 본모습을 드러낸 괴물"이라고 비난했습니다.

청일전쟁은 1895년 4월 일본과 청의 강화회담으로 끝났습니다. 그해 5월 메이지 천황은 참전용사를 환영하는 행사를 직접 주관하고 전사자들을 야스쿠니신사에 합사했습니다. 전국 각지에서 군인들의 귀환을 축하하는 행사를 개최하고, 전몰자를 추념하는 묘비를 건립했습니다. 일본은 이렇게 전쟁 승리에 환호하는 분위기를 조성하여 전 국민을 천황의 신민으로 만들어 갔습니다.

반면 전쟁 종결 이후에도 청의 상황은 악화되어 갔습니다. 서양 열강

뤼순 학살 사건

의 침탈이 더욱 확대되었고, 과중한 전쟁 배상금으로 민중의 고통은 심화되었습니다. 일본은 청과의 강화조약으로 할양받은 타이완을 상대로 정복 전쟁을 개시했습니다. 일부 청 관리가 '타이완 민주국'을 세워 타이완인들과 함께 일본의 침략에 저항했지만, 일본군의 무차별 학살과 약탈로 많은 사람이 희생되었습니다.

 일본인은 전쟁 승리를 계기로 자국을 강대국으로 자부하기 시작했습니다. 반면 중국인들의 생활 습관이 불결하다고 멸시하거나, 조선인들 역시 게으르고 낭비하는 습관이 있다고 여기는 등 청과 조선을 문명화되지 않은 미개 사회로 업신여겼습니다. 이렇게 전쟁 이후의 일본인들은 아시아인에 대한 차별의식을 강하게 갖게 되었습니다.

과연 청일전쟁을 일본이 동양 평화와 문명화를 외치며 일으켰던 정의로운 전쟁으로 보는 것이 옳을까요? 일본제국주의가 동아시아 각국의 민중을 억압하고 희생시킨 침략전쟁으로 기억해야 하지 않을까요?

2
러일전쟁은 사람들의 세계관을 어떻게 변화시켰을까요?

조르주 페르디낭 비고의 풍자화 〈러일전쟁〉

1902년경 프랑스의 만화가 조르주 페르디낭 비고가 그린 풍자화입니다. 왼쪽의 러시아 장교에게 일본 군인이 칼을 들이대고 있습니다. 그 뒤에서 영국인이 일본 군인의 등을 떠밀고 있고 더 뒤에는 미국인이 보입니다. 이 그림에는 어떤 국제 관계가 숨어 있을까요?

러일전쟁에서 일본은 승리했을까요?

러일전쟁은 1904년 2월 일본군이 한국 진해만을 점령하며 부산 앞바다에서 러시아 선박을 나포하고, 인천 앞바다와 중국 뤼순항에 정박해 있던 러시아 군대를 공격하면서 시작되었습니다. 이듬해 1905년 9월 강화조약 조인으로 끝난 이 전쟁에서 일본은 세계적인 대국 러시아에 '승리'했습니다. 이 승리는 과연 어떤 의미였을까요?

영국과 러시아가 대립하는 와중에 제1차 영일동맹(1902)을 맺은 일본은 러시아와의 전쟁을 감행했습니다. 그러나 일본 측은 고전을 거듭하며 예상 이상의 사상자를 발생시켰고 인적·물적·경제적 측면 모두에서 한계에 도달했습니다. 반면 러시아 측은 막대한 손실을 입었음에도 강대한 병력을 유지하고 있었습니다. 한계에 다다른 일본으로서는 어떻게 하면 유리한 조건으로 전쟁을 끝내고 강화를 맺을 수 있을지가 최대 과제였습니다.

일본이 사용한 전쟁 비용 중 많은 비중은 영국과 미국에서 받은 외채였습니다. 일본은 영국과 미국이 주장하는 만주의 문호 개방을 옹호하며 두 나라의 지지를 얻고자 했습니다. 하지만 미국은 일본이 전쟁에서 크게 이겨 만주를 독점할까 우려했지요. 1905년 봄에 일본은 미국의 대통령 시어도어 루스벨트에게 강화 알선을 의뢰했고, 이를 바탕으로 8월 미국 포츠머스에서 강화회의가 열렸습니다. 루스벨트 대통령은 러일 간의 전력 균형이 깨지는 상황을 피하고 싶었습니다. 다른 열강도 러시아가 피폐해지기 전에 전쟁을 멈추게 하여 자국 진영에 러시아를 끌어들이겠다는 생각으로 강화를 촉진했습니다.

일본 정부는 한국에 대한 지배권 확보, 랴오둥반도의 조차권과 러시아가 건설한 철도의 양도는 포기할 수 없지만, 배상금과 영토 할양은 양보해도 어쩔 수 없다는 자세로 강화회의에 임했습니다. 이렇게 해서 강화조약이 성립되고 전쟁은 종결되었습니다. 전쟁의 결과 일본은 한반도를 지배하고 남만주를 세력권에 편입시키는 것을 러시아로부터 인정받았습니다. 영국과 미국도 이미 각각 인도와 필리핀에 대한 지배를 서로 용인해 주는 형태로 일본의 한국 지배를 인정하고 있었습니다. 일본이 '승리'했다고는 해도 러시아가 '양보'한 것은 한국과 만주의 지배권과 사할린 남부뿐이었습니다.

／ 영국은 독일, 오스트리아-헝가리제국, 이탈리아의 삼국동맹을 견제하기 위해 1904년 프랑스와 동맹관계를 맺고 1907년에는 러시아와도 협상을 맺었는데, 이를 삼국협상이라 한다.

일본 사람들은 어떻게
러일전쟁을 체험하고 세계를 바라보았을까요?

조르주 페르디낭 비고가 그린 앞의 풍자화에서 러시아와 싸우려는 일본인 병사에 대해 생각해 봅시다. 다음 자료는 러일전쟁에 출정한 일본군의 한 군인이 랴오양 전투 후인 1904년 9월 10일 아내에게 보낸 편지입니다. 이 병사는 전쟁터에서 어떤 심정이었을까요?

8월 30일은 대공격. 220명 중 130명이 쓰러지고 90명만 남았어. 나도 쓰고 있던 모자에 총탄을 맞아서 모자는 찢어졌지만 머리에 상처는 없어. 가슴 언저리도 맞았지만 품고 있던 부적 위였기 때문에 외투와 옷에는 구멍이 났어도 몸에 상처는 나지 않았어. 이것도 다 당신이 신을 믿는 덕분이지. 하느님, 부처님이 도우신 거니 부디 그들께 기도해 줘. 부탁이야.

- 하기모토 부이치로의 편지, 《다쓰노시사(龍野市史)》 제6권

그는 이 편지에서 "부디 집안일을 잘 부탁해", "부디 병에 걸리지 않기를 바라", "전쟁도 이제 얼마 안 남았으니 참고 견뎌줘"라며 가정과 아내의 안부를 묻기도 했습니다. 그런데 이 군인은 친구에게 보낸 편지에서 "러시아 병사를 열 명 죽이기 전에는 죽지 않을 각오"를 내비치고, "만일 목숨이 붙어 있다면 러시아 병사 목을 선물로 가지고 돌아갈 생각"이라고 썼습니다.

1년 8개월에 걸친 러일전쟁은 일본이 100만 명이 넘는 병력을 쏟아부

은 대규모 전쟁이었습니다. 일본 전국 각지의 청년들은 군인으로서 전쟁터에 내몰렸습니다. 편지를 쓴 이 군인도 그중 한 사람이지요. 그는 빈농의 장남으로 결혼한 지 얼마 안 되었을 것으로 짐작됩니다. 이처럼 전쟁은 가족과 아내를 염려하는 선량한 청년을 적을 말살하는 존재로 바꿔버렸습니다. 한편으로는 전쟁터에서 영원히 돌아올 수 없는 사람들도 생겼습니다. 일본군 전사자는 8만 명이 넘었고 부상자를 더한 사상자는 46만 명에 달했습니다.

일본이 러일전쟁에 쓴 비용은 17억 엔이 넘었고, 이 중 국내외 채권의 비중은 78퍼센트에 달했습니다. 일본은 전쟁 비용을 충당하기 위해 세금을 대폭 인상했습니다. 신문은 러시아에 대한 적개심을 부추겼습니다. 민중을 전쟁에 동원하기 위해 여론을 조성하고 각지에서 전승 축하 행사를 개최하는 등 전쟁 의지를 고양했습니다. 러시아를 응징하고 한국과 청을 구한다는 대의명분을 내세웠죠. 이렇게 해서 민중 사이에서는 러시아에 대한 강경론이 형성되어 갔습니다.

강적인 러시아와의 전쟁에 내몰렸던 민중에게 '승리'는 그저 허울에 지나지 않았습니다. 전쟁의 중압을 견뎌 온 민중은 굴욕적인 강화 조건이라며 불만을 터뜨리고 폭동을 일으켰습니다. 한편 전후 일본 사회에는 강국 러시아를 이겼다는 '일등국' 의식이 확산되었습니다. 서양과 대등하다는 생각이 강해진 동시에 아시아에 대한 우월감과 지도자 의식이 높아졌습니다. 이렇게 일본은 큰 모순에 빠져 있었습니다. 열강에 맞서 군비 확장을 위해 정부는 거액의 외채를 끌어안은 채 계속해서 국민에게 무거운 세금을 부과했습니다.

중국 사람들은 어떻게
러일전쟁을 체험하고 일본을 바라보았을까요?

그림 속 장소는 어디일까요? 러일전쟁 당시의 만주입니다. 1905년 영국 신문에 실린 이 그림 속 거리의 상태가 어떤지 잘 살펴봅시다. 왼쪽의 말을 탄 군인들은 어느 나라 병사일까요? 오른쪽 여성의 상황은 어떠한가요? 황폐해진 거리와 떠나가는 러시아 기병, 아기를 안고 어쩔 줄 모르는 중국 여성의 모습이 눈에 들어옵니다. 청은 러일전쟁이 일어나자 '중립'을 선언했지만 러·일 양국은 만주를 전쟁터로 삼았습니다.

러일전쟁 당시의 중국 만주 지방

러시아는 자신이 지배한 지역에서 청의 주권을 무시한 채 군사적 목적을 위해 민중을 몰아내거나 식량과 군수품을 강제로 징발하기도 했습니다. 그러자 만주의 민중들 가운데 러시아에 불만을 호소하는 격문을 발표하고 러시아에 조직적으로 저항하려는 움직임이 일어났습니다. 일본군도 러시아를 몰아내고 점령한 지역을 작전 행동에 이용하거나 군수품을 징발했습니다. 상하이에서 발행되던 《동방잡지》는 러일전쟁 당시 중국 국민의 사망자 수가 수십만 이상에 달하여 러·일 양군의 사망자 수보다 많다고 전했습니다.

그렇다면 중국 사람들은 이 전쟁을 어떻게 바라보고 있었을까요? 다음 자료는 개전 1년 후 중국 상하이에서 발행된 신문 《신보》에 실린 사설 중 일부입니다.

중국 내에서도 일본 편을 들어야 한다는 쪽과 러시아와 손잡아야 한다는 쪽 사이에 격렬한 논쟁이 벌어져 관민이 크게 들끓었다. 현재 뤼순이 함락되고 러시아 해군은 패퇴하여 펑톈까지 일본 손으로 넘어갔고 육군마저 패배했다. …… 개전 당시에는 정의를 위한 전쟁이지 결코 중국 토지를 얻기 위한 전쟁이 아니라고 공언하던 일본이 버젓이 중국에 눌러앉아 땅을 차지했다. …… 일본이 이기고 러시아가 지든, 러시아가 이기고 일본이 지든 그 재앙은 반드시 중국에 미친다. 중국은 토지를 빼앗기거나 배상금을 빼앗기거나 둘 중 하나일 테니 무사하지는 못할 것이다.

- 〈러일전쟁 후의 결과를 추론한다〉, 《신보(晨報)》 1905년 3월 20일자

전쟁이 시작되기 전에는 청 지식인들 가운데 일본의 승리를 예견하면서 '폭력으로 폭력을 대체한다'는 입장에서 청의 자강을 도모하자는 주장이 있었다고 합니다. 여기에는 일본이 러시아만큼 가혹하지 않으리라는 기대와 러시아를 북방의 위협으로 느끼는 의식이 깔려 있었습니다. 그러나 전쟁이 진행될수록 일본에 대한 기대감은 점차 약해져 러시아나 일본이나 마찬가지라고 여기게 되었습니다.

러일전쟁 이후 청에서는 입헌군주제 국가 일본이 전제군주제 국가 러

시아에 승리했다고 보는 견해가 확산되었습니다. 청의 입헌개혁파는 일본의 승리에 고무되어 일본처럼 입헌군주제를 도입해 근대화를 꾀해야 한다는 주장을 강하게 펼쳤습니다. 한편, 중국 각지에는 혁명을 목표로 삼는 단체들이 생겨났는데, 1905년 8월 쑨원과 황싱은 중국동맹회를 결성하여 '공화정체' 실현을 내걸고 청 왕조에 대한 혁명운동을 본격화했습니다. 러일전쟁 후 청에서는 입헌파와 혁명파의 갈등이 심화되었습니다.

●
한국 사람들은 어떻게
러일전쟁을 체험하고 일본을 바라보았을까요?

러일전쟁이 발발하자 일본군은 즉시 한반도에 주둔하며 한국을 병참기지로 삼았습니다. 토지를 군용지나 철도용지로 쓰고 한국 사람들을 철도 건설이나 군수물자 수송에 강제 동원했습니다. 이에 저항하거나 반발하는 사람들은 처형하고 탄압했습니다.

그렇다면 한국 사람들은 러일전쟁을 어떻게 바라보고 있었을까요?

서울 중심가를 행진하는 일본군

다음 자료는 1909년 이토 히로부미를 저격하여 암살한 안중근이 감옥에서 집필한 《동양평화론》에서 발췌한 글입니다.

> 유럽의 여러 나라들은 가까이 수백 년 사이에 도덕을 까맣게 잊고 나날이 무력을 일삼으며 경쟁심을 키우고도 조금도 꺼리는 기색이 없다. 그중에서도 러시아가 더욱 심하다. 그 난폭함과 잔학함이 서구와 동아시아 어디든 미치지 않는 곳이 없다. 악이 차고 죄가 넘쳐 신과 사람이 모두 노한 까닭에 하늘이 기회를 주어 동해의 작은 섬나라 일본으로 하여금 저 강대국 러시아를 만주 대륙에서 한주먹에 때려눕히게 했다. …… 한·청 두 나라 국민은 이와 같이[일본을 배척하고 러시아를 돕는] 행동하지 않았을 뿐 아니라 도리어 일본군을 환영하고 그들을 위해 짐을 나르고, 도로를 닦고, 정탐하는 데에 노고를 잊고 힘을 쏟았다. …… 천만 번 의외로 [일본은] 승리를 거두고 개선한 이후로 가장 가깝고 가장 친하며 어질고 힘이 약한 같은 인종인 한국을 압박해 조약을 맺고, 만주의 창춘 이남의 지역을 조차를 빙자하여 점거했다.
>
> — 안중근, 《동양평화론》(1910)

개전 이전부터 한국은 일본에 경계심을 보였습니다. 하지만 러시아에 대한 경계심 역시 강했기 때문에 한국 사람들의 일본관은 복잡했습니다. 《황성신문》은 만주를 잃으면 한국과 중국이 위험해지고 러시아 세력이 반드시 동양에 확대된다고 주장하면서(1903년 10월 1일자), 일본이 러시아와 싸우는 것은 동양 전체의 이익을 위한 것이며 황색 인종은 일본의 개전을 바라고 있다고 전했습니다(1903년 10월 24일자).

개전 직전에 한국 정부는 '중립'을 선언했습니다. 그러나 일본은 이를 무시하고 한국에서 전투를 개시했고, '한일의정서'를 체결하게 해 한국을 군사 점령 아래 두고자 했습니다. 일본군이 군수물자를 요구하거나 수송을 명령하자 한국 민중 사이에서는 점차 일본에 대한 환멸과 반감이 증대했습니다. 또한 전후 일본의 '보호정치'가 본격화하면서 일본의 승리는 곧 한국의 위기라는 의식이 강해졌습니다.

러일전쟁이 백색인종에 대한 유색인종의 전쟁이라는 성격도 지닌 탓에, 일본의 승리는 백인 지배에 대한 유색인종의 반발과 저항을 불러일으켰고 아시아 각지의 민중운동에 큰 충격을 주었습니다. 하지만 한국과 청에는 '같은 인종'인 이웃나라의 지배를 받는 새로운 국면의 시발점이 되었습니다. 인도 초대 총리인 자와할랄 네루(3부 1장 4절 참조)는 1932년에 다음과 같이 썼습니다.

> 러시아에 대한 일본의 승리가 아시아 국민들을 얼마나 기쁘게 하고 춤추게 했는지를 우리는 보았다. 그러나 그 직후의 성과는 소수의 침략적 제국주의 국가들의 그룹에 또 하나의 나라가 추가된 것에 불과했다. 그 쓰디쓴 결과를 먼저 맛본 나라는 한국이었다. 일본의 발흥은 한국의 몰락을 의미했다.
> - 네루, 《세계사 편력: 아버지가 딸에게 들려주는 세계사 이야기》

한국·청·일본 각 나라 민중에게 러일전쟁이 어떤 의미였는지, 이후에 전개되는 동아시아 세 나라의 역사를 살펴보며 생각해 봅시다.

3
일본은 어떻게 타이완을 식민 통치했을까요?

나도 토벌과 진압의 방법이 아쉽다고 생각한다. 하지만 지난 일에 대한 언급은 아무런 도움이 되지 않는다. 이번 소요 사태는 절호의 기회다. 군대를 동원해 추악한 무리를 소탕하여 악의 뿌리를 뽑고 모든 토지를 몰수해야 한다. 섬 전체를 관유지로 삼겠다는 의지를 굳히고 결단을 내려야 한다.
- 《시사신보》 1896년 1월 8일자

영토를 할양한 목적은 처음부터 사람이 아닌 토지에 있다. 따라서 당국은 타이완섬을 처리할 때 주민을 안중에 두어서는 아니 되며 토지만을 생각해야 한다. 사실상 타이완이라는 이름의 무인도를 획득하겠다는 생각으로 운영 방침을 정해야 한다.
- 《시사신보》 1896년 7월 29일자

일본이 타이완을 점령한 초기에 계몽사상가 후쿠자와 유키치가 신문에 게재한 논평입니다. 그는 타이완 민중의 저항을 일본의 식민 통치자들이 가차 없이 진압해야 한다고 생각했고, 심지어 타이완이 '무인도'가 되는 한이 있더라도 토지 점령이라는 목적을 우선시해야 한다는 견해를 피력했습니다. 일본은 어떻게 타이완을 식민 통치했을까요? 또 일본의 식민 통치 아래에서 타이완 민중들의 생활은 어떠했을까요?

일본은 타이완의 식민지배를 어떻게 확립했을까요?

타이완은 본래 청의 영토였으나 청일전쟁에 승리한 일본에 할양되어 일본의 첫 번째 식민지가 되었습니다. '새로운 영토'인 타이완에 일본 헌법을 적용할지 여부는 큰 논쟁거리였습니다. 1921년에 일본이 타이완에서 '내지연장주의'를 추진하며 동화정책을 실시하면서 일본 본토의 법률은 점차 타이완에 적용되기 시작했습니다. 그 결과, 타이완 총독은 특별한 경우를 제외하고는 법령을 공포할 수 없게 되었습니다. 그러나 타이완이 일본 본토와는 달리 불평등하고 차별적인 대우를 계속 받았다는 점은 부인할 수 없습니다. 한국도 일본의 '새로운 영토'였지만, 청으로부터 할양받은 타이완과는 달리 나라 전체가 일본에 의해 강제 병합되었기 때문에 두 지역에 대한 식민 통치 방식은 비슷하면서도 달랐습니다.

타이완총독부는 사회 통제를 강화하기 위해 경찰이 치안을 도맡는

'경찰통치'를 시행했습니다. 기존의 보갑제도˚를 부활시켜 거주민들(일본인, 외국인, 원주민 제외)을 보갑으로 편제하고 연좌제를 시행했으며, 보갑 내에 민병 조직인 장정단을 설치해 사회 치안 유지에 협조하도록 했습니다.

　1898년 타이완총독부는 토지조사를 실시하여 신고되지 않은 토지를 정리하고 경작지 면적을 대폭 확대했으며, 토지 거래를 법적으로 보장함으로써 일본 자본가들이 쉽게 토지를 활용하도록 했습니다. 또한 1910년부터는 임야 조사를 실시해 산림 대부분을 관유지로 만들어 타이완총독부가 점유했습니다. 이 외에도 타이완의 도량형을 일본식으로 통일하고, 타이완은행을 설립해 일본과 타이완의 화폐제도를 통일했습니다. 이를 토대로 일본은 타이완에 자본을 투자하고 타이완에서 원료를 조달했으며 자국의 상품을 타이완에 덤핑 판매했습니다.

　타이완 민중들은 일본의 식민 통치에 다양한 방식으로 저항했습니다. 그중 타파니 사건은 타이완에서 발생한 항일무장봉기로 가장 많은 사상자 수를 기록했습니다. 1915년 위칭팡이라는 사람이 계획한 항일봉기가 일본 경찰에 발각되자 타이완총독부는 전국에 대대적인 수색령을 내렸습니다. 위칭팡은 부대를 이끌고 타이난시 타파니에 위치한 후터우산에서 일본 군경과 교전을 벌였으나, 300여 명이 전사하고 위칭팡은 체포되어 즉시 처형되었습니다. 남은 부대원들은 끝까지 항일투쟁을 이어 나갔으나 봉기는 1916년 4월 실패로 끝났습니다. 훗날의 통계에 따르면 이

/ 　중국 송나라 때부터 이어진 사회 통제를 위한 일종의 호적제도이다. 호(戶)를 기본 단위로 하여 호별로 호장을 두었다. 열 개의 호를 하나의 갑(甲)으로, 또 열 개의 갑을 하나의 보(保)로 묶었다.

타이루거 사건(1914) 당시 일본 군경과 붙잡힌 주민들

사건으로 타이완인 3,000여 명(일설에 의하면 3만여 명)이 사망했습니다.

한편, 일본은 타이완 원주민의 자원을 약탈하고 그들을 무력으로 복속시켰습니다. 1906년 취임한 일본의 사쿠마 사마타 총독은 타이완 산지에 살고 있던 원주민을 상대로 무자비한 '토벌 작전'을 실시했는데, 일례로 위 사진은 1914년 발생한 타이루거 사건의 참혹한 광경을 보여줍니다. 일본군은 타이루거 원주민 주민들을 묶어서 한곳에 몰아넣었습니다. 사진에서 쓰러져 있는 사람, 손이 뒤로 묶여 있는 사람, 바닥에 엎드려 기어가는 사람 등이 보입니다. 홀로 앉아 망연자실한 표정을 짓고 있는 아이, 어린아이를 업고 있는 어머니의 비통과 무력감이 느껴집니다.

일본은 1915년 타이완 산지의 원주민 거주 지역을 모두 평정했다고 선포했지만, 식민지 노예로 전락한 현지인들의 마음속에 응어리진 분노는 언제 터질지 모르는 폭탄과도 같았습니다. 우서 사건은 타이완 원주민이 일으킨 최대 규모의 항일무장봉기였습니다. 1930년 10월 난터우 우서의 타이야족 족장 모나 루다오가 부족을 이끌고 봉기하자, 타이완 총독부는 일본 군경을 소집해 우서 지역을 진압하고 학살을 자행했습니다. 모나 루다오는 부족을 이끌고 깊은 산속으로 후퇴해 천연 요새를 짓고 결연히 저항했지만, 일본 군경은 비행기를 이용해 그곳에 독가스를 살포했습니다. 더 이상 몸을 숨길 수 없었던 타이야족은 결국 봉기에 실패했고 멸족의 위기에 처했습니다.

●

일본의 식민 통치는 타이완에 어떠한 '근대화'를 가져왔을까요?

오른쪽 위 사진 속 초가집과 흙벽돌로 만든 단층 건물은 타이완의 구식 제당소입니다. 아래 사진에서 높은 굴뚝을 갖춘 3~4층 높이의 서양식 건물은 타이완에 세워진 신식 제당소이고요. 두 제당소의 가장 큰 차이는 사실 건축 양식보다 '근대화'된 생산방식에 있었습니다. 일본의 식민 통치는 타이완에 어떠한 '근대화'를 가져왔을까요?

초기 타이완총독부는 '산업은 일본, 농업은 타이완'이라는 식민지 경제정책을 추진했습니다. 이 정책의 전략적 목표는 식민지 타이완을 농업 생산기지로 삼아 지배국 일본의 산업화에 따른 식량 수요를 충당하는 것이었습니다.

타이완의 구식 제당소(위)와 신식 제당소(아래)

타이완은 일본의 설탕과 쌀 생산기지였습니다. 일본 국내의 설탕 수요를 충족하기 위해 타이완총독부는 제당산업을 대대적으로 발전시켰습니다. 대규모의 일본 자본으로 세운 기계화된 신식 제당소는 타이완인 자본으로 경영하는 구식 제당소를 대체했습니다. 또 사탕수수의 품종을 개량하고 재배 면적을 확대했습니다. 설탕의 생산과 판매를 일본 자본이 장악하고 있었기 때문에 생산량의 대부분은 일본에서 소비되었고 산업의 이윤 역시 일본 자본가가 독점했습니다.

쌀 역시 사탕수수와 마찬가지로 일본이 약탈해 간 중요한 물자였습니다. 일본은 쌀 품종 개량, 수리시설 건설, 비료 사용 확대, 재배 면적 확대 등 다양한 조치를 통해 타이완의 쌀 생산량을 늘렸지만, 대부분의 양을 자국으로 수출했기 때문에 타이완 사람들은 쌀 대신 값싼 고구마를 주식으로 먹어야 했습니다.

1930년대에 들어 일본 군국주의가 중국 대륙을 침략하자, 이에 발맞추어 일본은 식민지 경제정책을 조정했습니다. 1936년 타이완총독부는 황민화·산업화·남진기지화를 타이완 통치의 3대 원칙으로 제시하고 타이완을 남진의 발판이자 전략물자 보급지로 삼았습니다. 타이완총독부는 '생산력 확충 5개년 계획'을 두 차례에 걸쳐 시행하여, 타이완에 비료, 시멘트, 알루미늄, 제지, 조선 등의 신흥 산업을 구축하고 구리, 석유화학, 천연가스, 카바이드 및 해수 이용 관련 산업시설도 확충했습니다. 이는 모두 일본 산업화에 필요한 물자를 제공하기 위해서였습니다.

일제 식민지 타이완의 산업화와 '현대화'를 어떻게 바라보아야 할까요? 타이완총독부가 실시한 산업화는 모두 일본의 수요를 위한 것이었기 때문에 산업의 발전 양상은 기형적이었습니다. 자금, 설비, 기술, 인재

등 전반에 걸쳐 일본에 대한 의존도는 심각한 수준이었습니다. 또한 원료 공급에 필요한 만큼만 산업화가 진행되었기 때문에 실질적인 공업제품의 생산이 제대로 이루어지지 않았고, 경공업은 간과한 채 중공업 일변도로 발전했다는 구조적인 문제도 있었습니다. 일본이 타이완에 일부 근대적 요소를 들여온 것은 사실이지만, 이는 타이완을 전면적으로 약탈하기 위한 것이었으며 침략이라는 일본의 전략 목표를 실현하는 과정에서 생긴 의도치 않은 결과에 불과했습니다.

●

일본의 식민 지배는 타이완 민중의 교육과 사회에 어떠한 변화를 가져왔을까요?

일제의 식민 통치하에서 타이완 민중은 어떻게 생활하고 대우받았을까요? 타이완 민중에 대한 차별적 교육정책을 통해 짐작해 볼 수 있습니다. 뒷장의 왼쪽 사진에서는 타이완 내의 일본인 소학교에 다니는 학생들이 교복 차림으로 체조를 하고 있고, 오른쪽 사진에서는 타이완인이 다니는 공학교 학생들이 맨발로 대열을 이루고 있습니다. 같은 지역 내에서도 타이완인들이 심한 교육 차별을 받았음을 직관적으로 확인할 수 있습니다.

일본은 타이완의 전통 한문 교육 시설이었던 서당을 금지하고, 일본어와 일본 문화를 위주로 가르치는 학교를 세운 후 차별적인 교육을 실시했습니다. 타이완총독부는 타이완에 거주하는 일본인 아동을 위해 소학교와 중학교를 설립하고 일본 국내와 동일한 교육을 제공하여 졸업

일본인 소학교 학생들(왼쪽)과 타이완 공학교 학생들(오른쪽)

후에는 일본으로 귀국해 고등교육을 받을 수 있도록 했습니다. 반면 타이완인 아동에 대해서는 별도의 공학교를 세워 졸업 후에 직업학교에 진학시킴으로써 중·고등교육 억제 정책을 펼쳤죠. 1931년 통계에 따르면, 타이완에서 일본인의 소학교 취학률은 99퍼센트였던 데 비해 타이완인의 공학교 취학률은 일본 본토의 1873년 수치와 비슷한 33.8퍼센트에 불과해 타이완의 교육은 일본보다 반세기 이상 낙후한 상태였습니다.

타이완총독부가 설립한 중학교는 초기에는 일본인 학생들만 다닐 수 있었지만, 타이완의 유력 인사 린셴탕 등이 강력히 요구해 일부 규정이 수정되었습니다. 1922년 일본 정부는 타이완교육령을 개정하여 중등교육 이상의 학교에서는 '일본인과 타이완인이 함께 공부한다(내대공학)'는 방침을 발표했습니다. 이에 따라 표면적으로는 타이완인이 일본인과 동등한 교육의 기회를 누릴 수 있게 되었지만 실상은 여전히 큰 차이가 존재했습니다. 1944년 타이완 전역에 중학교가 총 22개 있었는데, 타이완 인구의 6퍼센트에 해당하는 일본인들이 중학교 학생 수의 52퍼센트를 차지하고 있었습니다.

1928년 설립된 타이베이제국대학(오늘날의 국립타이완대학)은 일제시대 타이완에 세워진 유일한 대학교로, 타이완 거주 일본인들의 고등교육을 위해 설립되었습니다. 1943년 당시 타이베이제국대학의 재학생 454명 중 타이완인은 69명으로 고등교육 역시 일본인이 독점하고 있었음을 알 수 있습니다.

일본이 전면적으로 중국 침략을 시작한 후, 타이완총독부는 황민화정책을 시행했습니다. 타이완에서 국어(일본어) 교육을 강제 시행하며 모국어 사용을 금지했고, 창씨개명과 일본식 복식, 신사참배를 강제하여 일본제국의 '황민'을 양성하고자 했습니다.

일본이 타이완을 식민 지배한 50년 동안 타이완인은 일본인과 동등한 국민으로 대우받지 못했으며 노예와 같은 처지로 살아야 했습니다. 그런데 왜 오늘날 타이완 사회에는 막연한 '친일' 분위기가 형성되어 있는 걸까요? 이러한 현상이 나타나는 이유에 대해서도 함께 생각해 봅시다.

4
일본은 어떻게 조선을 지배했을까요?

조선총독부의 모습이 인쇄된 그림엽서

이 그림엽서는 일본에서 만들어진 '경성의 명소' 시리즈 중 하나로, 1926년 완공된 조선총독부 청사 모습이 담겨 있습니다. 조선총독부는 일본이 조선을 식민 지배하기 위해 설치한 최고 통치기관이죠. 그렇다면 조선에 대한 일본의 식민 지배는 언제부터 시작되었을까요?

●

일본은 어떤 과정을 밟으며 대한제국을 멸망시켰을까요?

일본은 1905년 7월 미국과 가쓰라-태프트 비망록을 교환하고, 한 달 후인 8월 영국과 제2차 영일동맹조약을 맺어 한반도에 대한 일본의 권익을 외교적으로 보장받았습니다. 이어서 9월에 일본은 미국 포츠머스에서 러시아와의 협상을 통해 한반도에서의 '독점적 이권'을 보장받는 조약을 체결했습니다. 두 달도 채 안 되는 시간에 국제사회로부터 한국에 대한 지배권을 인정받은 일본은 1906년 2월 한국의 수도 한성에 통감부를 설치했습니다.

곧이어 이토 히로부미가 초대 통감으로 한국에 부임했습니다. 그는 고종 황제를 알현하는 자리에서 일본의 러일전쟁 승리로 한국의 영토를 보존하고 동양 평화를 지킬 수 있었다면서, 이제 평화를 영구히 유지하기 위해 두 나라의 결합을 더욱 견고하게 할 필요가 있다고 강조했습니다. 이토 히로부미가 이끄는 통감부는 한국을 '세계의 문명국'으로 만들겠다며 재정·사법·경찰·교육 분야에 일본인 고문을 임명하는 등 대한제국의 중추신경을 장악해 갔습니다.

러일전쟁이 끝난 후에도 '치안 유지'를 명분으로 일본군을 주둔시켜 한국인 저항 세력을 가차 없이 탄압했습니다. 1907년 7월에는 고종 황제를 퇴위시킨 데 이어 한국의 군대까지 해산시켰습니다. 해산당한 군인들이 의병에 합류하자 이들을 도와준 주민을 처벌하고 마을을 불태웠습니다. 군대가 선제적으로 저항 세력을 제압하는 방식은 일본이 주된 식민지를 획득하는 방식이었습니다. 민간인을 죽이고 그들의 주거지를 부수거나 불태우는 일본군의 행위는 이후 중일전쟁(1937)과 아시아·태평양전쟁(1941)에서도 되풀이되었습니다.

1909년 7월 일본은 천황의 승인을 받아 '적당한 시기에 한국의 병합을 단행'하기로 결정했습니다. 저항 세력을 통제할 사법과 감옥 행정을 장악하고, 9월에는 청과 도문강중한계무조관(간도협약)을 체결하여 압록강과 두만강을 경계로 국경선을 정리했습니다. 그와 동시에, 전라도 지역의 호남 의병을 진압하기 위해 10월까지 두 달에 걸쳐 '남한대토벌작전'이란 특별 군사작전을 벌였습니다. 핵심적인 장애물을 제거한 일본은 1910년 6월에 경찰권마저 빼앗았습니다.

한국의 손발을 묶은 일본은 한국병합에 관한 러시아와 영국의 동의를 끌어냄으로써 외교 마찰을 피했습니다. 동시에 일본 육군대신 데라우치 마사타케를 통감부의 제3대 통감으로 겸직시키며 한국병합을 밀어붙였습니다. 일본은 메이지헌법을 식민지 조선에 직접 적용하지 않았습니다. 이는 식민지 타이완에서도 마찬가지였지요. 또한 식민지 조선에서 순종 황제가 조선 민족주의의 상징이나 구심점이 될 수 없도록 '조선 왕'이란 호칭 대신에 이씨의 왕이란 의미로 '이왕'을 사용하게 했습니다.

조선에 출병한 일본군

●

일본이 조선을 '식민지'가 아닌 '신영토'라 부른 이유는 무엇일까요?

일본은 조선을 '식민지' 대신 '신영토'라 불렀습니다. 서양 열강에 아시아나 아프리카의 식민지는 본국에서 물리적으로 아주 멀리 떨어져 있는 데다 인종과 풍속이 달라 서로 화합하기 어렵다고 보았습니다. 하지만 한국과 일본은 매우 가깝고 인종도 같아 융합하고 '동화'하는 데 아무런 장애가 없다고 보았지요. 다만 한국인의 입장에서 '동화'는 민족 말살을 의미하는 '일본인화'와 다름없었습니다.

사실 일본은 한국을 지배하기 전부터 '동화'를 이야기했습니다. 다만 시기적으로 당장 '동화'를 이룰 수 없다고 보았기에 조선을 '내지', 즉 식민지 본국인 일본의 한 지방으로 즉각 편입하지 않았을 뿐입니다. 일본 지배자들은 이를 조선특별통치주의라고 불렀습니다. 《데라우치 마사타케 관계 문서》에는 다음과 같은 기록이 남아 있습니다.

> 한반도의 일반 풍속 및 관습은 내지와 다르고 문화 수준도 동일하지 않으므로, 한동안 한반도 관리는 헌법을 적용하지 않은 채 생활을 안정시키고 행복을 증진시킬 적절한 정책이 필요하며, 천황이 이를 통치한다는 취지를 조서에 밝힐 필요가 있다고 인정한다.
> - 《데라우치 마사타케 관계 문서》

한마디로 일본과의 차이는 풍습과 문화 수준의 차이 정도로 보았습니다. 그래서 일본은 한국병합의 궁극적인 목적을 조선이 일본의 지방 수준에 도달하게 하는 데 두었습니다.

●

일본은 조선에서 지배의 기초를 어떻게 만들어 갔을까요?

1910년 일본은 식민지 조선을 통치하기 위해 조선총독부를 설치했습니다. 타이완처럼 조선에도 식민 지배의 정점에 천황의 명령을 대행하는 총독을 두었죠. 조선총독은 타이완총독처럼 법률제정권을 포함하여 사법권과 행정권을 갖고 있었습니다. 1919년까지는 조선 주둔 일본군에 대한 출동명령권도 가졌습니다. 그래서 제1대 조선총독 데라우치 마사타케는 조선왕조의 왕들처럼 권력을 휘둘렀다고 해서 조선인 사이에서는 '조선왕'이라 불리기도 했습니다.

일본의 조선 식민 지배가 끝나는 1945년까지 35년간 총 8명의 조선총독이 재임했습니다. 그중 육군 출신이 7명, 해군 출신이 1명입니다. 같은 기간 타이완총독 15명 가운데 문관 출신이 9명이나 되었던 데 비해 조선총독은 한 명의 민간인도 없이 모두 군인이었으며, 그중에서도 특히 육군 출신이 압도적이었습니다. 영국의 식민지 인도의 경우 총독 33명 가운데 군인 출신이 8명에 불과했던 점과도 크게 대비됩니다. 그만큼 식민지 조선은 일본 육군의 천하였습니다.

일본 정계에서도 타이완총독보다 조선총독의 위상이 높았습니다. 식민지 조선은 일본의 제국 경영에서 타이완보다 지정학적 가치가 더 높다고 간주되었습니다. 일본 육군에게 식민지 조선은 대륙 침략의 거점이었으며, 본국에서 영향력을 발휘할 수 있는 발판이었습니다. 그래서 타이완총독이 육해군 중장 출신이었던 것과 달리, 조선총독은 모두 대장 출신이었습니다. 또한 타이완총독이 대신과 동급이었던 것에 비해 조선총독은 총리와 동급으로 예우를 받을 만큼 출셋길이 열리는 자리였습니다. 역대 타이완총독 가운데 일본 수상은 한 명도 없었지만, 조선총독은 8명 중 4명이나 수상을 역임했습니다.

조선총독부는 대한제국의 수도인 한성을 경성으로 바꾸고, 1910~1912년 통치에 필요한 법령 대부분을 제정했습니다. 법령 가운데는 토지조사와 관습조사처럼 식민지 타이완을 경영하면서 시행한 정책을 이

함경북도경무부와 경성(鏡城)헌병대 본부
헌병대장 한 사람이 두 조직의 책임자였다.

어받은 경우도 있었습니다. 조선총독부는 토지조사령을 제정하여 토지 소유 관계를 법적으로 확정하고 토지조사사업을 실시했습니다. 그 결과 농민과 공동체의 권리는 약화되고, 조선총독부의 지세 수입과 일본인의 토지 소유가 크게 늘었습니다. 한편, 조선민사령을 제정하여 일본 민법을 기본으로 하면서도 식민지 지배에 필요한 조선의 관습을 일부 허용했습니다. 1914년에는 지방 제도인 부제를 신설하고 기존의 군현을 군과 면으로 통폐합했습니다. 행정구역을 개편함으로써 식민지 조선의 각 지역사회에 뿌리 깊게 남아 있던 지역 질서를 재편하고 새로운 행정체계를 확립해 갔습니다.

　조선총독부는 1911년 조선교육령을 제정하여, 조선인을 '시세와 민도'에 맞는 '충성스럽고 선량한' 신민으로 교육하는 것을 목표로 한 보통교육에 중점을 두었습니다. 일본은 조선인에게 과학과 예능 분야 교육을 비롯하여 고등교육을 실시할 계획이 없었습니다. 조선인 중에는 조선총독부가 일본어를 주로 가르쳐 나라를 빼앗으려 한다거나 조선인을 일본군 또는 노동자로 만들려 한다고 생각하는 사람도 있었죠. 조국 관념이 소멸되어 동화정책의 함정에 빠질 수 있다고 우려하는 이들도 있었습니다. 1919년 현재 조선인이 세운 사립학교가 742개교인 데 비해 조선총독부가 세운 보통학교는 여전히 484개교에 머물렀습니다. 보통학교 취학률도 3.7퍼센트에 불과했습니다.

일본은 식민지 조선의 통치를 빠르게 안정시키고자 기존의 핵심 지배 세력인 대한제국 황실과 고위급 관료를 왕족과 귀족으로 우대하며 협력자로 포섭했습니다. 한국의 관리 가운데 67.6퍼센트를 재임용했죠. 한편, 식민 통치에 저항하는 조선인들에 대해선 전국에 2만여 명의 군인을 주둔시키고 7,000여 명의 헌병경찰을 동원하여 탄압하는 등 엄벌주의 방침을 고수했습니다. 헌병은 민간인에 대한 경찰 업무도 수행했는데, 일본은 이러한 헌병경찰제를 통해 지방에 잔존해 있던 의병을 진압하거나 아직 촘촘하게 자리잡지 못한 지방행정의 한계를 보완했습니다. 일본 본국과 타이완에도 없던 헌병경찰제는 러일전쟁 이후 긴축 재정을 펴야 하는 현실에서 인건비를 절감하는 효과도 있었습니다.

헌병대 사령관인 육군 소장이 조선총독에게 직접 지휘받으며 헌병경찰의 책임자로서 겸직했습니다. 헌병경찰은 정식 재판을 거치지 않고 즉결 처분권으로 조선인에게 벌금, 구류, 태형 등의 처벌을 내릴 수 있었습니다. 일제 시기 조선에 거주했던 일본인조차 당시 일본의 조선 지배를 '무단통치'라고 인식하고, 1919년에 일어난 3·1운동의 원인을 엄혹한 헌병경찰제에서 찾았을 만큼, 조선인에게 헌병경찰은 일상적으로 마주해야 하는 위압적인 존재였습니다.

●

조선인이 일본의 지배를 반대하며
내세운 대안은 무엇일까요?

　헌병경찰의 감시와 탄압을 피해 중국의 만주와 상하이, 러시아의 블라디보스토크 등지로 이주하는 조선인도 많았습니다. 해외에서 활동하던 조선인 독립운동가들은 신해혁명, 제1차 세계대전, 러시아혁명을 직접 목격하면서 1917년 '대동단결선언'을 발표했습니다. 그들은 이 문서를 통해 일본 천황의 조선 통치와 식민지 지배를 부정하고, 1910년 8월 29일은 조선이 일본의 식민지가 된 날이 아니라, 대한제국의 황제권이 없어지고 조선인의 민권이 발생한 옛 한국 최후의 날이자 새로운 한국 최초의 날이라고 선언했습니다. 기존 황제권에 대한 대안으로 민권을 제시하여 새로운 독립운동의 이념을 확립한 것이죠.

　조선인들은 '대동단결선언'의 정신을 이어받아 일본의 지배와 동화주의를 정면으로 거부하고, 1919년 3·1운동을 일으켜 독립 이후 민주국을 건설하고자 했습니다. 이를 실천하기 위해 민주공화제를 추구하는 대한민국임시정부가 상하이에서 수립되었습니다.

　일본이 조선을 지배하면서 추진한 헌병경찰 통치 및 동화정책과 조선인의 독립정신 사이의 근본적인 차이는 무엇일까요?

일본군이 전쟁에 동원한 말

전쟁 중 말은 기병이나 장교가 타는 말(승용마), 야전 대포나 수레를 끄는 말(만마), 탄약과 식량 등을 싣는 말(복마)로 활용되었습니다. 하지만 그 수요를 채우기에는 군이 상비한 말의 수가 한참 부족했기 때문에 각지에서 말을 징발했습니다. 청일전쟁 당시 일본 육군이 상비하고 있던 말은 6,770마리(주로 승용마)였기 때문에 전국에서 약 15만 마리를 검사하여 그중 3만 5,000마리를 징발했습니다. 철도와 선박을 이용해 전쟁터로 보낸 말은 만마 약 5,000마리, 복마 약 1만 5,000마리로 대부분 운반과 수송에 사용되었습니다. 그러나 징발한 말들은 원래 농경용이었기 때문에 몸길이와 체중이 부족해 군마에 적합하지 않은 경우가 많았다고 합니다. 사람을 물거나 타고 있는 사람을 떨어뜨려 부상당하는 병사도 많았죠. 그 때문에 운반과 수송은 인력에 의존할 수밖에 없었습니다. 일본군은 방대한 군수품을 수송하기 위해 조선 각지에서 사람과 소, 말을 징발했습니다. 그러나 징발된 조선인이 소나 말을 데리고 도주하는 일도 있었습니다. 일본군은 러일전쟁에서 약 22만 마리의 군마를 사용했습니다. 그중 약 16만 6,000마리가 일본 국내에서 징발하거나 사들인 농경용 말이었습니다. 그 결과 농민들의 삶과 촌락 경제는 큰 타격

열차에 실려 전쟁터로 보내지는 농경용 말
사진의 장소는 일본 철도 도호쿠선 나가마치역이다.

을 입었습니다. 러일전쟁 중 군마 소실은 약 4만6,000마리에 이르렀습니다. 일본에서는 청일전쟁 이후 말을 전쟁 목적으로 개량하려는 움직임이 일었고, 러일전쟁 후에는 말의 개조가 중요한 국책 사업으로 추진되었습니다.

정로환의 탄생

일본 육군은 러일전쟁 당시 병사들의 풍토병을 예방하기 위해 크레오소트˙가 주성분인 약을 배급하여 큰 효과를 보았습니다. 전쟁에서 승리한 뒤 일본의 여러 제약 회사는 이 약에 '러시아를 정벌한 약'이라는 의미의 '세이로간(征露丸, 정로환)'이라는 명칭을 붙여 판매했습니다. 그 결과 세이로간은 일본뿐 아니라 식민지 조선과 타이완에서도 지사제를 대표하는 명칭이 되었죠. 일본과 식민지 조선의 신문에 실린 세이로간 광고 이미지를 보면 이 약의 탄생이 러일전쟁과 연결되어 있음을 알 수 있습니다.

1945년 패전 후 일본의 다이코약품은 군국주의적 성격을 씻어내기 위해 앞 글자 '정(征)'을 '정(正)'으로 바꿔 '세이로간(正露丸)'을 상표 등록했습니다. 그러나 1971년 도쿄고등재판소는 목재 크레오소트가 주성분인 지사제라면 어떤 회사든 세이로간이라는 제품명을 사용할 수 있도록 했습니다.

1972년부터는 한국 동성제약에서도 정로환을 판매하기 시작했습니다.

˙ 목재 등 식물을 증류해 만든 유액으로, 살균·방부 효과가 있으며 진통제로 쓰이기도 한다.

일본의 세이로간 광고(《도쿄아사히신문》 1931년 8월 15일자)와 식민지 조선의 정로환 광고(《동아일보》 1938년 9월 21일자)

 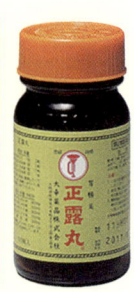   

세이로간의 나팔 마크
다이코약품은 1969년부터 자사 제품의 상징으로 옛 일본 육군의 식사 시간을 알리던 나팔 마크를 사용하고 있다. 이는 세이로간이 전쟁과 관련 있음을 간접적으로 보여 준다.

한국 동성제약의 정로환 광고
《동아일보》1996년 7월 19일자 광고. 상표 분쟁 당시 동성제약은 세이로간을 언급하지 않은 채 '정로환'을 "변함없는 우리의 약"으로 광고했다.

1999년 한국의 대법원도 동성제약뿐 아니라 타사도 정로환을 제품명으로 사용할 수 있다고 최종 판결을 내렸습니다. 정로환을 상표명이 아니라 일제강점기부터 널리 통용된 지사제의 명칭으로 판단했기 때문입니다. 그 결과 러일전쟁이 탄생시킨 세이로간은 전쟁과 식민의 흔적을 지운 채 정로환(正露丸)이라는 제품명으로 우리 곁에 머물게 되었습니다.

1900년 파리 만국박람회

만국박람회는 주최국 정부가 직접 조직하거나 관련 부처에 위임해 개최하는 국제 행사로, 오랜 역사를 가지고 있으며 영향력이 큰 행사입니다. 최초의 현대적 박람회는 1851년 영국 런던에서 개최된 만국박람회로 당시 세계의 문화와 산업기술을 주로 소개했습니다.

1900년 '한 세기의 평가'라는 주제로 열린 파리 만국박람회에서는 지하철, 무빙워크, 시네오라마✓ 등 서양의 19세기 기술 성과를 선보이며 주목을 끌었습니다. 4월부터 11월까지 개최된 파리 만국박람회에는 40개국이 참가했으며 관객 수는 연 4,000만 명(일설에는 5,000만 명)에 달했습니다. 중국, 일본, 한국도 모두 참가했죠.

당시 청은 8개국 연합군의 침략을 받고 있었기 때문에 외국 세관원의 주도로 참가했습니다. 다섯 개의 건축물로 이루어진 중국관은 베이징 성벽, 만리장성, 공자묘 등 유명 건축물의 외형을 본떠 만들었으며 차, 비단, 도자기, 모피, 잡화 등 전통 농업제품과 수공예품을 전시했습니다.

✓ 세계 최초의 멀티스크린 시스템으로, 파노라마식으로 영사하는 방식.

건국 3년 만에 박람회에 참가한 대한제국은 국제사회에 한국을 독립국가로 소개하고 인정받고자 했습니다. 경복궁 근정전을 본떠 만든 한국관에서는 도자기, 책, 가구, 의복, 곡물, 무기 등을 전시했습니다. 당시 프랑스의 동양학자 모리스 쿠랑은 한국관을 관람한 후 이렇게 평가했습니다. "한국은 숱한 고난을 겪었지만 여전히 자신의 모습을 지켜 냈고 그 문명과 예술에는 고대 중국과 근세 일본의 영향을 새겨 냈다. 한국관은 처음으로 유럽인들에게 다채로운 문명이 어우러진 건축물을 선보였으며, 그 섬세함은 어떤 면에서는 심지어 현대화된 유럽을 뛰어넘는 것이었다."

청일전쟁에서 승리한 지 얼마 되지 않았던 일본은 박람회를 문명화되고 현대화된 일본을 보여 줄 매우 중요한 기회라고 생각했습니다. 호류지 금당을 본떠 만든 일본관에서는 주로 미술공예품을 전시했습니다. 특히 게이샤였던 가와카미 사다얏코가 가와카미 극단과 함께 파리 박람회에 참가한 사실은 주목할 만했습니다. 사다얏코는 기모노를 입고 일본 전통 부채를 들고서 일본 전통 가무와 서양 연극을 접목한 무대극 〈게이샤와 무사〉를 선보여 센세이션을 일으켰습니다. 프랑스 현대 연극의 아버지라 불리는 앙드레 앙투안은 사다얏코를 그림처럼 아름다운 여인이라 칭송했고, 피카소는 무대 위 그녀의 모습을 담은 유명한 작품 〈사다얏코〉를 창작했습니다. 사다얏코가 서양에서 엄청난 인기를 끌면서 기모노는 '사다얏코의 의상'이라 불리기도 했습니다. 이처럼 사다얏코는 근대 일본 최초의 세계적 여성 스타로 유럽에서 일본주의와 오리엔탈리즘 열풍을 일으켰습니다.

3장
민중 생활의 변화

1
양복과 단발은 언제부터 시작됐을까요?

영국풍의 유행을 보여 주는 도쿄의 레스토랑

1887년 2월 28일 프랑스 화가 비고가 그린 일본 긴자에 있는 양식당의 모습입니다. 머리카락을 서양식으로 뒤로 모아 묶고 드레스도 서양식으로 갖춰 입은 여자 종업원이 정작 구두도 신지 않고 버선발로 음식을 나르고 있습니다. 식탁에 앉아 있는 일본인 4인 가족 중 아들은 서양식 복장을 하고 있지만, 딸은 머리 모양도 옷차림도 모두 일본식입니다. 아버지는 일본식 복장에 서양 모자를 쓰고 슬리퍼를 신고 있고, 어머니는 일본식 복장과 트레머리에 서양식 숄을 두르고 있습니다. 이처럼 개항 이후 30여 년이 지나는 사이에 일본인의 모습은 달라졌습니다. 그림에는 일본식과 서양식 머리 모양, 옷차림이 어색하게 뒤섞여 있는 모습, 그리고 그것을 흥미롭게 바라보는 '서양인' 비고의 시선이 담겨 있습니다.

개항 이후 일상생활의 서양화는 한·중·일이 모두 겪었던 문화 현상입니다. 하지만 세 나라가 처한 국제 환경의 차이만큼 그 과정과 의미는 서로 달랐습니다.

●
'산발'은
어떤 의미를 지녔을까요?

1871년 일본 정부는 산발령을 내렸습니다. 일본식 상투인 존마게를 하지 않아도 된다는 것이었습니다. 1873년 메이지 천황이 산발한 후, 일본에서 산발은 위생적이고 경제적이라고 선전되었습니다. 실제로는 짧아진 머리를 다듬느라 존마게를 할 때보다 관리 비용이 더 들었지만, 남성들은 큰 저항 없이 산발을 받아들였습니다. 뒷장의 그림 〈존마게와 산발〉은 비고가 1892년경 일본인 남성의 머리 모양을 그린 것입니다. 여기에

비고의 〈존마게와 산발〉

는 "농민, 그의 아들, 의전 담당 공무원, 진보파 국회의원, 탐방 기자가 인터뷰를 하고 있다"라는 설명이 달려 있습니다. 일본에서는 "산발한 머리를 두드리면 문명개화의 소리가 난다"라는 말이 유행할 정도로 존마게는 낡은 시대의 상징이었던 반면 산발은 문명개화의 상징으로 받아들여졌습니다.

1895년 조선 정부도 상투를 자르는 단발령을 내렸습니다. 조선인은 부모로부터 받은 신체는 머리카락 한 올이라도 손상하지 않는 것이 효라고 믿었기 때문에, 남성 대부분이 상투 자르기를 거부했습니다. 더군다나 단발령을 명성황후 시해 사건에 이은 일본의 침략 행위라고 여겨서 단발령의 부당함을 주장하는 상소가 이어졌고 전국 각지에서 의병이 봉기했습니다. 조선에서는 상투를 고수하는 것을 문명개화는 물론 일본의 침략에 저항하는 행위로 받아들였던 것입니다. 결국 조선 정부는 강제로 실시하던 단발을 폐지하고 개인의 자유의사에 맡길 수밖에 없었습니다.

중국에서는 정부가 아닌 태평천국운동 세력과 혁명파가 변발 자르기를 실행했습니다. 중국에서 변발 자르기는 문명개화나 위생을 넘어서 청의 전제 정치에 대한 혁명파의 저항의식을 나타냈습니다. 신해혁명으로 1912년 중화민국이 성립되자마자 강제로 시행된 산발령은 곧 청을 부정하고 새로운 중국을 건설한다는 정치적 선언이었습니다.

이와 같이 개항 이후 한·중·일의 남성들에게는 상투, 변발, 존마게 등 머리 모양을 어떻게 자르고 유지하느냐의 문제가 곧 정치적 행위였습니다. 그 밖에도 남성의 정치적 행위를 드러내는 것이 있었으니, 바로 양복이었습니다.

●
양복은 어떻게 도입되었을까요?

한·중·일은 서양식 군사 위협에 의해 타의로 개항했습니다. 곧 3국에서는 서양 문명을 받아들여 부국강병을 이루려는 움직임이 일었는데, 그 시작은 동일하게 서양식 군대를 도입하는 일이었습니다. 이때 함께 들어온 군복은 양복 중 하나였습니다.

1870년 일본 정부는 프랑스 육군과 영국 해군을 모델 삼아 군복을 제정했습니다. 이 군복의 형태는 이후 철도원, 경찰관 등의 제복에도 영향을 미쳤죠. 군인에 이어서 관리나 교사도 양복을 입도록 했습니다. 일반적인 일본 의복보다 더 공적이고 격식을 갖춘 양복이 산발 못지않게 남성의 사회적 지위를 드러내는 상징으로 기능하게 된 것입니다.

한국의 양복 도입도 1895년 갑오개혁 때 군복과 경찰복으로 시작되었습니다. 대한제국 선포 후 1900년에는 관리의 복장도 제도화되었습니

맥켄지의 〈한국 의병〉

1900년 상하이의 성요한대학 동급생 단체사진
남학생 7명 중 3명은 서양식 의복을 입고 변발을 잘랐고,
나머지는 청나라 복장인 장포에 마괘를 입고 있다.

다. 사진 〈한국 의병〉에서 알 수 있듯이 군이나 관원이 아닌 일반인들은 여전히 한복을 입었지만 한복에도 양복의 영향으로 변화가 나타났습니다. 단추와 포켓이 달린 서양의 베스트를 한복에 도입하여 조끼를 만들었고, 여름 한복이나 두루마기에 옷고름 대신 단추를 달아 편리함을 추구했습니다.

중국에서도 서양식 군대와 교육을 받아들이는 과정에서 양복 도입이 논의되었습니다. 일찍이 캉유웨이가 복식 개량을 외치며 내세운 논리도 세계 각국이 경쟁하는 시대에 "품이 있는 옷과 헐렁한 허리띠, 긴 옷자락과 우아한 걸음"은 적합하지 않다는 것이었습니다. 여기에서 양복의 비교 대상은 만주족 복식을 비롯해 한족 복식도 포함된다는 점에 유의해야 합니다. 비록 만주족과 한족의 복식은 서로 달랐지만, 둘 다 공통적으로 옷차림이 헐렁했기 때문입니다. 하지만 청 정부는 서구식 학교의 제복 외에는 전통 복장을 유지하도록 했습니다. 양복 착용도 변발 자르기처럼 문명개화나 부국강병만이 아니라 만주 풍습에 대한 한족의 저항의식으로 인식되었기 때문입니다. 그럼에도 점차 장포, 마괘를 입으면서도 서양식 바지에 중산모나 중절모를 쓰는 등 중국식과 서양식이 혼합되는 풍경이 개항지에 등장했습니다.

●

서양화는 여성의 일상을 어떻게 바꿨을까요?

중국에서는 남성의 경우 양복이 군인이나 관리의 제복으로 도입된 것과 달리 여성 옷에는 일률적이거나 강제적인 양복 도입이 적용되지 않았습니다. 다만 여성의 일상에 서양화가 가져온 가장 큰 변화는 전족 폐지였습니다.

중국의 지식인들은 여성들이 약골이 된 이유로 전족과 문맹을 지적했습니다. 여학교가 많은 개항장을 중심으로 전족 풍습이 급속히 사라지기 시작했고, 단발 또는 양 갈래로 땋은 머리와 건강한 발에 가죽 구두를 신은 여학생은 그 자체로 문명을 상징하게 되었습니다. 그러나 이것은 어디까지나 도시에서의 일이었고, 농촌에서는 1930년대까지도 전족을 하는 여성이 많았습니다. 학력도 기술도 없는 여성에게는 결혼만이 신분 상승의 수단이었고, 농촌의 지주나 군인은 여전히 전족을 한 여성을 선호했기 때문입니다.

한국에서도 점차 여성의 바깥출입이 자유로워지면서 얼굴을 가리기 위해 입는 장옷을 없애자는 움직임이 일어났습니다. 그러나 여전히 많은 여성이 맨얼굴로 다니는 것이 익숙지 않았기에 장옷 대신 검정 양산으로 얼굴을 가리곤 했습니다. 한편, 활동성을 높이기 위해 긴 저고리에 발목이 드러나는 짧은 통치마를 입는데, 이는 여학생뿐 아니라 신여성의 대표적인 복장이 되었습니다.

일본에서는 중국과 한국에서만큼의 큰 변화는 없었지만, 여교사나 여학생 들이 바지에 해당하는 하카마를 착용하기 시작했습니다. 가슴을 조이는 일종의 허리띠인 오비를 맬 필요가 없어서 활동적인 신여성들에게 적합했기 때문입니다. 지금도 대학 졸업식에서 여성들이 기모노의 한 종류인 후리소데 위에 하카마를 입은 모습을 볼 수 있습니다.

서양화는 일상의 먹거리를
어떻게 바꿨을까요?

앞에서 봤던 1880년대 일본 긴자의 양식당 그림 오른쪽 아래에는 버터, 오믈렛, 스튜, 샐러드, 케이크 등 서양 음식의 이름이 적혀 있습니다. 직수입된 서양식 음식들은 유행의 최첨단을 상징했는데, 이는 개항장이나 도쿄의 긴자같이 한정된 공간에서 상류층이나 즐길 수 있는 메뉴였습니다. 이는 중국이나 한국에서도 크게 다르지 않았습니다.

개항장을 통해 한·중·일 각국에 서양 음식이 소개되면서 그동안 사용하지 않던 식재료, 즉 '양(洋)'이라는 글자가 붙는 양배추, 양파 등의 채소가 사용되었습니다. 특히 한국이나 중국과 달리 종교적 이유(불교)로 육식을 금하던 일본에서는 금지령을 풀고 적극적으로 육식을 장려했습니다. 서양인에 비해 일본인들의 체격이 왜소하단 사실에 열등감을 가지고 있던 정부 관계자들이 서양인의 주식인 고기를 먹도록 권장했기 때문입니다. 이는 징병제 실시 직후부터 다른 식재료보다 최소 네 배 이상 비싼 소고기를 육군 식단에 포함시킨 것에서도 알 수 있습니다. 일본에서 육식은 곧 문명개화의 상징으로 받아들여졌습니다.

개항 이후 한·중·일의 교류가 활발해지면서 세 나라의 먹거리 역시 자연스럽게 섞이기 시작했습니다. 나가사키를 비롯하여 요코하마, 고베, 인천에 자리 잡은 화교들이 그 흐름의 주역이었습니다. 예를 들어, 푸젠성 출신의 화교는 1890년대 나가사키에 중국 음식점을 열고 가난한 중국 유학생들을 위해 해물을 듬뿍 넣은 값싼 음식을 개발했습니다. 돼지고기로 국물을 내는 푸젠 지역 음식 탕러우쓰멘을 참고한 것이지만, 나가사키 인근 바다에서 많이 잡히는 오징어, 작은 새우, 굴 등 각종 해산물을 추가해 끓인 국물에 양상추까지 넣어서 푸짐한 요리를 만들었습니다. '뒤섞거나 번갈아 하는 일'이라는 의미의 일본어 잔폰으로 불린 이 음식은 오늘날 나가사키의 대표 먹거리가 되었습니다.

한국에도 1882년 임오군란 이후 인천에 중국 상인들이 거주하기 시작하면서 중국요리가 들어왔습니다. 특히 경인선 부설에 산둥 지역 출신의 노동자들이 고용되었는데, 이들을 대상으로 산둥 지역의 춘장으로 만든 자장멘이 판매되었습니다. 이것이 바로 1970년대 이후 한국의 대표 중국요리인 자장면이 되었고, 나가사키 잔폰은 한국인의 입맛에 맞게 고춧가루를 추가한 짬뽕이 되었죠.

이상으로 머리 모양과 옷, 먹거리를 통해 개항 이후 한·중·일이 일상생활에서 겪은 서양화 과정을 알아보았습니다. 그 과정에서 서로에 대한 왜곡된 인식 또한 고착화되었습니다. 특히 청일전쟁 이후 일본에서는 중국이나 한국의 옷과 먹거리를 근대화되지 못한 존재의 표상으로 인식하는 편견이 깊이 자리 잡았습니다. 이외에도 서양화 과정에서 세 나라가 서로의 일상문화에 대해 갖게 된 편견으로는 무엇이 있었을까요?

2

새로운 교통수단과 전신의 발전은 민중들에게 어떠한 변화를 가져왔을까요?

요코하마에 상륙하는 페리 일행

앞의 그림은 미국인 페리가 구로후네(흑선) 함대를 이끌고 일본에 상륙하는 모습입니다. 당시 함대 중에는 증기 군함이 여러 척 포함되어 있었는데, 선체가 거대한 데다 마치 괴수처럼 요란한 소리를 내어 일본인들의 이목을 끌었습니다. 증기선의 등장은 동아시아에 어떠한 변화를 가져왔으며 사람들의 일상생활에는 어떤 영향을 미쳤을까요?

증기선은 동서양 간의 이동 시간을 얼마나 단축했을까요?

19세기에 항해 기술은 전례 없는 속도로 발전했습니다. 바람과 인력의 제약에서 벗어난 증기선 덕분에 인류의 항해 능력은 크게 향상되었죠. 제1차 아편전쟁에서 영국군은 수 척의 증기 군함을 동원해 청을 침략했습니다. 1845년 미국 상선 파나마호가 상하이에 입항하면서 미국과 상하이 간의 항로가 열린 후 서양 열강은 동아시아 각국을 오가는 항로를 잇따라 개통했습니다.

일본의 메이지정부는 1870년 민관 협력의 성격을 띤 해운회사를 설립하여 해운업의 기반을 마련했습니다. 이후 일본의 해운업은 정부의 강력한 주도 아래 급속히 성장했는데, 1900년 일본의 해운 선박 톤수가 52만 8,000톤까지 늘어나 세계 선두권에 진입할 정도였습니다.

한편, 청 정부는 1872년 상하이에 증기선 회사인 윤선초상총국을 설립하여 일본, 미국, 베트남, 태국, 페낭(오늘날의 말레이시아의 주), 인도, 영국 등에 이르는 항로를 운항했죠. 조선은 1876년 조일수호조규 체결 후, 부산(1876), 원산(1880), 인천(1883)을 차례로 개항하여 조선과 일본 간 증기선 운송 시대의 서막을 열었습니다.

증기선은 동서양 사이의 이동 시간을 크게 단축시켰습니다. 과거 영국 동인도회사의 대형 범선은 런던에서 광저우까지 이동하는 데 반년이 걸렸지만, 증기선으로 상하이에서 런던까지 42일이면 도착할 수 있었습니다. 증기선의 출현으로 사람과 물자의 교류뿐 아니라 새로운 지식의 전파도 용이해졌습니다. 서양 국가의 신문이 증기선을 통해 동아시아의 각 항구로 들어오면서 개항지의 지식인 계층과 상인들이 새로운 정보를 빠르게 접할 수 있게 되었고, 그 결과 동아시아 사람들의 시야도 넓어졌습니다.

●

철도는 왜
문명의 상징이 되었을까요?

1825년 영국이 세계 최초로 건설한 철도는 뛰어난 운송 능력을 기반으로 산업혁명 시대의 상징이 되었습니다. 그로부터 반세기 후 일본 최초의 철도가 '도쿄 신바시역-가와가나현 요코하마역(오늘날의 사쿠라기초역)' 노선으로 1872년에 완공되었습니다. 동아시아 전통 사회의 사람들은 철도 같은 신문물에 경계심을 지니고 있었는데, 근대화 초기의 일본 사회도 예외는 아니었습니다. 일부 관료들은 공사 기간이 길고 비용도 많이 드는 철도 건설이 '밑 빠진 독에 물 붓기' 식으로 재정을 낭비할 거

중국 최초의 철도인 우쑹철도를 신기하게 바라보는 사람들

일본 근대화 초기에 형성된 기차역 상권

라고 우려하기도 했습니다. 하지만 일본 국민들은 새로운 문물에 빠르게 적응했고 곧 기차 여행이 유행했습니다. 철도 주변에 등장한 새로운 형태의 여관들은 손님을 끌어모으기 위해 앞다투어 광고를 내걸기도 했습니다.

왼쪽 사진 중 위는 중국 최초의 철도를 신기하게 바라보는 사람들의 모습이며, 아래는 일본 초창기에 형성된 기차역 상권 풍경입니다. 기차역 주변에 번화한 상권이 형성된 이유는 무엇일까요?

중국은 철도 건설 과정 초기에 상당한 우여곡절을 겪었습니다. 1876년 영국의 이화양행이 우쑹(吳淞)과 상하이를 연결하는 우쑹철도를 제멋대로 부설하면서 분쟁이 일어나자, 난처해진 청 정부는 어쩔 수 없이 1877년 10월에 이 철도를 사들여 철거했습니다. 1881년에는 청 정부가 탕산(唐山)과 쉬거좡(胥各莊)을 연결하는 탕쉬철도를 건설했으나 보수파의 반대로 한동안 말이 열차를 끄는 진풍경이 벌어지기도 했습니다.

시간이 흘러 청은 1895년 청일전쟁에서 패배한 원인이 철도 부족에 있다고 판단하고, 전국적인 철도 부설을 부국강병의 최우선 과제로 삼았습니다. 이 시기 서양 열강은 청의 주변국에서 철도 건설에 박차를 가하며 중국으로의 확장을 꾀했습니다. 청 정부는 외세의 침략을 막고 위기에서 벗어나고자 독자적인 힘으로 철도를 건설하려 했지만 현실적으로 재정이 부족했고, 서양 열강은 이 틈을 놓치지 않고 채권자로 나섰습니다. 결국 중요한 간선 철도는 모두 외국 자본으로 건설되어 청이 온전한 권익을 누릴 수 없었기 때문에 철도 건설은 국민들의 반대에 부딪혔습니다.

조선의 상황도 중국과 다르지 않았습니다. 일본과 서양 열강은 조선의 철도 부설권을 획득하기 위해 수년 동안 각축을 벌였습니다. 일본은 청일전쟁 이후 프랑스로부터 경인철도 부설권을 얻어냈고, 러일전쟁 후에는 한국을 완전히 지배하여 모든 철도 부설권을 장악했습니다. 한국의 철도 부설권을 둘러싼 열강의 패권 싸움은 중국 동북 지역 철도 부설권을 둘러싼 경쟁과도 얽혀 동북아 국제 관계에 커다란 영향을 미쳤습니다. 결국 일본도 철도를 기반으로 중국 동북 지역까지 침략하게 되었습니다.

산업혁명의 원동력인 철도는 다양한 사회적 변화를 가져왔습니다.

일본에서는 철도가 교육 보급에 중요한 역할을 했습니다. 일본의 중학교는 각 지방을 단위로 학생을 모집했는데, 집이 먼 학생들도 기차나 전차로 등교할 수 있게 되었기 때문입니다. 이러한 변화로 인해 중등교육을 받고자 하는 민중들의 염원도 높아졌습니다. 또한 철도를 이용해 신문, 잡지, 도서 등을 보급하는 등 문화 교류도 활발해졌습니다. 메이지 정부 초기 철도가 가장 먼저 부설되고 외국인 거주자가 많았던 요코하마와 고베는 일찍이 서구화되어 이국적인 도시로 유명했습니다. 이러한 과정에서 철도는 곧 문명과 개화의 상징으로 여겨졌죠.

조선의 전통 사회도 처음에는 철도에 우호적이지 않았습니다. 조선 최초의 철도로 경성과 인천을 연결하는 경인철도가 하루에 두 번씩 왕복 운행했으나 이용객은 매우 적었습니다. 결국 철도를 운영하던 합자회사는 광고를 내고 여객 모집에 나섰습니다. "기차를 타세요. 배보다 안전하고 빠릅니다. 인력거로 동대문에서 서대문까지 가는 시간이면 기차로 서울에서 인천까지 갈 수 있습니다. 차창을 통해 멋진 풍경도 즐겨 보세요." 당시에는 이러한 광고 문구를 흔히 볼 수 있었습니다. 얼마 지나지 않아 기차는 서양 문화를 전파하는 매개체가 되어 보수적인 분위기의 사회와 문화에 변화의 바람을 몰고 왔습니다.

중국에서도 철도는 문명과 개화의 상징이 되었습니다. 철도는 인근 주민의 일상생활뿐 아니라 도시 구조에도 변화를 가져왔습니다. 작은 시골 마을에서 대형 상공업 도시로 발돋움한 헤이룽장성의 하얼빈처럼, 철도를 기반으로 번성하는 도시들이 생겨난 것입니다.

●

세계가 연결되어 있다는 현상을 전보는 어떻게 촉진했을까요?

1844년 5월 24일 미국의 발명가 새뮤얼 모스가 세계 최초로 전보 송신에 성공하자, 서양 각국은 부국강병을 위한 주요 기술로 전신을 활용하고자 했습니다. 19세기 중반 거듭 발전을 이루며 성숙기로 진입한 전신 산업은 점차 국제사회 세계 곳곳으로 퍼져 나갔습니다.

일본도 산업혁명에 발맞추어 신속하게 전신선 개발에 나서, 1869년 12월에는 도쿄와 요코하마, 1873년에는 도쿄와 나가사키 간의 전신선을 개통했습니다.

한편, 서양 열강은 1860년대부터 청에 전신선 부설을 강하게 밀어붙였고, 압박에 못 이긴 청 정부는 개항장 간 설치만을 허용했습니다. 1871년 홍콩과 상하이를 시작으로 같은 해 상하이와 나가사키, 나가사키와 블라디보스토크 간 해저 선로도 잇따라 개통했습니다. 해저 선로와 시베리아 대륙 전신선 연결 공사가 완료되면서 청과 일본도 세계 통신망에 합류하게 되었습니다. 열강에 대한 경계심을 놓지 않았던 청 정부도 점차 전신선의 필요성을 절감하고 국내 전신선 개발에 적극적으로 나섰습니다. 1877년 청 정부는 타이완에 타이난과 가오슝을 잇는 전신선을 구축했고, 1880년 10월에는 톈진에 전보총국을 세워 전국적인 전신선 건설에 착수했습니다. 다음은 전신산업 추진에 대한 청나라 북양통상대신 리훙장의 주장입니다.

> 러시아의 해저 선로는 상하이에 이르고, 육로 선로는 캬흐타까지 연결되어 있으니 소식 전달이 빠르기 그지없다. 러시아에서 상하이로 전보를 보내면 하루면 도착하는데, 상하이에서 베이징까지 배편으로 소식을 보내려면 6~7일이 걸리고 바닷길이 막히기라도 하면 족히 열흘은 걸린다. 러시아에서 상하이까지는 수만 리에 달하고, 상하이에서 베이징까지는 고작 2,000리가 조금 넘는 거리인데 소식 전달은 오히려 열 배나 느리다. 유사시 외국군의 전보는 중국보다 훨씬 빠르게 전달될 것이니 누가 유리할지 너무도 명백하다. …… 전보는 국방을 위해서 반드시 필요하다.
>
> - 리훙장, 《남북양 전보 설치에 관한 제안》

조선의 전신산업은 청·일 양국 간 경쟁의 영향을 받았습니다. 1884년 2월 일본이 나가사키와 부산을 잇는 전신선을 완공하자, 1885년 10월에는 청이 조선에 전신선인 서로전선을 완공했습니다. 두 전신선은 각각 해로와 육로로 조선을 세계와 연결시켰습니다.

전보의 발명으로 서양 각국이 상호 연결되면서 세계를 하나로 잇고자 하는 상상이 현실이 되었습니다. 동아시아 각국에서는 전신선 개통으로

구한말 전보사관 양성소

신문업이 크게 발전했습니다. 1872년 2월 영국 로이터 통신사는 상하이에 극동 지부를 설립하여 서양 각국에 기사를 송고했고, 나아가 청의 중국인 신문사에도 정보를 제공했습니다. 일본에서는 1892년과 1906년 각각 설립된 제국통신사와 일본전보통신사가 양대 통신사로 활약했습니다. 청일전쟁과 러일전쟁 이후 실시간 뉴스에 대한 일본 독자들의 수요가 크게 늘면서 통신사는 비약적으로 발전했습니다. 전보로 인해 현대적 개념의 뉴스에 대한 인식이 높아졌고, 취재 방법도 개선되는 등 동아시아 각국의 신문업이 크게 변화했습니다. 전보는 정보 전달의 중요한 매체이자 도구로서 현대 신문업의 가장 기본적인 기술적 문제를 해결해 주었습니다. 위의 사진은 한국의 초기 전보사관 양성소 모습입니다. 여전히 전통적인 옷을 입고 있는 모습을 확인할 수 있습니다.

근대 이후 등장한 증기선, 철도, 전신 등 새로운 교통·통신 수단은 기존 시간적·공간적 거리를 크게 단축시켰습니다. 이 절에서는 이러한 새로운 문물이 당시 민중들의 생활과 인식에 어떠한 변화를 가져왔는지 알아보았습니다. 산업화의 물결 속에서 새로운 교통·통신 수단이 빠르게 발전했고, 이는 곧 식민지 침략이라는 형태로 동아시아 사회에 유입되었습니다. 그 결과 사람과 물자의 이동, 정보의 전파, 문화 교류는 모두 새로운 국면을 맞이하게 되었습니다.

3

가족과 양성 관계는 어떻게 변화했을까요?

결혼식 모습(왼쪽)과 신부의 가마(오른쪽)

여러분의 아버지와 어머니, 자신의 이름을 써 봅시다. 아버지와 어머니의 성은 같나요, 다르나요? 당신 성은 어떻지요? 아버지와 같나요, 아니면 어머니와 같나요? 당신의 성은 누구의 성과 같나요? 일본에서는 대부분 두 부모님의 성이 같지요? 다른 사람도 있나요? 당신의 성은 부모님과 같나요? 한국과 중국, 일본에서 성의 호칭이 다르게 쓰이는 배경과 가족의 역사를 살펴봅시다.
앞 장의 왼쪽 사진 속 일본 여성은 특이한 모자를 쓰고 있습니다. 왜 그럴까요? 오른쪽 두 사진의 가마에는 누가 타고 있고, 어디로 가는 걸 까요?

근대 이전에 세 나라 사람들은 연애결혼을 했을까요?

18~19세기 무렵 중국에서 가족은 조상을 모시는 제사와 재산을 할아버지가 아버지에게, 아버지가 아들에게, 남성이 남성에게 물려주는 부계 혈연집단으로 형성되어 있었습니다. 이것을 '종족'이라고 합니다. 당시 중국의 결혼은 본인의 의사와 상관없이 부모, 그중에서도 주로 아버지와 중매인이 주도로 성사되었습니다. 신랑 측에서 신부의 집에 예물을 보내면, 오른쪽 사진처럼 신부가 붉은 가마를 타고 신랑 집으로 시집을 갔습니다. 부부는 종족이 서로 달라야 했고(동성불혼), 여성은 결혼 후에도 남편의 부계 혈통과 구분되도록 친정아버지의 성을 사용했습니다.

한국에서도 중국과 마찬가지로 부부는 다른 종족에 속해 있어야 했고 여성은 결혼 후에도 자신의 아버지 성을 사용했습니다. 결혼은 아버지와 중매인이 약혼을 성립시키고 나면 신부의 집에 예물을 보내고 신부의 집에서 결혼식을 올린 후 오른쪽 사진처럼 가마를 타고 신랑의 집으로 이동했습니다. 신부의 집에서 식을 올린 것은 13~14세기부터 이어져 왔는데, 이후에는 신랑의 집에서 결혼식을 하는 것으로 바뀌었고, 신부가 신랑 집으로 가마를 타고 시집을 갔습니다. 조상을 모시는 제사나 상속은 남편과 아내에서 남편과 장남으로 이행했습니다. 한국과 중국 모두 여성은 어릴 때 부모가 지은 이름만 사용했습니다.

일본에서는 종족이 형성되지 않았지만, 결혼은 주로 아버지와 중매인이 결정했고 예물을 신부의 집에 보내고 신랑의 집에서 결혼식을 올린 후 신부가 신랑의 집으로 갔습니다. 결혼식에서 신부는 순종을 나타내기 위해 앞 장의 왼쪽 사진처럼 뿔을 숨긴다는 의미의 '츠노가쿠시(角隱し)'란 모자를 쓰는 지방이 있었습니다. 13세기경까지는 일본도 한국처럼 여성의 집에서 식을 올렸고, 동거하지 않고 남편이 아내의 집을 찾아가기만 하는 스마도이콘(妻問い婚, 아내를 방문하는 결혼)이라는 양식을 따랐습니다. 아내의 성은 친정의 성을 쓰는 경우와 남편의 성을 쓰는 경우가 반반이었습니다. 상속은 장남이 받았지만, 여성이 상속을 받는 지방도 있었습니다. 아내가 남편의 성을 사용하기 시작한 것은 1898년 민법 제정 이후입니다. 참고로 '동성불혼' 폐지는 중국은 1930년, 한국은 2005년에 이루어졌습니다.

아버지가 결혼을 결정한 것을 통해 알 수 있듯이, 세 나라 모두 강한 권위를 가진 가부장이 아내와 자식을 지배했습니다. 이러한 가부장의 권위는 유교의 도덕관을 통해 유지되었습니다. 그것은 남성과 여성, 남편과 아내의 역할과 자리를 명확히 구별하는 '남녀유별'이나 '내외법', 여성은 무지한 것이 가장 좋다는 사고방식 등에 따른 남존여비의 도덕이었습니다. 유교 도덕의 중심에는 부모에 대한 효도와 여성의 재혼 금지라는 사고방식이 있었습니다. 하지만 실제로는 유교 도덕과 다른 관습도 존재했습니다.

이러한 시대에는 아들딸 모두 아버지에게 순종해 결혼해야 한다고 생각했기 때문에 자신이 사랑하는 사람과 결혼할 수는 없었습니다. 여성은 특히 억압받았습니다. 이러한 사회와 가족의 질서를 변혁하려는 사람들이 19세기 후반 들어 세 나라에 출현합니다. 가족 질서의 변화와 역사에 대해 실제 인물들을 통해 알아봅시다.

●

사회변혁을 추구한 남성들은
여성의 억압에 대해 어떤 시도를 했을까요?

> 세상에 불쌍한 인생은 조선 여편네이니, 우리가 오늘날 이 불쌍한 여편네들을 위하여 조선 인민에게 말하노라. 여편네가 사나이보다 조금도 나은 인생이 아닌데 사나이들이 천대하는 것은 다름이 아니라 사나이들이 문명개화가 못 되어서 …… 그렇기에 우리는 부인네들께 권하노니 …… 부인의 권리를 찾고 어리석고 무리한 사나이들을 교육하기를 바라노라.
> — 《독립신문》 1896년 4월 21일자, 주필 서재필

이 모임을 마련하는 것은 원래 전족의 풍습이 인정상 기쁜 일이 아님에도

쓸데없이 오랜 풍속으로 지켜진 탓에 행여 이렇게 하지 않으면 결혼 상대를 선택하기 어려워졌기 때문이다. 특별히 이 모임을 창설함으로써 모임의 동지들이 아무런 걱정 없이 서로 혼인을 맺을 수 있도록 하고 기풍이 차츰 널리 알려져 이러한 경박한 풍속이 바로잡히기를 바라는 바다.

- 량치차오, 《부전족회 시행 간명규약》(1897)

인생 가족의 기본은 부부다. 부부가 있어야 비로소 부모 자식이 있다. 부부와 자녀가 함께 한 가족을 이루지만, 그 자녀가 성장해서 결혼하면 새로 일가를 형성해야 한다. …… 새 가족의 성(姓)은 …… 중간의 성을 새로 만드는 것이 좋다. 예를 들어, 성이 하타케야마(畠山)라는 여자와 가지와라(梶原)라는 남자가 결혼했다면 야마와라(山原)라는 새로운 성은 어떻겠나.

- 후쿠자와 유키치, 〈일본 부인론〉, 《시사신보》(1885)

세 나라가 각각 근대국가를 만들기 시작한 19세기 후반에 들어 여성을 억압하는 사회와 가족의 양상을 주목하기 시작합니다. 남녀평등이라는 서구 사상의 영향도 있었습니다. 일본에서는 후쿠자와 유키치가 《학문의 권유》 1권(1872)에서 "남자도 사람이고 여자도 사람이다"라고 선언합니다. 유교 도덕을 부정하고, 부부가 가족의 토대이고 가족은 한 세대가 구성해야 하며 나아가 여성이 살림살이를 담당해야 한다고 제안하여 여성들의 공감을 얻었습니다. 1870년대에는 신문 지면에서 연애결혼과 일부일처제, 여성의 재혼 금지, 성매매 등에 대해 독자들이 논쟁을 펼쳤습니다.

조선의 근대화 과정에서 여성의 사회적 지위 향상을 처음으로 요구한 것은 박영효의 '개화 상소'(1888)입니다. 박영효는 여성 인격의 존중과 학대·멸시의 금지, 과부의 재혼, 15세 이하 여성의 결혼 금지, 내외법 폐지, 여성 교육의 필요를 주장했습니다. 과거제 폐지 등을 내건 1894년 갑오개혁은 동학농민군이 주장한 젊은 과부의 재혼 허용을 수용했고 그 외 조혼과 인신매매의 금지를 내걸었습니다.

중국에서 전족이 널리 퍼진 것은 17세기 이후입니다. 중국의 근대화를 추진한 캉유웨이는 남녀평등을 강조해 여성에게 과거 시험의 수험 자격을 부여하고 선거 참여를 보장하라고 주장하는 한편, 전족 폐지를 내걸며 '부전족회'를 설립하고 자신의 딸은 전족을 시키지 않았습니다. 그 후 량치차오 등이 이를 본격적으로 추진하기 위해 부전족회를 발족시켰습니다. 량치차오는 여성이 타인에게 의존해서 살아갈 수밖에 없는 이유는 교육받을 권리를 빼앗겼기 때문이라며, 여성 교육을 주장하고 '좋은 어머니'가 되기 위한 교육이 민족의 질적 향상을 가져온다고 생습니다.

하지만 계몽사상가 남성들의 사상에는 한계가 있었습니다. 후쿠자와 유키치, 량치차오, 독립협회는 여성의 정치적 권리를 언급하지 않았습니다. 또한 후쿠자와는 성매매와 첩의 존재도 인정했습니다.

●

여성들은 차별에
어떻게 대응했을까요?

그렇다면 여성들은 아버지나 남편의 지배를 타파하고 자주적인 연애와 결혼을 하기 위해 어떤 주장을 펼쳤을까요?

친애하는 자매들이여, 왜들 이렇게 뜻을 품지 않는가! …… 우리나라에는 예부터 여러 나쁜 습관과 교육과 풍속이 있으니 문명국 사람들에게 너무도 부끄럽다. 가장 나쁜 풍속은 남자를 존중하고 여자를 멸시하는 풍속이다. 이는 동양 아시아의 나쁜 폐단이다. …… 인간 세계는 남녀로 이루어져 있지 않은가. 고로 남자만으로 세상을 만들어갈 수는 없다. 여자가 없으면 사회의 인륜이 무너지고 국가는 절멸에 이를 것이다. …… 남녀의 권리는 동등하단 말이다.

— 자유민권운동가 기시다 도시, 〈동포 자매에게 고함〉, 《자유의 등》(1884)

지금까지 일을 생각하면 사나이가 위력으로 여편네를 압제하려고 …… 여자는 안에 있어 밖을 말하지 말며, 술과 밥을 지음이 마땅하다 하는지라, 혹시 이목구비와 사지오관 육체가 남녀가 다름이 있는가? 어찌하여 심규(여성의 거처)에 처하여 남의 절제만 받으리오. 옛 풍규를 전폐하고 우리도 개명진보하여 …… 남녀 동등해지기 위해 지금 여학교를 설치한다.

— 〈여권통문〉(1898, 서울 양반 출신가의 아내들이 발표한 한국 최초의 여권 선언)

오오, 2억의 남성은 문명의 신세계에 들어가 있는데 우리 2억 여성 동포는 …… 평생 죄수이고 반평생이 소와 말입니다. …… 자매들이 주장하기를 우리는 여성이어서 돈을 벌 수 없다고 합니다. 하지만 이 말이야말로 패기가 없는 소리입니다. …… 학문, 기예를 습득하고 교사가 되고 작업장을 연다면 자활의 길이 트일 것입니다. 일하지 않고 먹으며 부형이나 남편의 짐이 되지 않아도 됩니다.

— 추진, 〈삼가 자매에게 고하노라〉, 《중국여보(中國女報)》 제1기(1907)

이 자료들은 일본의 경우 국회 개설과 헌법 제정 요구, 자유민권운동이 계속되던 1880년대, 한국은 청일전쟁과 러일전쟁을 거쳐, 중국은 청일전쟁과 의화단운동을 거쳐 서양 국가들과 일본의 중국 이권 쟁취가 진행되던 시기에 나왔습니다. 앞서 살펴본 서재필, 량치차오, 후쿠자와 유키치 등 남성 계몽사상가의 의견과 비교해 보면, 여성 억압에 대한 분노와 남녀동등권에 대한 바람이 더 직접적으로 전해져 옵니다.

한국에서는 〈여권통문〉을 공표한 양반 출신가의 여성들이 여학교를 설립하는 모임(여학교설시찬양회)을 만들어 관립 여학교의 설립을 상소했습니다. 정부가 재정 부족과 시기상조를 이유로 설립을 반대하자 독자적으로 여학교를 창설했습니다. 찬양회는 최초의 자주적 여성 단체인데, 서민 여성, 손님을 상대로 가무를 선보이는 기생, 남성, 외국인 등도 참가했습니다. 그리고 독립협회의 간부를 강사로 초빙해 연설회 등을 열기도 했습니다.

러일전쟁 후 한국의 독립을 빼앗은 일본에 저항하는 국권회복운동 시기에 들어섰을 때, 한 여학교(양규의숙)에 다니는 13세 소녀는 "우리나라가 다른 나라의 압제로 동등한 권리를 잃은 것은 남녀가 동등하지 않은 것과 마찬가지다. 우리나라의 국권 회복은 남녀를 동등하게 처우하고 인간의 권리를 회복했을 때 비로소 가능하다"라고 주장했습니다.

중국에서는 1900년대부터 일본으로 유학을 가는 여성이 늘어났습니다. 그들은 유학생 모임을 만들어 정치적 권리가 없는 일본 여성의 모습을 관찰했습니다. 1898년에 간행된 최초의 여성잡지는 기혼 여성이 친정의 성으로 불리고 자신의 이름을 갖지 못하는 관습을 비판했습니다. 20세기에 들어서는 다양한 여성론이 제안되었습니다. 국가의 기초는 여성이 담당하는 가정이므로 여성은 부강한 국가를 만드는 사람들을 기르는 국민의 어머니이자 국민이다, 여성은 남성으로부터 자립하고 나아가 혁명에 참가해야 한다, 혹은 독자적인 사회 활동을 펼쳐야 한다는 주장 등이었지요.

일본 여성들은 1880년대부터 자유민권운동의 연설회에 참가하여 스스로 남녀평등을 주장했습니다. 여성에게 납세 의무가 있음에도 불구하고 정치 권리가 없는 이유는 무엇인지를 내무성에 문의한 여성도 있었습니다. 오카야마 여자친목회에서는 13세 소녀가 연설하기도 했습니다. 시미즈 도요코는 남성의 품행을 비판하며 일부일처제를 주장하는 한편, 여성의 정치 활동을 금지하는 데 대해 분개했습니다.

국가가 기대하는 '여성다움'과 '남성다움'에 사람들은 만족했을까요?

개혁을 추진하는 세 나라의 지식인들은 남녀와 가족에 관한 전통적 도덕을 비판하면서, 여성과 어머니 교육의 필요성을 지적했습니다. 한국과 중국에서는 타국의 지배를 타파하기 위해서라도 여성과 어머니 교육이 필요하다고 생각했습니다. 여성들은 여성에 대한 억압과 멸시를 규탄하고 남녀평등을 주장하면서 여성은 국가와 민족의 일원이라고 호소했습니다.

근대국가에서 미래의 국민을 육성하는 가족은 중요한 요소였기 때문에 아이를 키우는 어머니와 남편을 돕는 아내를 양성할 필요가 있었습니다. 국민국가가 필요로 하는 어머니와 아내의 상을 일본에서는 양처

현모, 조선에서는 현모양처, 중국에서는 현처양모라 불렀습니다. 하지만 새로운 여성상의 현모양처는 성별 분업에 기초한 가족을 토대로 삼았고, 여성에게는 아버지와 남편, 종족에 대한 순종이 요구되었습니다. 반면 남성에게는 가족을 유지할 경제력과 강인함이 강조되었습니다.

1910년에는 좀 더 자기다운 연애를 통해 가족을 만들고 싶어 하는 사람들이 나타났습니다. 중국의 후스는 미국 유학에서 귀국한 후, 여성에게만 요구하는 정조(남편 사후 재혼 금지)를 비판하며 부부는 함께 정조를 지켜야 한다고 주장했습니다. 또한 청년들에게는 연애결혼을 권유했습니다.

조선의 김일엽은 일본을 잠시 다녀온 후 이화학당 출신들과 함께 1920년 한국 최초의 여성잡지 《신여자》를 발행하여 인습적 도덕의 타파와 자유로운 연애와 결혼을 주장했습니다. 또한 정조 도덕을 비판하면서 서로 애정을 품은 남녀의 인격적 결합을 추구했습니다. 김일엽 자신은 애정에 기반한 연애와 결혼을 찾아 이혼을 거듭하다가 마지막에는 승려가 되었습니다.

일본의 히라쓰카 라이초 등이 발간한 《세이토》는 여성에게만 순결을 의무화하는 도덕에 도전하는 단편소설과 연애에 대한 동경을 읊은 단가를 창간호부터 게재했습니다. 결혼하지 않은 여성은 물론 결혼한 여성도 이를 환영했습니다. 결혼제도를 부정하여 혼인신고를 하지 않았던 히라쓰카는 피임과 낙태, 육아에 대해 고민하면서 두 아이를 키웠습니다.

자신만의 연애와 결혼, 가족을 추구하며 악전고투한 모습을 엿볼 수 있습니다. 연애를 한다는 것이 얼마나 힘든 일이었는지, 남편과 아내를 각기 한 사람으로 보는 사고방식조차 확립하지 못했던 이유는 무엇인지 생각해 봅시다. 여러분은 어떤 가족, 어떤 인간관계를 만들고 싶나요?

4

학교의 등장으로
아이들은 무엇을 어떻게
배우게 되었을까요?

에도시대의 데라코야. 잇순시 하나사토, 〈문학 만대의 보배〉

청 말의 사숙. 〈사숙 내의 교육 풍경〉

조선시대의 서당. 김준근, 〈글 가르치는 모양〉

이 그림들은 오늘날의 학교가 생기기 전 한·중·일 세 나라 아이들이 학습하는 장면을 보여줍니다. 아이들은 어디서 무엇을 어떻게 배웠을까요? 근대에 들어 '학교'라는 교육기관이 등장하면서 아이들의 학습 내용과 풍경은 어떻게 달라졌을까요?

●
아이들의 배울터는
어떻게 바뀌었을까요?

학교는 근대에 등장하여 한·중·일에 보급되고 정착한, 오늘날 우리에게 익숙한 교육기관입니다. 그렇다면 그전까지 세 나라 아이들은 어떤 곳에서 교육을 받았을까요?

일본에는 데라코야(寺子屋), 한국에는 서당(書堂), 중국에는 사숙(私塾)이라는 민간 교육기관이 있었습니다. 주로 작은 규모에 적은 인원으로 대부분 개인이 경영한 이 기관들은 교육자의 집이나 사찰, 중국의 경우는 부호의 집이나 조상을 모시는 곳에서 운영되었습니다.

세 나라의 아이들은 6~8세가 되면 이러한 교육기관에 입학할 수 있었는데, 입학하는 나이나 다니는 기간은 가정 사정 등에 따라 다양했습니다. 그림을 보면 데라코야의 아이들이 서로 장난치고 노는 장면은 공부하는 풍경답지는 않은 분위기입니다. 한편, 서당이나 사숙의 아이들은 읽기와 쓰기에 집중하는 모습입니다. 또 등장인물을 주목하면 데라코야에는 여성 스승과 여자아이가 보이지만, 서당과 사숙의 교육자와 아이들은 모두 남성입니다. 한국의 서당과 중국의 사숙은 관리를 등용하는 과거제도를 위한 교육기관이기도 했는데, 과거 시험의 기회는 남성에게만 열려 있었기 때문입니다. 반면 여성의 교육은 일반적으로 가정에서 이루어졌습니다.

일본에서는 1872년 학제 공포, 한국에서는 1894년 갑오개혁, 중국에서는 1904년 주정학당장정 공포를 계기로 근대적 교육제도가 도입되어 '학교'가 등장했습니다. 학교는 신분이나 성별에 상관없이 일정한 나이가 된 아이들을 교육하는 장소입니다. 그중에서도 특히 소학교는 학교 제도의 기초가 되는 교육기관이죠. 그럼 데라코야, 서당, 사숙에 다니던 아이들은 근대적 학교 제도가 등장한 후 소학교에 다닐 수 있었을까요? 학교 교육의 보급과 정착 과정, 남녀의 취학률은 어땠을까요?

일본에서는 데라코야 등을 모체로 하여 전국 각지에 많은 소학교가 설립되었습니다. 학제를 공포한 이듬해인 1873년에는 1만 2,558개교가 개설되었는데, 그 수는 오늘날(2021년 1만 9,336개교)과 비교해도 큰 차이가 없죠. 그러나 취학률은 남자 39.9퍼센트, 여자 15.1퍼센트로, 정부와 대중의 교육관이 달라 취학을 독려하기가 매우 어려웠습니다. 그 후 1900년 수업료를 폐지하고 취학 의무를 규정하는 등 소학교 교육제도를 정비하면서 많은 아이가 학교를 다니게 되었습니다.

한국에서는 갑오개혁을 전후로 관립·공립·사립 소학교가 설치되었습니다. 1895년 소학교령 공포 이후 관립 소학교는 9개교가 있었고, 학생 수는 1897년 11월 기준 685명이었습니다. 공립 소학교는 각 지방에 설치가 권장되어 약 100여 개가 설립된 한편, 전국적으로 사립 소학교가 많았는데 그 수가 수천 개교에 달했습니다. 그 과정에서 여학교도 문을 열었는데 대부분 기독교계나 민간 주도로 설립되었습니다.

사립학교의 증가는 일본이 세운 통감부 주도로 학제 개혁을 실시하는 등 한국 내정에 깊이 관여하기 시작한 것이 배경으로 작용했습니다. 민족의식이 높은 민간인 지도자들이 교육을 통해 국권을 되찾으려 하면서 사립학교가 전국적으로 확산되었던 것이죠. 이런 상황을 탄압하기 위해 통감부는 1908년 사립학교령을 공포했고, 그때까지 한국인이 설립한 수천 개의 학교 대부분을 인가하지 않는 사태가 발생했습니다.

중국에서는 1904년 주정학당장정 공포를 전후로 전국 각지에 관립·공립·사립 소학당(오늘날의 소학교)이 설치되었습니다. 이듬해인 1905년 과거제도가 폐지되었음에도 사람들은 여전히 사숙을 지지했습니다. 그러다 보니 전국적으로 소학당의 취학률은 낮았고 도시와 농촌의 지역 격차도 커져서 근대적 교육의 보급과 정착은 순탄치 않았습니다. 한편, 1907년에는 의무교육이 추진되었죠.

여성 교육에 관한 규정은 1907년 여자소학당장정에 처음 등장했는데, 1909년 기준 여자소학당의 수와 학생 수는 전체 소학당 수와 학생 수의 10퍼센트에도 미치지 못했습니다. 여전히 여성의 교육은 가정에서 실시한다는 생각이 일반적이었습니다.

이렇듯 근대적 교육제도가 도입되었지만, 초등교육의 보급과 정착 과정은 각 나라의 상황과 사정에 따라 큰 차이를 보였습니다.

학교의 등장으로 아이들의 학습 내용은 어떻게 변화했을까요?

아이들은 학교에서 무엇을 배웠을까요? 먼저 데라코야, 서당, 사숙과 학교에서 학습한 내용을 살펴봅시다.

근대 이전의 데라코야, 서당, 사숙에서는 먼저 읽기와 쓰기를 배웠습니다. 한자 교재는 세 나라 공통으로 《천자문》을 많이 사용했죠. 《천자문》은 중국에서 만들어져 조선과 일본에 전해졌는데, 조선과 일본은 그림, 한글, 가나 문자, 유래, 해설, 용법 등을 추가한 교재를 사용하기도 했습니다. 읽기와 쓰기 교육은 단순히 글자를 깨우치는 것을 넘어 그 글자의 의미나 인간의 도리를 가르치는 것이 목적이었습니다.

공통적인 내용인 읽기와 쓰기 외에 데라코야에서는 주판을 비롯해 일상생활에 필요한 기초 지식을 배웠고, 서당과 사숙에서는 유학 경전의 암기·암송과 과거 시험 과목인 작문·작시 등을 배웠습니다.

세 나라에 새롭게 등장한 근대적 학교, 특히 소학교에서는 무엇을 배웠을까요? 다음 표는 근대 교육제도를 도입한 후 소학교의 기본 방침에 근거해 마련된 교과목들을 정리한 것입니다. 세 나라 모두 '수신'을 필수 과목으로 개설했습니다. 오늘날 도덕 과목에 해당하는 '수신'은 인간으로서 마땅히 가져야 할 자세를 가르치는 교과였습니다. 이전에는 읽기·쓰기 교육에서 포괄적으로 가르치던 것을 근대에 들어와 별도의 과목으로 설정한 것입니다. 지금부터 수신 과목에 주목하면서 세 나라가 학생들에게 무엇을 가르치려 했는지 살펴봅시다.

근대 교육제도에 의해 설치된 소학교 교과목

국가	편제	교과목
일본 (1881년, 소학교교칙강령)	소학교(초등과 3년)	수신, 독서, 습자, 산술의 초보, 창가, 체조
한국 (1895년, 소학교령)	소학교(심상과 3년)	수신, 독서, 작문, 습자, 산술, 체조
중국 (1904년, 주정초등소학당장정)	초등 소학당	수신, 독경강경, 중국문자, 산수, 역사, 지리, 격치

일본은 학제 공포 이후 지속적으로 수신을 교과에 포함시켰는데, 그 내용과 교과서는 시대의 흐름과 더불어 변화를 겪었습니다. 초기에는 서양 국가들의 도덕 관련 서적을 번역하여 교과서로 사용하고 개화·계몽적인 내용을 담았습니다. 1880년에는 개정교육령을 통해 수신을 소학교의 최상위 교과로 두고《소학수신서》를 편찬해 도덕 교육을 실시했죠. 1890년 교육칙어가 공포되었을 땐, 교육 방침으로 제시된 덕목을 반복적으로 교육하는《심상소학수신서》등 도덕을 강조하는 교과서가 등장했습니다. 한편, 1886년 교과서 검정제도가 도입되며 수신도 검정 교과서를 사용하다가 이윽고 1904년에는 국정교과서로 전환되었습니다. 수신의 내용과 목적이 변화하는 한편으로, 국가 역시 교육과 교과서에 대한 통제를 강화해 갔음을 알 수 있습니다.

한국에서는 1895년 소학교령 공포와 함께 수신 과목을 개설했습니다. 교과서는 학부(대한제국 시기 교육을 관할했던 관청)가 편집하거나 검정한 것을 사용할 수 있었습니다. 소학교교칙대강을 통해 교수요목과 내용이 제시되면, 학부가《국민소학독본》,《신정심상소학》등을 편찬했습니다. 주로 애국심과 교육의 중요성, 역사·지리, 과학과 사회윤리 등에 관한 내용으로 구성되었습니다. 그 후 통감부를 설치한 일본은 교육 내용과 교과서 내용에 간섭하거나 그동안 민간 주도로 발행하던 수신 교과서에 대한 통제를 강화했습니다. 그 결과 교육에서 한국 관련 내용이 거의 사라졌고 사회생활에 필요한 질서와 규범이 대부분을 차지하게 되었습니다. 또한 '국어(한국어)', '일어'라는 과목을 별도의 중심 과목으로 설정한 것에서도 알 수 있듯이, 일본은 학교 교육을 통해 일본어를 보급함으로써 한국에 대한 지배 체제를 더욱 강화해 나갔습니다.

중국에서는 1904년 주정학당장정 공포로 수신 과목이 설치되는 동시에 교과서의 검정제도도 도입되었습니다. 그 후 학부의 검정을 거쳐 편찬된 《최신 초등소학교 수신교과서》 등 총 10권이 수신 교과서로 지정되었습니다. 교과서는 덕목주의를 바탕으로 편찬되었으며 주로 개인·가정·학교·사회·국가라는 5개의 범주로 구성되었습니다. 수신은 필수 과목이긴 했지만 수업 시간은 한 주당 2시간으로, 비중이 높지 않았습니다.

세 나라는 근대 교육을 통해 '국민 만들기'라는 과제를 해결하기 위해 '수신' 과목을 도입했습니다. 수신 과목의 변천과 내용은 나라마다 조금씩 달랐지만, 국가는 검정 교과서를 통해 국민이 어떤 모습이어야 하는지를 아이들에게 직접 가르치고자 했습니다.

●

국가는 학교 교육을 통해
어떤 아이들을 만들려고 했을까요?

앞서 살펴봤듯이 세 나라는 학교와 교육을 통해 근대화의 핵심인 '국민 만들기'라는 목표를 달성하고자 했습니다. 이는 어떤 방침 아래에서 이루어졌을까요?

사람이라면 학문을 해야 한다. …… 지금 이후로는 일반 백성은 반드시 마을에서 배우지 않는 집이 하나도 없고 집에서 배우지 않는 사람이 하나도 없도록 하고자 한다.

- 《학사 장려에 관한 청원서 피앙출서(학제 서문)》(일본, 1872)

세계의 형세를 보면 강하고 풍족하고 독립하여 풍요롭게 사는 나라는 모두 국민의 지식이다. 지식을 밝게 만드는 것은 교육이므로, 교육은 실로 국가를 보존하는 근본이 된다. …… 내가(고종 황제) 정부에 지시하여 학교를 널리 세우고 인재를 양성하는 것은 신하와 백성이 학식으로 나라를 중흥하게 하는 큰 공로를 이루게 하려 함이다. 신민은 임금에게 충성하고 나라를 위해 덕과 몸과 지혜를 기른다.

- 《교육입국조서》(한국, 1895)

지금 중국에서 학무를 진흥하기 위해서는 말할 것도 없이 적절한 보통의 공부를 중시하여 전 국민 가운데 배우지 않는 자가 없도록 하고 …… 전국의 학생에게 한때도 충성을 잊지 않고 조상을 우러러 세상의 큰 은혜로 여기도록 해야 한다.

- 《주청선시교육종지접(교육종지)》(중국, 1906)

세 나라 모두 신분이나 성별을 넘어 국민이라면 누구나 교육받을 수 있어야 한다고 설파했고, 이를 실현하기 위해 학교를 만들어 교육을 보급하고 정착시키려 했습니다. 근대 교육을 도입한 일본의 영향을 받으

면서 한국과 중국 역시 교육의 근대화를 도모했습니다. 앞의 자료들에서 보았듯 교과목과 교육 기본 방침이 유사한 것도 그 때문입니다.

일본에서는 1872년의 학제 서문(학제의 교육이념)과 학제 공포 이후, 교육의 기본 방침을 서서히 변화시켜 갔습니다. 그리고 1890년 근대 학교 교육의 전환점이 되었다고도 할 수 있는 교육칙어를 공포했습니다. 교육칙어에는 국민이 지켜야 하는 교육의 기본 방침이 규정되어 있었는데, 국민은 모두 천황의 신하라는 점을 기본으로 두었습니다.

조선과 중국에서는 교육의 근대화가 일본의 교육칙어 공포 후에 이루어졌기 때문에 그 영향을 확인할 수 있습니다. 조선의 《교육입국조서》에는 "신민은 임금에게 충성하고 나라를 위해 덕과 몸과 지혜를 기른다"라는 문장이, 중국의 《주청선시교육종지접》에는 "한때도 충성을 잊지 않고 조상을 우러러 세상의 큰 은혜로 여기도록 해야 한다"라는 문장이 나옵니다. 즉, 군주나 국가에 봉사하는 신민을 만드는 일이 교육의 목적이었던 셈입니다. 그리고 이러한 목적은 수신 과목을 통해 더욱 실현되었습니다. 국가는 학교라는 장소에서 교육이라는 수단을 통해 아이들에게 충군사상을 주입함으로써 '국민 만들기'라는 과제를 달성하고자 했습니다.

이러한 학교 교육제도는 20세기 들어서도 계속 이어졌을까요? 아이들은 이후에도 학교에서 일률적인 교육을 받으며 국가가 요구하는 국민으로 성장하게 되었을까요?

세 나라의 새해 첫날

일본에서는 태양력(양력)으로 1월 1일에 한 해의 시작을 축하합니다. 하지만 한국과 중국은 태음태양력(음력)으로 1월 1일에 설을 쇠고 각각 '설날', '춘절'이라고 부르죠.

한국·중국·일본은 모두 예부터 음력을 사용해 왔습니다. 그러나 19세기 후반에서 20세기 초에 각국 정부는 서양을 본떠 근대화를 추진하고자 했고, 달력도 유럽에서 기원한 양력으로 전환했습니다. 일본 정부는 1872년 음력보다 양력이 정밀하고 편리하다며 국민에게 양력 사용을 명령했습니다. 한국도 청일전쟁 후인 1896년부터 양력을 채택했습니다. 중국은 신해혁명으로 탄생한 중화민국임시정부가 1912년부터 양력을 도입했습니다.

일본 정부는 양력 채택과 동시에 천황 중심의 경축일과 축제일을 정하고, 설을 비롯한 다양한 기념일을 음력이 아닌 양력 날짜에 치르라고 명령했습니다. 양력은 먼저 도시 지역을 중심으로 정착되다가, 음력이 뿌리 깊게 남아 있던 농촌 지역에도 차츰 퍼져 나갔습니다. 식민지 조선에서는 양력이 일상적인 관습과 모순되고 일본식 양력에 대한 반발도 있었기 때문에 민간에서는 쉽게 뿌리 내리지 못했습니다. 일본의 식민 지배로 인해 공식적으로는 양력으로 전환되었지만, 민중들은 생활 속에서 여전히 음력을 사용했던 것이죠. 중국에서도 관이나 도시 지역에서는 양력이 보급되었지만, 민간이나 농촌에서는 음력을 병용했습니다.

해방 이후 한국은 양력을 채택했지만 민간 행사는 여전히 음력으로 치러졌고, 1989년에는 음력 설을 공휴일로 지정하면서 국민의 명절인 설날을 되찾을 수 있었습니다. 중국 역시 공식 달력은 양력이지만 음력 춘절을 성대하게 지냅니다. 한편, 일본에서도 여름 명절인 '오봉' 행사는 추석에 해당하는 음력 8월 15일을 대신해 양력 8월 15일에 널리 치르고 있습니다.

사진의 등장과 민중생활

1839년 프랑스의 루이 다게르가 발명한 사진은 개항지에 등장한 사진관을 통해 한·중·일에도 빠르게 퍼져 나갔습니다. 하지만 사회적 계층이나 지식의 정도에 따라 사진을 인식하는 방식에 상당한 차이가 있었습니다. "어린아이의 눈알을 빼 카메라 렌즈를 만든다"(한국), "세 명이 찍으면 가운데 사람이 죽는다"(일본), "사진을 찍으면 정신까지 함께 찍혀 나간다"(중국)라는 해괴한 소문이 도는 등 사진을 위험하게 여기는 이들도 많았습니다.

그러나 문명개화라는 거대한 파도 앞에서 민중들도 공포의 대상이었던 사진을 받아들이기 시작했는데, 그 계기 중 하나가 기념사진이었습니다. 오른쪽 사진들은 각각 같은 축구팀, 졸업생, 이주자임을 '기념'하는 사진입니다. 그런데 자세히 보면 하나같이 웃음기 하나 없이 무표정입니다. 앞에 설치된 카메라가 여전히 익숙지 않아 긴장감이 흘렀는지도 모릅니다. 그럼에도 이들이 카메라 앞에 선 이유는 무엇일까요? 그것은 민중들이 기념사진을 찍음으로써 집단의식, 즉 특정 집단에 속해 있다는 소속감을 공유하기 시작했음을 말해 줍니다. 한·중·일 민중들에게 사진이 안으로는 서로가 동일함을, 밖으로는 서로가 다름을 인식하게 만드는 중요한 도구로 작동하기 시작한 것입니다.

경사대학당(1898~1912)
축구팀의 기념사진

언더우드가 설립한 서당의
졸업 기념사진(1904)

야마나시 현민 홋카이도
이주 기념사진(1909)

학교 체육 교육의 시작

동아시아의 전통 교육에는 근대적 체육 교육의 요소가 부족했습니다. 일본의 경우 말타기와 활쏘기를 가르치기도 했지만 이는 무사계급 양성에 한정되었습니다. 인문 지식과 윤리 도덕이 중심이었던 중국과 한국의 전통 교육에서도 체육 활동은 경시되었습니다.

1872년 일본은 문명개화를 교육 방침으로 내세우면서 말타기와 활쏘기를 대체하는 근대적 체육 교육을 널리 보급했습니다. 중국은 서양인이 설립한 교회학교에서의 체육교육에 영향을 받아 국민 체력 증진을 위한 체육 수업을 실시했습니다. 한국은 1895년 소학교규정대강을 제정하고 지덕체의 균형 있는 발전을 강조했으나 나중에 일본 식민지로 전락하면서 체육 문화 발전에 대한 주도권을 상실했습니다.

학교 체육 교육은 동아시아 전통 교육의 불균형 문제 해소에 도움이 되었지만, 식민주의와 반식민주의 사이의 투쟁으로 인해 또다시 새로운 교육 문제가 나타났습니다.

2부

두 번의 세계대전과 동아시아

1910	한일병합
1914	제1차 세계대전 발발
1917	러시아 10월혁명
1918	제1차 세계대전 종식
1919	파리평화회의 개최. 3·1운동. 5·4운동
1920	국제연맹 결성
1921	워싱턴회의 개최
1924	중국 국민혁명 시작
1927	장제스, 난징 국민정부 수립
1928	부전조약 체결
1931	만주사변 발발
1937	중일전쟁 발발
1941	일본, 말레이반도 상륙, 진주만 습격. 아시아·태평양전쟁 발발
1945	일본, 포츠담선언 수용, 무조건 항복 선포. 중국, 항일전쟁 승리. 한국, 광복

제1차 세계대전은 유럽을 중심으로 발발한 인류 역사상 최초의 세계대전입니다. 이 전쟁은 현대 무기의 출현과 국민·국력의 총동원이라는 총력전의 성격으로 인해 수많은 군인과 민간인이 희생되었을 뿐 아니라 아시아·아프리카 식민지의 민중들까지 대거 동원되었습니다. 러시아에서는 군인과 민중이 전쟁의 희생양이 되는 것을 거부하며 혁명을 일으켰고 결국 제정러시아를 무너뜨린 후 세계 최초의 사회주의 국가를 세웠습니다. 중국은 미국 정부의 촉구하에 제1차 세계대전에 일본과 같은 연합국으로 참전하여 승전국이 되었습니다. 중국과 조선의 민중은 군인, 군무원 등의 신분으로 유럽의 전쟁터로 건너가 싸웠는데 이는 동아시아 민중이 세계로 나아가는 계기가 되기도 했습니다.

제1차 세계대전 후 아시아·아프리카 대륙에서는 거센 민족운동의 물결이 몰아치면서 조선의 3·1운동과 중국의 5·4운동이 잇따라 일어났습니다. 전쟁 종식 후 서구 국가는 세계대전의 재발을 막기 위해 국제평화기구인 국제연맹을 설립하고 침략전쟁의 불법화운동을 전개했습니다.

이어서 미국이 주도한 워싱턴회의에서는 '중국에 적용하는 원칙 및 정책에 관한 9개국의 조약(9개국조약)'을 체결하여 '중국의 주권, 독립, 영토적·행정적 보전의 존중'을 약속했습니다. 그러나 불평등조약 체계는 여전했기 때문에 중국은 대외적으로 완전한 주권을 가진 국가로 인정받지 못했습니다.

이에 1924~1928년 중국에서는 통일 실현과 불평등조약 철폐를 위한 국민혁명이 일어났고, 장제스가 이끄는 국민혁명군이 형식적으로 중국을 통일하며 난징 국민정부를 설립했습니다. 이 과정에서 장제스는 공산당 세력을 진압하고 소탕하는 동시에 미국, 영국 등 열강과 손을 잡았습니다.

일본군이 일으킨 만주사변과 루거우차오 사건은 9개국 조약을 위반한 것이었기 때문에 미국, 영국은 중국의 국민정부와 민중의 항일운동을 지지했습니다. 결과적으로 미국은 대일 석유 및 철강 수출 금지 조치를 실시했고 일본은 아시아·태평양

전쟁을 일으켰습니다. 일본, 독일, 이탈리아는 군사동맹을 결성했고, 1937년 시작된 중일전쟁은 1939년부터 제2차 세계대전의 일환으로 전개되었습니다.

2부에서는 인류가 겪은 두 차례의 세계대전 시기를 다룹니다. 1장에서는 흔히 유럽의 전쟁으로 여겨지는 제1차 세계대전이 동아시아에 어떤 영향을 끼쳤는지를 민중의 시각에서 살펴봅니다. 일본과 중국이 연합국으로서 제1차 세계대전에 참전한 것에 대해 동아시아 민중은 어떻게 생각했을까요?(1절) 러시아의 노동자, 농민, 군인 들이 전쟁에 반대하기 위해 일으킨 10월혁명을 동아시아 민중은 어떻게 생각했을까요?(2절) 항일민족운동인 3·1운동과 5·4운동은 어떤 차이점과 공통점이 있을까요?(3절) 제1차 세계대전 후 서구 국가에서는 '전쟁불법화운동'이 나타났는데 동아시아는 어땠을까요?(4절)

2장은 제2차 세계대전 시기를 다룹니다. 일본은 만주사변과 루거우차오 사건으로 중국 침략전쟁을 확대한 데 이어 마침내 동남아시아와 태평양 지역을 침략하는 아시아·태평양전쟁을 일으켰습니다. 일본은 어떤 이유와 논리로 침략전쟁을 확대했을까요?(1절) 일본의 침략전쟁 중 징병제는 어떻게 실시되었고(2절), 일본군에 의한 성폭력의 실상은 어떠했을까요?(3절) 그리고 한·중·일의 민중은 일본의 침략전쟁에 어떻게 저항했을까요?(4절)

3장에서는 민중의 생활로 눈을 돌려 타이완과 조선에 대한 일본의 식민 지배가 어떠했는지 살펴보고 전쟁이 동아시아 사회에 어떠한 변화를 가져왔는지 알아봅니다. 동아시아 민중 간의 상호 이동과 이민은 어떻게 이루어졌을까요?(1절) 같은 항구도시로서 칭다오, 군산, 나하의 발전에는 어떤 차이점과 공통점이 있을까요?(2절) 이 시기 대중문화는 어떠한 영향을 받았고(3절), 동아시아의 어린이들은 어떠한 생활을 했을까요?(4절)

1장

제1차 세계대전 이후의 동아시아

1

제1차 세계대전이 동아시아에 미친 영향을 민중은 어떻게 받아들였을까요?

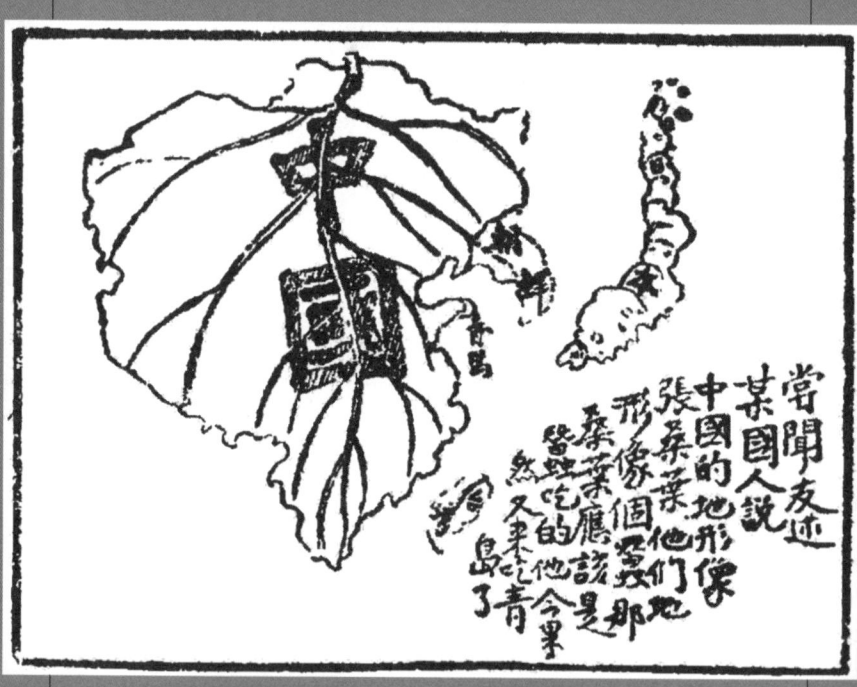

풍자화 〈잠식〉

왼쪽은 제1차 세계대전 중 일본이 중국에 강요한 21개조 요구를 풍자한 그림으로, 당시 중국의 신문에 게재되었습니다. 제목 〈잠식〉은 한국어, 중국어, 일본어로 모두 같은 의미인데, 누에가 뽕잎을 먹듯이 점차 다른 나라나 타인의 영역을 침략하는 상황을 뜻합니다. 풍자화에는 일본이라는 누에가 타이완과 조선이라는 뽕잎을 먹어 치우고는, 다음으로 중국을 산둥반도의 칭다오부터 잠식해 나가려는 모습이 담겼습니다.

그림을 통해 중국 민중이 일본의 21개조 요구를 어떻게 바라보고 있었는지 생각해 봅시다. 또한 일본은 제1차 세계대전 중에 왜 이러한 요구를 중국에 강요했는지, 중국 민중은 어떻게 대응했는지 생각해 봅시다. 또한 이 그림에서 이미 잠식되어 버린 조선의 민중은 어떤 상황이었는지도 생각해 봅시다.

일본이 제1차 세계대전에 참전한 이유는 무엇일까요?

1914년 7월 유럽에서 제1차 세계대전이 발발하자, 일본에서는 천황을 보좌하던 원로 이노우에 가오루가 "다이쇼 신시대의 천우(메이지 시대가 끝나고 새로 다이쇼 시대를 맞은 일본을 하늘이 도우셨다)"라고 하면서, 정부에 일본의 참전을 촉구했습니다. 이노우에 가오루가 '천우'라고 한 것은 제1차 세계대전이 일본에 절호의 기회라는 의미입니다.

일본은 메이지유신 이래로 독일을 모델로 삼아 헌법, 의학, 화학부터 군대 제도에 이르기까지 근대화에 힘써 왔습니다. 문학과 철학, 음악 등 예술 분야도 독일로부터 큰 영향을 받았죠. 자연스럽게 일본인들은 독일 국가와 국민에 대한 경애심을 갖고 있었고, 적국이라는 의식은 거의 없었습니다. 또한 일본이 열강과 맺은 유일한 군사동맹인 영일동맹은 러시아제국에 맞서기 위한 것이었으므로 독일을 가상의 적으로도 생각하지 않았습니다. 그런데도 일본 정부는 독일에 선전포고를 했습니다. 그 이유는 무엇이었을까요?

첫째, 일본과 중국 해양에서 독일 함정은 즉시 물러날 것. 그러지 못한다면 즉각 무장을 해제할 것.
둘째, 독일제국 정부는 자오저우만(산둥반도 칭다오가 위치한 만) 조차지 전부를 중국에 반환하기 위한 목적으로 1914년 9월 15일까지 무상으로 무조건 일본제국 관리에 넘겨줄 것.

- 독일에 대한 최후통첩(1914년 8월 15일)

이 자료는 일본의 오쿠마 시게노부 내각이 독일에 보낸 최후통첩입니다. 일본은 독일 정부가 답을 하지 않자 8월 23일 선전포고를 하고 제1차 세계대전에 참전했습니다. 최후통첩의 첫째 항목은 제1차 영일동맹(1902)을 맺은 영국의 요청에 따라, 산둥반도의 칭다오를 군항으로 쓰던 독일의 군함과 무장상선(상선으로 가장한 순양함)의 운항을 저지한다는 내용입니다. 그런데 둘째 항목에서 산둥반도에 대한 독일의 권리와 이익(이하 '산둥 권익')을 중국에 반환할 목적으로 일본에 넘기라고 말한 이유는 무엇일까요? 일본은 정말로 산둥 권익을 중국에 반환할 생각이었을까요? 제1차 세계대전 이후 일본이 산둥 문제에 보인 대응을 통해 살펴봅시다.

일본 민중은 독일에 적대감을 품었을까요?

일본군과 독일군 사이에서 벌어진 전투는 독일 동양함대의 근거지인 칭다오에 대한 일본의 공격이 유일했습니다. 일본군의 총병력이 약 5만 명이었던 반면, 칭다오 요새의 독일군 수비병은 총 5,000여 명이

도쿠시마시의 극장에서 개최된 대음악회

었고 증원군이 파견될 가능성 역시 없었습니다. 그러므로 처음부터 승패는 정해져 있었습니다. 독일군이 불필요한 희생을 피했기 때문에 사망자는 170명, 부상자는 약 500명 발생했고 4,461명이 포로가 되었습니다. 오히려 승리한 일본군에서 독일군보다 약 세 배 많은 사상자가 발생했습니다.

독일군 포로는 일본 시코쿠 지방의 포로수용소에 수용되었는데, 현지 주민들은 '문명국에서 온 포로'라며 독일군을 환영하고 그들로부터 낙농과 토마토 재배법, 서양 요리법을 배우기도 했습니다.

위 사진은 포로수용소가 있던 도쿠시마시의 극장에서 독일인 포로로 구성된 교향악단이 시민들 앞에서 연주하고 있는 광경입니다. 이 사진을 보며 민중에게 전쟁이란 어떤 의미였을지 생각해 봅시다.

중국 민중은 21개조 요구에
어떻게 맞섰을까요?

유럽에서 전쟁이 격화되고 장기화되자, 일본은 중국에서의 권익을 확대·강화할 절호의 기회가 왔다고 판단했습니다. 그에 따라 1915년 1월 18일 군부와 경제계의 요구를 담은 21개조 요구를 주중일본공사를 통해 위안스카이 대총통에게 제출했습니다.

[제1호] 독일이 산동성에 가지고 있던 모든 권익을 일본에 넘길 것.
[제2호] 뤼순·다롄의 조차 기한과 남만주철도와 안펑철도에 대한 이권의 기한을 99년으로 연장할 것. 남만주와 동부 네이멍구에서 일본인의 거주와 영업의 자유를 부여할 것. 일본에 광산 채굴권과 철도 부설권을 허가할 것. 고문 교관을 필요로 할 경우에는 반드시 먼저 일본국과 협의할 것.
[제5호] 중앙정부의 정치·재정·군사 고문으로 일본인을 초빙할 것. 일본 병원·사원·학교의 토지 사유권을 인정할 것. 경찰기구를 중·일 합동으로 운영할 것. 일본의 무기를 공급하고 중·일 합작 무기공장을 설립할 것.

- '21개조 요구' 중 주요 내용

일본은 독일의 산둥 권익을 중국에 반환해야 한다는 이유를 들며 선전포고했지만, 이는 제1차 세계대전에 참전하기 위한 구실에 지나지 않았습니다. 일본은 유럽에서 전쟁이 한창이므로 영국이 동아시아 문제에 신경 쓸 겨를이 없다는 것을 알고 산둥 권익 확보에 본격적으로 나섰습

니다.

21개조의 제2호는 일본이 러일전쟁을 통해 확보한 남만주의 권익을 더 확대하기 위하여 중국으로부터 권익 양도를 인정받고자 내놓은 요구였습니다.

일본은 위안스카이 대총통이 교섭을 지연시키자 1915년 5월 7일 최후통첩을 보내고 21개조 요구를 수락하라고 압박했습니다. 또한 일본군은 관동주에 계엄령을 선포하여 칭다오·지난의 일본군 수비대에 전투태세를 갖추게 하고, 중국 연안에 해군 군함을 출동시켜 군사적 위압을 가했습니다. 위안스카이는 서구 열강의 도움으로 문제를 해결하려고 했으나 뜻을 이루지 못하자 5월 9일 결국 21개조 요구를 수락했습니다.

이에 대해 중국 신문들은 "중화민국 국민이 받은 굴욕을 영원히 잊지 말고, 국민이 와신상담하고 분발하여 자강의 길을 강구하자. 그리고 일본에 대한 치욕을 씻겠다는 각오를 다지자"라는 뜻에서 일본이 최후통첩을 보낸 5월 7일과 위안스카이가 21개조 요구를 수락한 5월 9일을 '국치기념일'로 지정하자고 제창했습니다. 이후 이 국치기념일은 중국에서 일본의 침략에 맞서 애국·구국운동을 고무하는 행사가 열리는 날로 자리 잡았습니다.

중국 민중은 21개조 요구에 대해 전국적인 반대운동을 전개했습니다. 일본 당국이 군사적으로 개입할 빌미를 만들지 않기 위해 일본상품불매운동과 국산품장려운동 등 주로 비폭력 방식을 취했습니다. 일본 상품을 중국 시장에서 쫓아내, 경제적 타격을 주고자 했죠. 일본 상품을 불매하고 국산품을 사용하자는 운동(일화배척·국화제창운동)은 중국인의 일치단결한 참여와 협력에 힘입어 강력한 힘을 발휘했습니다.

이 자료는 중국 신문 《대공보》에 게재된 광고입니다. 위는 지금도 판매되고 있는 일본 모리시타제약의 '진탄(仁丹)'이라는 약으로, 일본 해군 제독의 초상이 그려져 있어 중국에서는 침략의 상징처럼 받아들여졌습니다. 아래는 '진탄'에 대항하기 위해 만들어진 중국 국산품 '량단(良丹)'의 광고입니다.

제1차 세계대전 당시 중국의 일본상품불매운동과 국산품애용운동은 일본 상품의 중국 수출에 큰 타격을 주었고, '민족산업의 황금시대'라 불릴 만큼 중국인 자본가와 기업가의 주도로 경공업이 발전하는 계기가 되었습니다.

일본 모리시타제약의 '진탄'과 중국의 '량단' 광고

제1차 세계대전 당시
조선 민중의 상황은 어땠을까요?

조선인 중에는 러시아군에 고용되어 유럽 전선으로 파견된 이들도 있었습니다. 제1차 세계대전이 끝난 이듬해인 1919년 10월, 500명의 조선인 노동자가 러시아 북단의 항만 도시 무르만스크에서 영국으로 이송되었습니다. 그들 중 대부분은 중국 산둥반도의 칭다오항을 거쳐 조선으로 돌아왔지만 일부는 유럽에 자리를 잡았습니다. 프랑스에 정착한 그들은 유럽 최초의 한국인 단체인 '재불 한국민회'를 결성했습니다.

또한 외국 병사가 되어 전투에 참가한 조선인도 있었습니다. 미국으로 건너간 황기환은 제1차 세계대전이 일어나자 미군에 자원입대하여 유럽 전선에서 싸웠죠. 전쟁이 끝나고 유럽에 남은 그는 1919년 파리강화회의 당시 대한민국임시정부 주파리위원부 서기장으로서 조선의 독립운동을 도왔습니다. 일본 육군사관학교를 나온 김경천은 제1차 세계대전 때 일본군의 기병 장교를 지냈는데, 전후에는 일본의 식민지 통치에 항거한 독립군에 가담한 것으로 유명합니다. 이 밖에도 연합국의 일원이 된 중국군, 러시아군 병사로서 전투에 참가한 조선인도 많았습니다. 일본 와세다대학에 유학 중이던 장덕수는 "그야말로 진정한 지옥이자 악마의 길"이라고 전쟁의 참상을 고발했습니다. 전쟁이 끝나고 세계적으로 민족자결과 민족독립의 기운이 드높아지자, 일본의 무단통치로 고통받던 조선인들도 다시 독립의 희망을 품고 떨쳐 일어나 3·1운동(2부 1장 3절 참조)을 일으켰습니다. 3·1운동은 제1차 세계대전이 식민지 조선에 가져온 가장 큰 변화였습니다.

●

중국의 제1차 세계대전 참전은
민중의 의식을 어떻게 변화시켰을까요?

위안스카이가 황제 정치를 부활시키려다가 실패한 뒤, 중화민국을 되살려 국무총리가 된 돤치루이는 1917년 3월 독일에 국교 단절을 선포하고 1917년 8월 14일에 독일과 오스트리아에 선전포고를 했습니다. 이로써 중국은 일본과 마찬가지로 연합국의 일원이 되었습니다. 중국은 같은 해 4월 독일에 선전포고를 한 미국 정부가 강하게 권유한 결과로 참전하게 되었는데, 이를 계기로 미국은 중국에 영향력을 강화하게 됩니다.

제1차 세계대전 참전은 중국 사회에 '유럽화'를 불러오는 계기가 되었습니다. 중국은 군대 대신 노동자를 유럽 전쟁터에 보내 진지 구축과 도로 건설 등에 종사하게 했습니다. 또한 프랑스가 중국에 노동력을 요청한 것을 계기로 베이징대학 총장 차이위안페이는 일하면서 배운다는 의미의 '유법근공검학(留法勤工儉學)운동'을 조직했습니다. 20세기 후반 중국을 이끈 덩샤오핑과 저우언라이가 여기에 참여해 프랑스에서 공산주의를 공부했죠.

1918년 11월 11일, 독일이 연합국과의 휴전협정에 조인함으로써 제1차 세계대전이 끝났습니다. 중국군이 독일, 오스트리아 군대와 직접 전투를 벌인 것은 아니었지만, 아편전쟁 이후 처음으로 승전국이 되었다는 사실에 중국에서는 승전 축하 분위기가 고조되었고, 전국의 대도시를 중심으로 여러 행사가 펼쳐졌습니다. 다음 자료에는 베이징에서 열린 승전 축하 행사의 장면이 묘사되어 있습니다. 학생들이 외친 구호를 통해 그들이 제1차 세계대전을 어떻게 받아들이고 있었는지, 1919년 5·4운동(2부 1장 3절 참조)과 연관 지어 생각해 봅시다.

> 11월 14일 베이징 학계의 발기로 승전 축하 행사가 실시되었다. 베이징 정부의 교육부 총장·차장, 대학총장, 전문학교장의 연석회의(11월 12일)에서 14일에 베이징의 모든 학교를 휴교하기로 결정했다.
> 이날 오전 11시 소학교부터 대학교까지 베이징의 모든 공·사립학교 학생들은 일제히 각 학교를 출발해 축하 행진을 하며 공사관 구역을 지나 톈안먼 광장에 집결했다. 학생들은 "무력주의를 중단하라", "인도주의 만세", "민주주의가 황제에게 승리했다", "무력은 쓸모없다", "공리(公理)가 강권에 승리했다" 등을 크게 쓴 현수막과 깃발을 들고 "중화민국 만세", "연합국 만세", "정의 공도(公道) 승리 만세"라고 외치며 행진했다. 오후 3시경 톈안먼 광장에 집결한 학생은 약 3만 명에 달했다. 베이징 각지로부터 집결한 참관자들도 수만 명으로 베이징 시내와 거리가 텅텅 비었다고 한다.
> — 베이징에서 열린 승전 축하 행사, 《시보(時報)》 1918년 11월 20일자

제1차 세계대전의 영향이 동아시아에 미치자 조선, 일본, 중국은 각기 다른 대응을 보였습니다. 각국 민중의 수용 방식도 달랐죠. 이 점이 다음 시대의 역사에 어떤 영향을 주었을지 생각해 봅시다.

2
동아시아 민중은 러시아혁명을 어떻게 바라보았을까요?

1917년 7월 러시아임시정부에 의해 학살당하는 페트로그라드 시위 군중

1917년 제1차 세계대전 중 유럽 전쟁터에서의 패배로 러시아 민중들의 삶은 피폐해졌고 반전 정서는 나날이 고조되었습니다. 같은 해 7월 페트로그라드 노동자들은 거리로 나와 러시아임시정부에 정권을 소비에트에 넘기라며 시위를 벌였으나 참혹하게 학살당했습니다. 결국 1917년 11월 7일(러시아력 10월)에는 레닌이 이끄는 볼셰비키가 무장봉기하여 러시아임시정부를 무너뜨렸는데, 이것이 바로 러시아 10월혁명입니다.

10월혁명은 한 시대에 획을 긋는 역사적 사건으로, 전 세계를 충격에 빠뜨렸고 당시 열강의 침략을 받고 있던 중국, 조선 등 아시아 국가에도 큰 영향을 미쳤습니다. 한·중·일 민중은 러시아혁명을 어떻게 바라보았을까요? 또 그들의 인식은 각 나라의 민족운동에 어떤 영향을 끼쳤을까요?

10월혁명 후 중국, 조선, 일본은 어떤 반응을 보였을까요?

10월혁명 발발 이튿날 전 러시아 소비에트 대회는 '평화에 관한 포고'와 '토지에 관한 포고'를 채택하여 타국의 영토를 점거하지 않고 타민족을 강제로 합병하지 않으며, 배상금을 요구하지 않는다는 내용의 즉각적인 평화 실현을 선언했습니다. 또한 약소 민족에 대한 제국주의의 침략을 규탄하고 자결권을 침해하는 행위가 불법임을 분명히 밝혔습니다.

중국의 신문들은 이 사건에 주목하며 러시아의 새로운 정부가 곧 평화 방안을 마련하고 농민에게 토지를 분배할 것이라고 중점적으로 보도했습니다. 하지만 이로 인해 중국 정치계가 혼란에 빠질 것을 우려하는 목소리도 있었습니다. 당시 연합국의 일원이었던 중국은 전략적으로 러시아와 독일의 강화 저지, 국경 지역 질서 유지, 화교의 안전보장 등 해결해야 할 여러 현실적 과제에 직면해 있었습니다. 한편, 일본은 러시아와 독일이 강화조약을 체결할 경우, 시베리아에 있던 10만 명의 독일군 포로들이 극동 지역에서 중국과 일본을 공격할 것을 우려하여, 10월혁명이 일어나자 곧 중국에 군사동맹 체결을 제안했습니다. 일본과 미국이 잇따라 시베리아로 군함을 파견하자(시베리아 출병) 중국 정부는 이들이 출병을 명분으로 중국에서 계속해서 세력을 확장해 나가는 것을 저지하는 동시에 강화회의에서의 발언권을 확보하고자 했습니다. 그 결과 중국은 일본의 공동 방적(防敵, 적을 막음) 제안을 수용해 1918년 3월 25일 '중·일공동방적각서'를 교환하고 5월에는 '중·일공동방적군사협정'을 체결했습니다.

　러시아 극동 지역에는 많은 조선인이 살고 있었습니다. 1910년 한국이 일본의 식민지가 되자 연해주 지역에서는 조선인들이 조직한 반일 독립운동 단체가 생겨났습니다. 10월혁명이 일어난 지 2개월도 채 되지 않아 12월 극동인민위원회가 설립되었고, 조선인 사회주의자들도 여기에 대거 참여했습니다. 1918년 5월에는 이동휘 등이 최초의 한인 사회주의 정당인 '한인사회당'을 창설했습니다. 일본군이 시베리아에 출병하자 한인사회당은 100여 명의 한인적위대를 이끌고 극동소비에트정부와 함께 러시아 백군을 상대로 전투를 벌여 절반 이상이 목숨을 잃었습니다. 그 후 이동휘 등 한인사회당 지도부는 상하이를 근거지로 활동하다가 1919년 3·1운동(2부 1장 3절 참조) 이후 수립된 대한민국임시정부에 합류했습니다. 같은 해 9월 이동휘는 국무총리로 취임했습니다. 다음 사진은

1919년 10월 11일 대한민국임시정부 국무원 기념사진
앞줄 왼쪽부터 신익희, 안창호, 현순, 뒷줄 김철, 윤현진, 최창식, 이춘숙.

10월 11일 대한민국임시정부 국무원 구성원들이 상하이에서 찍은 기념사진입니다.

일본의 진보적 지식인들은 러시아 2월혁명이 전제국가인 러시아에서 민주주의가 거둔 승리라며 환영했습니다. 하지만 10월혁명 이후부터는 평가가 엇갈리기 시작했습니다. 《오사카아사히신문》 12월 4일자 사설은 '레닌이 이끄는 과격파'를 독일의 하수인이자 광적인 몽상가 집단으로 묘사하고, 입헌군주제를 지지하는 사람들에게 무산계급혁명은 결코 받아들여질 수 없다고 주장했습니다.

10월혁명과 1918년 쌀 소동이 일어나자 일본 사회주의자들은 1920년 12월 일본사회주의동맹을 결성했지만, 이는 이듬해 5월 일본 정부의 결사 금지 명령으로 해체되었습니다. 한편, 일본 사회주의자들 사이에서도 러시아혁명을 이끈 볼셰비키를 지지할지 여부를 둘러싸고 마르크스주의파와 무정부주의파 등으로 의견이 나뉘어 점차 분열 양상을 보였습니다.

●
시베리아 출병 시기 일본은
중국과 조선의 민족운동을 어떻게 탄압했을까요?

　1917년 12월 러시아와 독일이 휴전 협정을 체결하자 영국과 프랑스는 미국과 일본에 잇따라 '시베리아 출병'을 제안했습니다. 양국이 이 제안을 곧바로 수용하지는 않았지만 당시 일본의 참모차장 다나카 기이치는 1918년 초 데라우치 마사타케 총리에게 '시베리아에 관한 의견'을 보냈습니다. 이번 기회를 활용하여 극동 바이칼호 동부 지역에 일본에 우호적인 정권을 세워 '과격파'에 대항하고, 현지 자원을 장악하여 중국을 속국화하고자 제안했죠. 5월 시베리아를 거쳐 서부전선으로 이동하던 체코슬로바키아군이 볼셰비키와 충돌하자 일본과 미국은 곧 출병을 선포했습니다.

　1920년 초 미국, 영국, 프랑스, 체코슬로바키아 군은 잇따라 시베리아에서 병력을 철수했으나, 일본 육군대신 다나카 기이치는 오히려 중국 동북 지역의 철로 인근과 연해 지역(랴오닝성) 남부에 병력을 집중시켰습니다. 공산주의 사상은 조선과 중국의 민족운동에 영향을 주고 볼셰비키의 확장은 조선과 '만주'를 위협하는 요소이므로 반드시 적대시해야 한다고 주장했던 것이죠. 3월 사할린섬과 마주하고 있는 니콜라옙스크항에서 일본군이 러시아 유격대의 습격을 당하는 사건이 발생하자, 일본은 이를 구실로 북사할린을 점령하고 연해주 남부에 계속 군대를 주둔시켰습니다.

조선과 인접한 '간도'에서는 조선인들의 독립운동이 활발하게 전개되었습니다. 1920년 10월 2일 간도에 위치한 일본 총영사관 훈춘 분관과 일본인 거리가 습격당했습니다. 일본은 이것이 조선인과 중국 마적단, 러시아인 들이 연합하여 벌인 소행이며 그중 조선인은 대부분 '과격파'라는 이유를 들며 군대를 출동시켰고, 조선인과 중국인을 포함한 반일 무장세력을 토벌하고 학살했습니다. '훈춘 사건'이라 불리는 이 일이 발생한 뒤 10월 하순 조선 독립군 부대들은 청산리에서 일본군을 격퇴하여 일본의 토벌 계획을 교란했습니다. 하지만 일본군의 계속되는 토벌 작전에 병력과 무기가 부족해지면서 조선 독립군 부대들은 근거지를 잃고 세력의 규모도 축소되었습니다.

●

10월혁명 이후 동아시아 민중운동은
어떻게 발전했을까요?

10월혁명은 중국과 일본에 커다란 충격을 주었고 동아시아 지역의 민중운동에도 영향을 미쳤습니다. 그 결과 노동운동과 공산당의 활동이 활발해졌습니다. 1917년 이후 일본의 파업 횟수와 참여자 수가 급증했습니다. 특히 1918년 일본의 쌀 소동 후부터 노동조합 설립이 본격화되어 1919년 한 해에만 211개에 달하는 노동조합이 설립되었습니다. 노동조합의 설립으로 사회주의운동은 더욱 활발해졌고 다양한 단체들이 생겨났습니다. 도쿄제국대학의 신인회, 와세다대학의 건설자동맹 같은 학생 단체들 사이에서도 사회주의 사상이 널리 확산되었습니다. 조선에서는 1920년 4월 최초의 전국 노동 단체인 조선노동공제회가 설립되었습니다. 1924년에 결성된 조선노농총동맹은 노동자와 농민의 민족해방과 계급해방을 선언했습니다.

중국에서 처음으로 10월혁명의 기치를 내건 리다자오는 중국에 마르크스주의를 최초로 전파한 인물이기도 합니다. 그는 1918년 7월부터 《신청년》에 〈프랑스와 러시아혁명의 비교관〉, 〈서민의 승리〉, 〈볼셰비즘의 승리〉 등을 잇따라 발표하며 10월혁명의 승리를 찬양했습니다. 또한 1917년의 러시아혁명은 "20세기 세계 혁명의 전주곡"이며 볼셰비키는 "20세기 세계 인류가 마음으로 깨달은 정신"이라고 말하기도 했습니다. 그가 5·4운동 후 발표한 〈나의 마르크스주의관〉을 계기로 중국에 마르크스주의가 체계적으로 전파되며 사상계에 커다란 영향을 주었습니다. 이 같은 중국 사상계의 급격한 변화와 함께 중국의 사회구조에도 조용하지만 거대한 변화의 바람이 불기 시작했습니다. 제1차 세계대전 동안 중국의 민족 경제가 빠르게 발전하면서 산업 노동자가 점차 새로운 사회 세력으로 부상한 것입니다. 리다자오를 필두로 한 지식인들은 노동운동에 학생과 노동자를 적극 동참시켰고, 민중의 진출은 거스를 수 없는 역사적 흐름이 되었습니다.

1921년 7월에는 중국공산당이 창당되었고 제1차 전국대표대회에 코민테른의 대표였던 마린과 니콜스키가 참석했습니다. 중국공산당은 1922년 7월 제2차 전국대표대회에서 코민테른 가입을 공식 결정하여 코민테른 중국 지부가 되었습니다. 일본공산당은 1922년 7월 15일 도쿄에서 창당대회를 개최했고 같은 해 12월 일본 대표를 코민테른 제4차 대회에 파견함으로써 일본 지부로 정식 인정을 받았습니다. 1921년 러시아와 중국에서 활동하던 조선인들은 잇따라 2개의 고려공산당을 창립했지만 코민테른의 인정은 받지 못했습니다. 이후 1925년 4월 17일 조선공산당이 코민테른의 직접 지도하에 조선총독부의 눈을 피해서 창당했고, 1926년 3월 코민테른 조선 지부로 정식 인정을 받았습니다.

러시아혁명이 한·중·일 세 나라에 끼친 영향은 저마다 달랐습니다. 여러분은 가장 큰 이유가 무엇이라고 생각하나요?

리다자오

3

3·1운동과 5·4운동에서 꿈꾸었던 세상은 무엇일까요?

산둥이 망하면 중국도 망합니다. 포악한 열강이 우리를 능욕하고 압박하며 노예로 삼고 말과 소처럼 부리는 것을 보면서도, 우리 동포는 이 대지와 산하에 함께 살면서, 어찌 구해달라고 호소하지 않을 수 있겠습니까? …… 조선에서는 독립이 아니면 차라리 죽음을 달라고 외쳤습니다. 무릇 국가의 존망과 영토의 분할이라는 중대한 문제에 이르러서도 그 백성이 나서지 못한다면 그야말로 20세기의 천박한 종자로 인류에 끼지 못할 것입니다.

- 베이징 학생계 선언

1919년 5월 4일 베이징의 학생들이 톈안먼 앞에서 시위를 하면서 배포한 선언서입니다. 1919년 민중의 힘으로 전개된 조선의 3·1운동과 중국의 5·4운동은 동아시아 민족운동의 새로운 역사를 열었습니다. 3·1운동과 5·4운동에 참여한 사람들의 지향점은 무엇이었고, 일본을 비롯한 외국은 이 운동을 어떻게 받아들였을까요?

●
식민지 조선에서는
왜 3·1 운동이 일어났을까요?

앞서 살펴보았듯 제1차 세계대전 중이던 1917년 러시아에서 사회주의 혁명이 일어났습니다. 혁명 지도자 레닌은 민족자결주의를 제창하며 제국주의의 지배를 받던 민족들을 고무시켰습니다. 제1차 세계대전이 끝난 후 전후 처리를 위해 1919년 초 파리강화회의가 개최되었고, 미국 대통령 윌슨의 민족자결주의 역시 세계 각국으로 전파되었습니다. 이러한 국제 정세의 변화 속에서 조선의 3·1운동이 일어났습니다.

1919년 3월 1일 서울을 비롯하여 평양·의주·원산 등지에서 만세시위가 일어났습니다. 그날 3·1독립선언서가 낭독되었습니다. "우리는 오늘 조선이 독립한 나라이며, 조선인이 이 나라의 주인임을 선언한다. 우리는 이를 세계 모든 나라에 알려 인류가 모두 평등하다는 큰 뜻을 분명히 하고, 우리 후손이 민족 스스로 살아갈 정당한 권리를 영원히 누리게 할 것이다." 독립을 열망하던 조선인들은 이날부터 태극기를 들고 만세시위를 벌였습니다. 시위는 학생과 종교인부터 농민과 노동자에 이르기까지 각계각층으로 확산되었습니다.

일부 정치가와 지식인 들은 3·1운동을 비판하기도 했습니다. 윤치호는 "만약에 거리를 누비며 만세를 외쳐서 독립을 얻을 수 있다면, 이 세상에 남에게 종속된 국가나 민족은 하나도 없을 것"이라고 말했습니다. 이완용은 "처음에 무지한 아이들이 망동을 벌이더니, 그 뒤 각 지방에서 뜬소문을 듣고 함께 일어나 치안을 방해하고 있다"고 비판했습니다. 그리고 무수히 많은 각계 인사들이 조선 독립이라는 선동이 헛소리이고 쓸데없는 행동이라고 말하는데도 일반 대중이 계속 자각하지 못하고 있다고 했죠. 그렇다면 3·1운동에 참여했던 민중들은 이 운동을 어떻게 기억했을까요?

당시 연희전문학교 학생으로서 시위를 주도했던 정석해는 그날을 이렇게 회고했습니다. "대한문 앞을 지나 법원 골목을 돌아 미국 대사관 앞에 이르렀고, '독립 만세'를 부르며 미국 영사를 만나자고 하니 곧 미국인 한 사람이 나왔다. 우리 중에서 누군가가 영어로 '코리아는 독립을 선언했으니 미국 정부에 이 소식을 전달해 달라'고 외쳤다. 미국인은 웃는 얼굴로 그렇게 하겠다고 쾌히 대답했다."

1919년 이화학당 고등과 1학년이었던 17세의 유관순은 3월 1일 탑골공원에서 일어난 만세운동과 3월 5일 남대문역 앞에서 학생들이 주도한 만세시위에 참여했습니다. 조선총독부가 3월 10일 휴교령을 내리자 고향인 충청남도 천안군 병천으로 내려가 4월 1일 아우내 장날에 3,000여 명이 참여한 대규모 만세시위를 주도했습니다. 이날 시위 현장에서 유관순의 부모가 헌병들이 쏜 총에 맞아 죽었고, 유관순은 아우내 시위

1919년 3월 1일 경성여자고등보통학교 여학생들의 만세시위

의 주동자로 체포되어 징역 3년형을 선고받았습니다. 유관순은 1920년 3월 1일 3·1운동 1주년을 기념하여 감옥 안에서 '독립 만세'를 외쳤다가 가혹한 고문을 받았고, 그해 9월 28일 18세의 나이로 죽음을 맞이했습니다.

1919년 조선의 3·1운동에는 광범한 민중이 참여했으나 일본제국주의를 몰아내고 독립을 쟁취할 수는 없었습니다. 그러나 3·1운동을 계기로 조선의 독립운동가들은 중국에서 대한민국임시정부를 수립했고, 독립군의 활동이 활발해졌습니다. 일본제국주의에 맞서 독립과 자유, 동양평화를 외친 3·1운동은 20세기 초 반제국주의 민족운동의 중요한 이정표가 되었습니다.

중국에서 5·4운동은
어떻게 전개되었을까요?

중국은 1917년 독일에 선전포고를 하고 제1차 세계대전에 참전했습니다. 전쟁이 끝나고 전승국이 된 중국은 패전국 독일이 중국에서 가지고 있던 산둥성 칭다오 등의 이권을 되찾아 올 수 있으리라 기대했습니다. 그러나 파리강화회의는 산둥성 칭다오의 이권을 중국이 아닌 일본이 승계한다고 결정했습니다.

이 소식이 알려지자 베이징의 학생들은 1919년 5월 4일 톈안먼 앞에서 집회를 개최했습니다. 학생들은 "우리의 칭다오를 반환하라", "21개조를 취소하라", "파리강화회의 조인을 거부하라", "일본 상품을 배척하라", "국토를 수호하라", "주권을 수호하라", "민족자결", "매국노를 타도하라"고 외치며 각종 구호를 적은 만장을 들고 행진했습니다.

이날 학생 시위대는 외국 공사관 구역으로 행진해 미국, 영국, 프랑스 등의 공사관에 중국의 이권 회수 지지를 요구하는 의견서를 전달했으나 호의적인 반응을 얻지 못했습니다. 학생들은 방향을 바꾸어 베이징 정부의 교통총장인 친일파 차오루린의 집으로 몰려갔습니다. 경찰이 가로막자 실랑이가 벌어졌고, 일부 학생들이 경찰의 저지를 뚫고 들어가 그의 집을 불태웠습니다. 경찰이 출동해 학생 32명을 체포했으나 이후 석방을 요구하는 시위가 계속되었습니다.

체포된 학생들은 곧 보석으로 풀려났지만 이 소식은 전국적으로 큰 반향을 일으켰습니다. 이후 중국 각지에서 상인들이 상점을 닫았고 학

오색공화기를 들고 톈안먼으로 향하는 시위대

생들의 동맹휴업과 노동자의 파업이 확산되었습니다. 전국적으로 일본 상품불매운동이 일어났습니다. 특히 경제의 중심지 상하이에서는 학생들이 중심이 되어 상인, 노동자와 함께 연대투쟁을 전개했습니다. 상하이 지방 당국은 이에 맞서 7일간 계엄령을 선포하기도 했습니다.

이처럼 주요 도시에서 전개된 대규모 연대투쟁은 베이징 정부에 큰 부담을 안겨 주었습니다. 결국 베이징 정부는 매국노로 지목되었던 세 명의 관료를 파면하고, 파리강화회의 서명을 거부하기에 이르렀습니다. 산둥성 칭다오의 주권은 1922년 미국에서 개최된 워싱턴회의의 결정으로 반환됐습니다. 5·4운동은 지식인과 민중이 참가한 반제국주의 애국운동으로 20세기 중국 역사에 커다란 영향을 미쳤습니다.

외국인들은 3·1운동과 5·4운동을 어떻게 바라보았을까요?

파리강화회의에서 일본은 인종적 차별 대우를 철폐하라고 요구했습니다. 미국이 아시아의 유색인이던 일본인 이민자를 배척하는 것을 견제하기 위한 것이었습니다. 이처럼 일본은 회의에서 자유와 인권을 요구하면서도 조선의 3·1운동과 중국의 5·4운동에 대해서는 냉담했습니다. 그리고 독일령 남양제도를 할양받고 산둥성 내 독일의 이권을 계승하려 했습니다.

조선총독부 기관지 《매일신보》는 3·1운동을 파괴 행위를 일으킨 소요 사태로 보도했습니다. 일본의 신문들은 3·1운동을 '폭동'이나 '소란'으로 명명하고, 독립선언서를 '불온문서'로 규정했습니다. '독립 만세'를 외치던 조선인들은 '폭민'이나 '폭도'라고 비하했습니다.

그러나 중국의 지식인 천두슈는 "우리는 조선인의 자유사상이 이로부터 계속 발전하기를 희망한다. 우리는 조선 민족이 머지않아 독립 자치의 영광을 발견할 수 있을 것으로 믿는다"고 했습니다.

미국의 《뉴욕타임스》는 3·1독립선언서를 영문으로 번역하여 게재하는 등 3·1운동을 보도했습니다. 일본의 식민지로 전락한 조선의 문제가 국제적으로 주목을 받았죠. 이 신문은 3·1운동을 1919년 동아시아에서 발생한 최대의 사건이라며 69차례나 보도했습니다.

5·4운동이 일어나자 일본 신문들은 영국과 미국의 첩보원들이 중국 학생들에게 반일 감정을 선동하고, 자신들의 시장 확대에 운동을 이용

하고 있다고 보도했습니다. 그리고 중국 정치인들의 야심과 볼세비키의 선전선동이 5·4운동의 원인이라고 했고, 중국 학생들을 '학생 패거리'로 묘사했습니다.

그러나 일본의 사상가 요시노 사쿠조는 중국의 배일 감정은 일본 관료제와 군국주의를 향한 것이라고 지적했습니다. 그는 중국 청년들뿐 아니라 자신들도 침략적인 일본을 반대한다고 했습니다.

1919년의 3·1운동과 5·4운동은 제1차 세계대전 이후 제국주의 열강이 주도한 세계 질서에 도전한 민족운동의 일환이었습니다. 인도와 이집트, 베트남 등에서 일어난 피억압 민족의 저항운동과 함께 세계사적인 의미가 있죠. 한국은 3월 1일을 '삼일절'로, 중국은 5월 4일을 '청년절'로 기념하고 있습니다. 한국의 삼일절과 중국의 청년절은 지금 우리에게 어떤 의미가 있는 날인가요?

4
전쟁을 막으려는 노력은
왜 실패했을까요?

1929년 가고시마 현립 오시마중학교에서 실시된 군사교련 장면

가고시마 현립 오시마중학교에서 1929년에 실시된 군사교련의 한 장면입니다. 실전을 방불케 하는 돌격 훈련 모습입니다. 일본은 1925년 중학교 이상의 관·공립학교에 군사교련을 정규과목으로 도입하고 현역 장교를 배치했습니다.

이 시기 국제사회는 제1차 세계대전의 비참한 경험을 교훈으로 삼아 '전쟁을 하지 않는다'는 '부전(不戰)'의 분위기가 조성되고 있었습니다. 열강 사이에서 군비 축소의 시도도 이어졌죠. 그러한 시대 상황과 상반되게 일본은 왜 학교에서 군사교련을 시작했을까요?

국제사회는 결국 두 번째 세계대전을 막지 못했습니다. 동아시아의 군사적 대립이 파탄의 실마리가 되었습니다. 국제적으로 '부전' 노력을 기울였음에도 동아시아에서 전쟁이 발발한 이유는 무엇이었을까요?

●

'전쟁 불법화'의 조류는 어떻게 형성되었을까요?

제1차 세계대전 동안 전투와 질병, 기아 등으로 군인과 민간인을 합해 약 1,000만 명이 목숨을 잃었습니다. 서구에서 '부전'을 요구하는 목소리가 커졌고, 1920년 설립된 국제연맹은 '전쟁의 불법화'를 이념으로 내걸고 집단 안전보장을 바탕으로 평화를 유지하고자 했습니다.

[제10조 영토 보전과 정치적 독립] 연맹국은 연맹 각국의 영토 보전과 현재의 정치적 독립을 존중하고, 또한 외부 침략에 대해서 이를 옹호할 것을 약속한다. 그러한 침략으로 위협이나 위험이 있는 경우, 연맹 이사회는 본 조의 의무를 이행할 수단을 조언해야 한다.

[제11조 전쟁의 위협. 1항] 전쟁이나 전쟁의 위협은 어느 연맹국에 직접 영향이 있는지 여부를 불문하고 모두가 연맹 전체의 이해관계 사항임을 여기에 밝힌다. 따라서 연맹은 국제 평화를 옹호하기 위해 적절하고 유효하다고 인정되는 조치를 취해야 한다. 그러한 사태가 발생했을 경우 사무총장은 연맹 가입국의 요청에 따라 즉시 연맹 이사회의 회의를 소집해야 한다.

— 국제연맹규약

위의 규약을 통해 국제연맹이 침략전쟁을 막기 위해 어떤 조처를 마련했는지 살펴봅시다.

미국에서는 국제연맹 가입안이 의회에서 부결되었습니다.✓ 그러면서도 서태평양과 동아시아 지역에서 열강 사이의 이해관계 조정을 주도했습니다. 미국의 제안으로 1921년 11월부터 1922년 2월까지 열린 워싱턴회의에서 산둥성 권익 반환 문제와 해군 군축 문제 등이 논의되었습니다.

워싱턴회의에서 미국, 영국, 중국, 프랑스, 이탈리아, 일본 등이 체결한 9개국조약은 위의 국제연맹규약 제10조에 근거해 중국의 영토와 정

✓ 국제연맹은 미국 대통령 우드로 윌슨의 제안으로 창설되었다. 다만 미국은 유럽과 아메리카 대륙 사이의 상호 불간섭을 주요 내용으로 한 먼로주의에 어긋난다는 의회의 반대로 국제연맹에 가입하지 않았다.

치적 통일의 보전을 확인했습니다. 또한 중·일 간의 교섭을 통해 일본은 산둥성에서 독일이 이전에 가졌던 권익을 중국에 반환했습니다. 그러나 중국 베이징 정부가 요구한 불평등조약 해소와 조차지 반환 등의 과제는 보류되었습니다.

베이징 정부에 맞서 1919년에 설립된 중국국민당은 1924년 소련의 중개로 중국공산당과 제1차 국공합작을 성립시켰습니다. 쑨원이 사망한 후인 1925년에는 광저우 국민정부를 수립했고, 이듬해에는 장제스 총사령관의 국민혁명군이 중국 통일을 목표로 북벌을 개시했습니다. 국민정부는 베이징 정부를 대신하여 국권회복운동을 주도했습니다.

미국은 부전조약을 체결하자는 프랑스의 제안에 대해 이를 다국간 조약으로 추진할 것을 제기했습니다. 그 결과 1928년 일본을 포함한 15개국 대표가 조인하여 '전쟁 포기에 관한 조약(파리부전조약)'이라는 결실을 보았죠. 그 후 중국 등도 참가하면서 조인한 국가는 63개국으로 늘었습니다. 다음은 파리부전조약의 주요 규정입니다.

[제1조] 조약 체결국은 국제분쟁 해결을 위해 전쟁에 호소하지 말 것, 상호관계에서 국가정책의 수단으로서 전쟁을 포기할 것을 각 인민의 이름으로 엄숙히 선언한다.
[제2조] 조약 체결국은 상호 간에 일어날 수 있는 일체의 분쟁이나 충돌을 그 성격이나 원인이 어떠하든지 평화적 수단이 아닌 방식으로는 처리하거나 해결하지 않을 것을 약속한다.

- 전쟁 포기에 관한 조약(파리부전조약)

이 조약은 침략전쟁을 '불법'으로 명확하게 규정했습니다. 하지만 파리부전조약 이전에 벌어진 침략전쟁과 그 결과인 식민지 지배의 불법성에 대해서는 논하지 않았습니다.

● 동아시아의 반전운동은 어떤 과제에 직면했을까요?

1918년 상하이에서 창립된 신한청년당은 파리강화회의에 대표를 파견하여 조선 독립 청원서를 제출했습니다. 하지만 열강은 이를 무시했습니다. 파리강화회의에서 윌슨이 '민족자결'의 이념을 제창했음에도 승전국 열강이 지배하는 식민지에 대해서는 그 과제가 유보되었습니다. 앞에서 살펴보았듯이 국제연맹규약(제10조)은 연맹 가입국 상호 간의 '영토 보전'을 주창하고 있습니다. 그러나 전쟁에서 승리한 열강은 자신들의 '영토'에 식민지가 포함된다고 해석했습니다.

1919년 3월 조선에서 3·1운동이 일어났습니다. 아래의 3·1독립선언서는 '조선 독립'을 이뤄야만 비로소 일본과 중국, 궁극적으로 세계의 평화가 실현된다는 전망을 분명하게 제시하고 있습니다.

우리 조선의 독립은 조선인이 정당한 번영을 이루게 하는 것인 동시에, 일본이 잘못된 길에서 빠져나와 동양에 대한 책임을 다하게 하는 것이다. 또 중국이 일본에 땅을 빼앗길 것이라는 불안과 두려움으로부터 벗어나게 하는 것이며, 세계 평화와 인류 행복의 중요한 부분인 동양 평화를 이룰 발판

을 마련하는 것이다.

- 3·1독립선언서

3·1운동 이후 조선 안팎에서 민족운동이 전개되었습니다. 중국으로 망명한 신채호는 민중의 폭력에 의한 조선 독립과 사회변혁을 전망했습니다.

신채호는 중국 대륙과 타이완의 무정부주의자와 함께 항일운동을 펼쳤으나 일본 경찰에 체포되어 1936년 뤼순형무소에서 옥사했습니다. 1922년 그가 작성에 참여한 조선혁명선언의 마지막 부분을 소개합니다.

신채호

민중은 우리 혁명의 대본영이다. 폭력은 우리 혁명의 유일한 무기다. 우리는 민중 속에 가서 민중과 손을 잡고 끊임없는 폭력(암살, 파괴, 폭동)으로써 강도 일본의 통치를 타도하고, 우리 생활에 불합리한 일체의 제도를 개조하여 인류로서 인류를 압박하지 못하며 사회로서 사회를 수탈하지 못하는 이상적 조선을 건설할지니라.

- 조선혁명선언

조선, 타이완과 중국 대륙에서 민족해방투쟁이 진전함에 따라 조선의 해방과 중국의 국권 회복이야말로 동아시아 평화 구축의 필수 조건이라는 인식이 퍼졌습니다.

그러자 일본은 군사력으로 맞섰습니다. 중국 국민혁명군이 북벌을 감행하자 1927~1928년 상하이에 거주하는 일본인을 보호한다는 명목으로 세 차례에 걸쳐 무력 간섭을 단행했습니다(산둥 출병).

일본 국내에서는 산둥 출병에 대한 반대운동이 일어났습니다. 기독교 사회주의자 가가와 도요히코 등은 1928년에 전국비전동맹을 결성하여 파리부전조약의 철저한 준수, 군비 축소, 제국주의 교육 반대 등 10개 항목을 내걸고 일본의 중국 파병에 반대했습니다.

일본의 무산자 정당·단체도 1927년에 대중국 비간섭동맹을 설립하여 일본 정부의 중국 파병을 비판했습니다. 이들은 당국의 탄압으로 해산했으나, 전쟁반대동맹으로 재결성한 후 1929년에 국제반제동맹의 일본지부(일본반제동맹)로 새로이 발족했습니다. 그리고 조선, 타이완과 중국의 민족해방투쟁에 대한 지지를 운동의 주요 과제로 내걸었습니다.

> 그러나 여전히 하나의 편향이 있다. 그것은 반제동맹의 무거운 임무는 반전 반군이라는 견해다. 반제동맹은 물론 반전 반군 투쟁을 수행하지만, 그것이 반제동맹 투쟁의 전부는 아니다. 반제동맹은 민족혁명운동을 지지하기 위해 투쟁한다.
> - 일본반제동맹 제1회 전국대회 의안(1931년 11월)

중국에서는 북벌 과정에서 장제스가 일으킨 4·12쿠데타(1927)로 제1차 국공합작이 와해되었습니다. 장제스가 이끄는 중국국민당은 중국공산당 타도를 우선시하면서 일본에 대해서는 유화적 외교정책으로 대응했습니다. 국공합작의 입장을 견지하며 장제스와 결별한 쑹칭링은 국민당의 탄압 속에서도 상하이 반전회의(1933)를 개최했습니다.

이 회의는 1932년 암스테르담 국제 반전대회에서 일본의 중국 침략에 맞서기 위해 제기된 반전회의 개최안을 기초로 열렸습니다. 쑹칭링이 상하이 반전회의에서 한 연설에는 '전쟁 불법화'

쑹칭링(1892~1981)

에 관한 국제 여론과 민족해방 무장투쟁에 대한 생각이 잘 드러나 있습니다.

제국주의를 지지하는 자들은 우리에게 묻습니다. "당신들은 제국주의 전쟁과 백색테러(권력자가 자행하는 테러)에 반대하면서 어째서 혁명의 무력 사용에는 반대하지 않습니까?" 이 문제에 대해 우리는 분명히 대답할 수 있습니다. 혁명적 계급이 압박에 맞서기 위해 무력을 사용하는 데에는 완전한 이유가 있습니다. 민족해방을 쟁취하기 위한 피압박 인민의 무력 사용은 전적으로 정당합니다. 이러한 두 경우 무장투쟁은 필요합니다. 반동 세력들이 자신의 권력을 자발적으로 포기하는 일이란 있을 수 없기 때문입니다.

– 쑹칭링, 〈중국의 자유와 반전투쟁〉

일본반제동맹은 일본의 탄압에 맞서 상하이 반전회의에 대한 지지 투쟁을 전개했습니다. 같은 시기에 프롤레타리아 작가 마키무라 고는 만주사변이 일어나자 만주의 일본인 병사들에게 "총을 뒤로 겨누고 칼을 뒤로 향하라"라고 호소하는 반전 시 〈살아 있는 총대〉와 만주에서 항일 투쟁을 벌이는 조선인 빨치산에 연대하는 심정을 표현한 시 〈간도 빨치산의 노래〉를 발표해 반향을 얻었습니다.

마키무라 고

그러나 일본반제동맹의 주장은 일본 대중에게는 널리 공유되지 못했습니다. 일본반제동맹 구성원의 과반은 재일조선인이었습니다. 재일조선인들은 이 운동을 지지했죠. 마키무라는 복역과 구류 중에 얻은 병이 화근이 되어 1938년 26세 나이로 병사했습니다.

●

일본은 '부전'의 흐름을 거스르며 무엇을 했을까요?

일본은 제1차 세계대전 당시 유럽 전선에 조사단을 파견했습니다. 그리고 이 전쟁이 경제력·기술력과 사상을 총동원한 총력전이라는 점을 인식하게 되었죠. 일본은 제1차 세계대전에서 '부전'이라는 교훈을 얻지 못했습니다. 1918년 일본은 '군수공업 동원법'을 시행하여 다가올 총력전에 대비하기 시작했습니다.

그 후 일본은 1925년부터 육군 군비 축소 계획을 실시했습니다. 일본 군부는 국내외의 군축론에 호응해 상비 사단을 삭감하는 대신 군 장비의 근대화를 꾀하기로 했습니다. 앞서 살펴봤듯 같은 해 중학교 이상의 관·공립학교에서 군사교련을 정규과목으로 도입하고 현역 장교를 배치했습니다. 이는 군축으로 장교 자리가 감소한 것에 대응하는 측면도 있었습니다. 일본 군부는 왜 총력전에 대비하는 군사훈련을 중요시했던 걸까요?

1927년 일본은 국가총동원계획 준비를 담당하는 자원국을 설치했습니다. 대외적으로는 국제적인 군축 흐름에 따르면서도 국내에서는 총력전을 위한 준비를 추진했습니다. 또한 1937년 자원국을 기획원으로 개편해 전시 중 총력전 체제의 중심기관 역할을 수행하게 했습니다.

1928년의 제2차 산둥 출병에 대해 중국 국민정부는 국제연맹규약 제11조에 의거하여 국제연맹 이사회에 대일 권고(전쟁 행위 중지, 즉각적 철군)를 요청했습니다. 하지만 이사회는 일본의 군사행동이 자위를 위한 조치라며 용인해 주고 중국 국민정부의 요청을 무시했습니다.

1931년 9월 일본의 관동군이 류탸오후 사건'을 일으키자, 중국 국민정부는 이번에도 국제연맹규약 제11조를 근거로 국제연맹에 제소했습니다. 국제연맹 이사회는 일본의 주장(자위 목적·불확대 방침)을 시인하면서도 조기 철군을 요구하는 결의를 채택했습니다. 그러나 그 후에도 관동군은 전투 지역을 확대했습니다. 나아가 일본은 1932년 1월 상하이에

/ 일본의 관동군은 중국 펑톈 북부 교외 류탸오후의 남만주철도 일부 구간을 폭파한 뒤 중국군의 소행이라 모함하고, 이를 구실로 군사행동을 개시해 만주사변을 일으켰다.

파병하고(제1차 상하이사변), 3월에는 '만주국' 건국을 선언했습니다. 중국 국민정부는 국제연맹규약 제11조 등에 의거하여 재차 국제연맹에 제소했고, 그 결과 1933년에 개최된 국제연맹 총회에서 일본의 자위론 부인, '만주국'의 불승인, 만주철도 부속지로부터의 일본군 철수를 담은 권고안이 채택되었습니다. 일본은 이러한 조치에 반발하며 국제연맹을 탈퇴했습니다.

이후 일본은 중국 대륙에서 더 나아가 아시아·태평양 전역으로 전쟁의 범위를 확대해 나갔습니다. 일본이 저지른 침략전쟁은 전후에 열린 극동군사재판에서 '평화에 대한 죄'로 심판받았습니다. 앞에서 살펴본 내용을 바탕으로 동아시아에서 전쟁을 불법으로 규정하는 국제규범이 뿌리내리지 못한 원인을 생각해 봅시다.

아시아의 쌀 소동

1918년 여름 일본에서는 쌀 부족과 시베리아 출병에 따른 투기로 쌀값이 크게 폭등했습니다. 궁핍해진 민중은 쌀가게, 상점, 백화점, 회사에 방화를 저지르거나 폭동을 일으켰고, 이러한 쌀 소동은 교토, 나고야, 오사카, 도쿄 등 전국 주요 도시로 번졌습니다. 정부는 군대까지 동원해 가까스로 사태를 진압했지만, 데라우치 마사타케 내각은 실정의 책임을 지고 9월 21일 총사퇴해야 했습니다. 조선에서는 일본의 스즈키 상점이 쌀 10만 석을 매점하여 일본으로 이출하는 바람에 쌀값이 폭등하자 성난 군중이 쌀가게를 습격하기도 했습니다.

뒤를 이은 하라 다카시 내각은 쌀 소동의 재발을 우려하면서 아시아의 벼농사 지대에 손을 뻗쳐 쌀 사재기에 나섰습니다. 베트남 남부의 메콩강 델타 지역은 손꼽히는 벼농사 지대로 그곳에서 거둔 쌀은 사이공쌀이라는 이름으로 동남아시아 국가들로 수출되었는데, 일본 상인이 이를 비싼 값에 매점하여 일본과 시베리아로 실어갔습니다. 그 결과 사이공쌀의 수입량이 급감하며 동남아시아 국가들에서는 쌀값이 폭등했습니다. 홍콩에서도 일본 상인들의 사재기로 인해 쌀값이 치솟아 주민들이 쌀을 살 수 없게 되자, 항만 노동자가

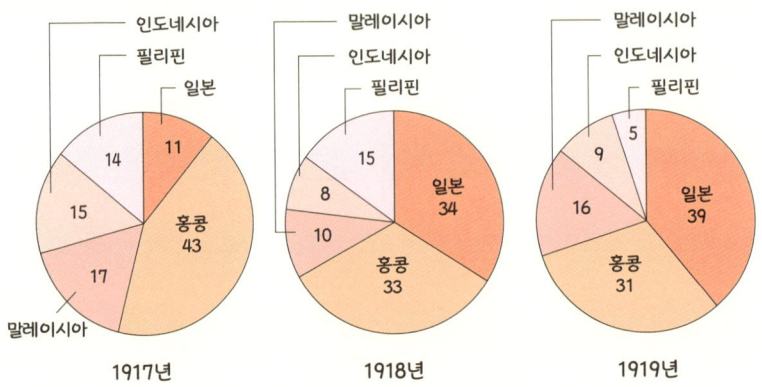

쌀가게를 습격하는 소동이 발생했습니다. 자료에 따르면 홍콩의 사이공쌀 수입량이 많은 것으로 나타나는데, 이는 홍콩에서 철도를 이용해 중국 국내로 사이공쌀을 운송했기 때문입니다.

또한 일본은 중국 상인을 앞세워 중국 쌀을 매점하게 한 뒤 이를 일본으로 수입했습니다. 특히 상하이가 주요 시장이었던 장쑤쌀이 일본 쌀과 비슷하다며 대량으로 매점한 결과, 상하이의 쌀값이 두 배로 급등했습니다. 그 결과 상하이의 가난한 민중이 쌀가게를 습격해 쌀을 약탈하고, 쌀을 살 수 없는 노동자들이 임금 인상을 요구하며 파업을 일으켰습니다. 일본은 조선에서도 1920년부터 산미증식계획을 실시하여 증산한 쌀을 일본으로 가져갔습니다.

동아시아사의 관점에서 본 간토 대지진

1923년 9월 1일 오전 11시 58분, 규모 7.9의 간토 대지진이 일본의 도쿄 및 수도권 남부를 덮쳤습니다. 10만 명 이상이 죽거나 행방불명되었고 도쿄 중심부 건물의 약 43퍼센트가 소실됐습니다. 옛 육군 의류공장 터로 피난한 3만 8,000여 명이 갑작스런 화재로 희생되는 안타까운 일도 있었습니다. 간토 대지진에는 또 하나의 아픈 역사가 있습니다. 조선인 수천 명과 약 600명으로 추정되는 중국인 및 일본인이 학살된 사건입니다.

학살의 원인은 유언비어와 일본 정부의 대응에 있었습니다. 지진 직후부터 조선인이 폭동을 일으키고 우물에 독을 탄다는 유언비어가 퍼지자, 각 지역에 계엄령을 선포하여 조선인을 경계하도록 지시했습니다. 군대와 경찰, 자경단을 비롯한 일반 주민 들은 계엄령하에서 무차별적으로 조선인, 중국인, 일본인을 살해했습니다. 일본인 무정부주의자 오스기 사카에와 이토 노에가 오스기의 조카와 함께 살해되었고, 일본인 노동운동가 10명, 중국인 사회운동가 왕시텐도 학살되었습니다. 일본인들은 청일전쟁을 비롯한 침략전쟁과 식민지 지배 아래 조선인·중국인에 대한 차별과 증오심, 독립운동과 노동운동에 경계심을 갖고 있었는데, 그 증오심과 경계심이 폭력으로 이어진 것입

니다. 한편, 일본인이 아니라면 발음하기 어려운 '쥬고엔 고주센(15엔 50전)'을 말해 보게 한 뒤 발음이 어눌하면 살해하기도 했는데, 그 피해자들 중에는 조선인뿐만 아니라 장애인이나 사투리가 심한 지방 출신 일본인들도 다수 포함되었습니다.

제1차 세계대전에 동원된 아시아와 아프리카 민중들

제1차 세계대전은 인류 최초의 총력전이었습니다. 당시 참전했던 독일, 오스트리아, 영국, 프랑스 등 유럽 국가들은 아시아와 아프리카 지역에 광대한 식민지를 두고 있었기 때문에, 발발 초기부터 유럽 전선은 물론 아시아, 아프리카 지역도 광범위하게 전쟁에 동원되었습니다. 영국은 식민지였던 인도를 상대로 종전 후 자치권을 약속하며 비전투 인력 130만여 명과 신병 116만여 명을 징집했고, 인도 병사 121만여 명을 해외로 파병했습니다.

중국은 일본의 침략 위협에 맞서 영국, 프랑스 등과 외교를 강화하고자 했고, 이들의 요구에 따라 14만 명의 노동자를 파견했습니다. 중국인 노동자들은 유럽의 공장, 농촌, 건설 현장으로 보내지거나 전쟁터로 끌려가 참호 구축, 운송 보급, 시체 운반에 동원되기도 했습니다. 약 2만 명에 달하는 중국인 노동자들이 목숨을 잃거나 실종되었으며, 조선에서도 많은 노동자가 중국, 러시아, 유럽의 전쟁터로 내몰렸습니다.

프랑스는 북아프리카의 식민지에서 이른바 '흑인백만군대운동' 계획을 통해 병사를 징집했습니다. 수많은 아프리카인이 '흑인 부대', '토착민 부대', '저격수 부대' 등의 이름으로 전선으로 보내졌고, 전쟁 물자 운송, 군수용품 생산, 건설 공사, 병영 구축 등에 동원되었습니다.

2장

동아시아의 총력전과 민중의 저항

1

일본은 왜 계속해서 대외 전쟁을 확대했을까요?

> 무릇 세계 각국이 상부상조하여 만방 공영의 즐거움을 같이하는 것은 세계 평화 확립의 근본 요체다. 그러나 ○○과 ○○은 자기 나라의 번영을 위해 다른 나라, 다른 민족을 억압하며, 특히 대동아를 끊임없이 침략하고 착취하며 대동아를 예속시키려는 야망을 드높이며 대동아의 안정을 근저에서 뒤흔들고 있다.
>
> — 대동아공동선언

1931년 중국 선양 류탸오후에서 만주사변이 일어났습니다. 1937년 베이징 루거우차오에서의 충돌은 중국과 일본의 전면전으로 확대되었고, 1941년에는 아시아·태평양전쟁이 벌어졌습니다.

1943년 11월 일본은 점령지에서 협력자들을 모아 '대동아회의'를 열고 침략전쟁을 미화하는 '대동아공동선언'을 채택했습니다. 왼쪽의 자료가 바로 그 선언문인데, ○○에 들어갈 두 나라는 어디일까요? 바로 미국과 영국입니다. 그런데 기묘하게도 ○○에 일본을 넣어도 문맥이 통합니다. 침략국은 바로 일본 자신이었던 것이죠.

전쟁을 수행할 만한 국력은커녕 명분과 정당성조차 없었던 일본은 왜 계속해서 대외 전쟁을 확대해 나갔을까요?

●
전쟁의 징후는
어디서 찾을 수 있을까요?

만주사변과 중일전쟁은 일본의 지나주둔군과 관동군이 중국군을 공격하면서 시작되었습니다. 왜 엄연한 중국 땅에 일본군이 주둔하고 있었을까요?

일본 지나주둔군은 1899~1901년 의화단운동 때 중국에 주둔한 이래 외교 공관과 일본인 보호를 명목으로 철수하지 않고 계속 머물렀습니다. 일본 관동군은 러일전쟁으로 획득한 뤼순과 다롄, 남만주철도를 지키기 위해 파견되었습니다. 열강의 중국 침략과 러일전쟁에 편승하여 중국 영토에 발을 들인 일본 지나주둔군과 관동군은 결국 만주사변과

톈진의 일본 지나주둔군 사령부

뤼순의 일본 관동군 사령부

중일전쟁의 선봉대가 되었습니다.

　5·4운동 이후 제국주의를 반대하는 목소리가 커지자 이에 힘입어 1926년 장제스는 북벌을 개시했습니다. 북벌이란 중국의 북쪽 지역에 군림하던 군벌들을 무너뜨려 중국을 통일하기 위한 군사작전으로, 이는 곧 만주와 내몽골에 대한 일본의 권익을 위협하는 일이었습니다.

　1927년 4월 일본 총리가 된 다나카 기이치는 만주와 내몽골 동부의 사수를 선언했습니다. 친일 군벌 장쭤린을 앞세워 북벌군에 맞섰고, 산둥에는 일본군을 파병했습니다.

　1928년 6월 관동군 참모 고모토 다이사쿠 등은 북벌군에 밀려 퇴각하던 장쭤린의 열차를 폭파했습니다. 전쟁을 부추기기 위해 일본 정부의 명령 없이 일으킨 폭거였습니다. 하지만 관동군은 출동하지 않았습니다. 장쭤린의 아들 장쉐량은 격분하여 항일로 돌아섰습니다.

　고모토의 행위는 군법회의에서 처벌을 받아 마땅했지만 육군은 이른바 '군의 위신'을 앞세워 고모토의 기소를 반대하고 그를 예비역으로 전역시키는 것으로 무마했습니다. 일본 정부는 장쭤린 폭살의 진상을 은

폐했고, 경찰은 사건의 내막을 파헤치는 기사를 싣지 못하게 검열했습니다. 그런 기사는 "중·일 관계상 중대한 지장을 초래"하고 "제국의 이익을 해친다"라는 이유에서였습니다. '제국의 이익'은 '군의 위신'과 같았던 것이죠.

일본 국민들은 패전 후에야 사건의 진실을 알았습니다. 이처럼 15년간의 침략전쟁은 민주주의를 파괴하고 국민의 이목을 가린 채 벌어졌습니다. 어느 격언처럼 전쟁의 첫 희생자는 '진실'이었습니다.

●
만주사변은
왜 막지 못했을까요?

1931년 9월 18일 일본 관동군 참모 이시와라 간지는 고모토를 본떠 중국 침략의 지옥문을 열어젖혔습니다. 3년 전 장쭤린 폭살 사건이 벌어진 장소에서 불과 6킬로미터 남짓 떨어진 류탸오후에서 철도 선로를 폭파한 것입니다.

현지 일본 영사관은 이 사건이 일본 관동군의 자작극임을 정부에 알렸습니다. 그렇지만 와카쓰키 레이지로 내각은 군사행동에 대한 즉각적인 중지 명령을 내리지 않고 사태를 확대하지 말라며 미온적인 태도를 취했습니다. 당시 《도쿄아사히신문》에는 "사태를 확대하지 말라! 오늘(19일) 긴급 각의(내각회의) 결과 육상(육군대신)이 관동군 사령관에게 훈령"이라는 제목의 기사가 실렸습니다.

육군대신의 훈령이 있었음에도 불구하고 만주사변이 발발한 이유는 무엇일까요? 9월 21일 각의에서 육군대신은 조선 주둔 병력의 만주 파병을 제안했습니다. 갑론을박하는 사이 이미 병력을 실은 수송 열차는 압록강을 건너고 있었습니다. 통수권자인 천황의 명령 없이 부대를 이동시키는 군율 위반 상황이 발생한 것이죠. 그러나 이튿날 각의는 병력 이동에 필요한 경비 지출을 승인하여 파병을 공식화했습니다.

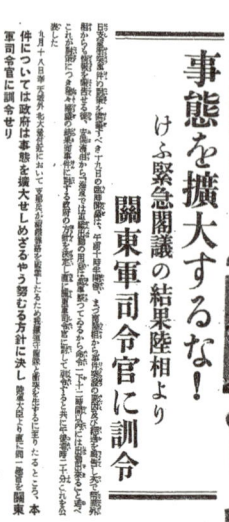

〈사태를 확대하지 말라!〉, 《도쿄아사히신문》 1931년 9월 20일자 석간

9월 21일 장제스의 국민정부가 국제연맹에 제소했고, 10월 24일 국제연맹이 일본군의 철수 권고안을 결의했지만 사태를 걷잡을 수는 없었습니다. 1932년 전선은 상하이로까지 확대되었고(제1차 상하이사변), 3월에는 만주국 건국이 선포되었습니다. 국제연맹은 중·일 분쟁에 대한 조사를 위해 리턴조사단을 파견했습니다. 이들은 만주사변의 불법성을 밝히고 만주국이 괴뢰 정권이라는 내용을 담은 리턴 보고서를 제출했고, 1933년 2월 국제연맹 총회는 이 보고서를 정식으로 채택했습니다. 이에 일본은 국제연맹 탈퇴로 응수했습니다.

일본 국민은 만주에서의 잇따른 승전 소식에 열광했습니다. 할머니와 어린 손자가 육군성을 찾아 군인에게 초콜릿을 사주라며 저금통을 두고 갔다는 '미담'이 신문을 장식했습니다. 1932년 12월 일본의 신문사와 통신사 132곳이 만주국을 지지하는 선언을 공동으로 발표했습니다.

당시 군부와 우익 세력은 나라 전체를 전쟁으로 몰아가기 위해 쿠데타와 암살을 자행했습니다. 1931년 3월과 10월, 육군 장교와 민간 우익이 결탁한 쿠데타 음모가 적발되었습니다. 1932년 정치가와 재벌의 암살 사건이 빈발했고, 5월에는 현직 총리마저 해군 장교의 흉탄에 쓰러졌습니다. 그들이 뿌린 격문 속 "국민의 적인 기성 정당과 재벌을 죽여라"라는 문장을 실행에 옮긴 것이었습니다. 총리의 죽음은 기성 정치의 종언이나 마찬가지였습니다. 과연 누가 국민의 적이었을까요?

●
중일전쟁은
왜 일찍 끝나지 않았을까요?

1937년 7월 7일 루거우차오에서 중·일 양군이 격돌했습니다. 뒷장의 기사는 그 직후의 상황을 보여줍니다. 〈베이핑(北平, 베이징) 교외에서 일·지(日支, 일본과 중국) 양군 충돌〉이라는 헤드라인 아래 "지나의 요청으로 일시 정전"이라는 제목이 눈에 띕니다. 우발적인 충돌로 벌어진 전쟁이기에 중국 국민정부군과 일본 지나주둔군은 정전을 모색했습니다. 만주사변을 기획한 이시와라 간지도 확전을 반대했습니다. 그런데 중일전쟁은 왜 조기에 수습되지 못했을까요?

고노에 후미마로 내각은 임시 각의를 열었습니다. 육군대신은 3개 사단의 파병이라는 강경책을 내놓았지만, 각의는 파병 유보와 사건 확대 중지를 결정했습니다. 그러나 7월 11일 일본 정부는 방침을 180도 바꾸어 파병을 결정했습니다. 곧이어 이번 사태가 "중국 측의 계획적인 반일

〈베이핑 교외에서 일·지 양군 충돌〉,《도쿄아사히신문》1937년 7월 9일자 석간

행동"이므로 사죄와 재발 방지를 촉구하며 "중국 파병에 필요한 조치를 취하겠다"라고 밝혔습니다. 반면 일본 정부 발표 직후 베이징에서는 정전 협정문이 조인되었습니다. 현지 부대는 전투를 중지하려는데 일본 정부가 나서서 싸움을 부추기는 모양새였습니다.

일본 측 정전 협상 담당자는 일본 지나주둔군 참모의 전화를 받았습니다. 전화는 파병 결정 소식을 전하며 "오랜 현안이었던 중국 문제를 해결하기 위해서는 지금이야말로 절호의 기회"임을 강조했습니다. 일본 군부에게 루거우차오의 충돌은 "절호의 기회"였던 것입니다. 만주사변의 과오는 반복되었습니다.

7월 17일 장제스는 평화를 원하지만 항전도 불사한다고 연설했습니다. 27일 일본 지나주둔군은 총공격을 결정했고, 일본 본토의 사단에 동원령이 내려졌습니다. 8월 들어 전쟁의 불씨는 상하이로 번졌습니다(제2차 상하이사변). 8월 15일 고노에 내각은 "중국군의 포학을 응징하고 난징 국민정부의 반성을 촉구하기 위해 단호한 조치를 취하겠다"는 내용의 성명을 내놓았습니다. 사실상의 선전포고였습니다. 이에 맞서 장제스는 즉시 총동원령을 발동했고, 9월에는 제2차 국공합작이 확고해지면서 항일 전선의 기초가 마련되었습니다.

●
아시아·태평양전쟁을
막을 방법은 없었을까요?

뒷장의 기사는 극동국제군사재판(도쿄재판)의 판결을 전하고 있습니다. "도쿄재판, 피고 25명에게 단죄를 내리다"라는 헤드라인 아래 "도조 히데키 등 7명에게 교수형"이라 씌어 있습니다. 교수형을 판결받은 도조 히데키라는 인물이 아시아·태평양전쟁 도발의 주범이었던 것일까요?

고노에 후미마로는 1937년 6월부터 1939년 1월까지 총리를 지냈고, 이어 1940년 7월~1941년 10월에도 총리를 맡았습니다. 1940년 9월 일본군이 북베트남을 점령하자 미국은 일본에 고철 수출을 금지했습니다. 1941년 7월 일본이 남베트남까지 점령하자 미국은 일본에 석유 수출을 금지했습니다. 고노에는 패전 후 자신이 전범 용의자에 포함된 것을 알고 1945년 12월 자살했는데, 유서에 자신은 1941년 4월부터 개시된 미·일 교섭에 전력을 기울였다고 썼습니다. 그런데 왜 일본은 전쟁을 택했

〈도쿄 재판 25인 피고를 단죄하다〉, 《요미우리신문》 1948년 11월 13일자

을까요?

1941년 9월 6일 일본은 10월 상순까지 교섭하고 이후 개전하기로 결정했습니다. 협상에서 미국은 일본군의 중국 철수를 요구했습니다. 10월 14일 육군대신 도조 히데키는 고노에 총리에게 병력 철수는 안 된다고 역설했습니다. 미국의 주장대로 굴복한다면 중일전쟁의 성과를 괴멸시킬 것이며, 만주국과 조선 통치 모두 위험해진다는 논리였습니다. 요컨대 중일전쟁을 멈추지 못한 고노에를 비롯한 일본의 위정자에게 아시아·태평양전쟁은 불가피했던 것이죠.

1941년 10월 고노에는 사직서를 제출했습니다. 후임으로 황족이 유력했으나 천황의 최측근은 반대했습니다. 황족 내각으로 전쟁에 돌입하면 황실이 국민의 원성을 사게 된다는 것이 이유였습니다. 천황은 책임을 질 수 없다가 본심이었죠. 도조는 총리를 맡았고 일본군은 12월 8일 대원수 천황이 재가한 선전포고문과 함께 진주만과 동남아시아를 급습했습니다.

장쥐린 폭살 사건의 진상을 은폐했던 일본 정부는 전쟁을 찬양하고 국민의 희생을 강요하는 세뇌와 선전을 강화했습니다. 1942년도 초등학교 국어 교과서에는 제1차 상하이사변을 배경으로 한 '삼용사' 이야기가 실렸습니다. 철조망을 파괴한 병사는 "천황 폐하 만세"를 외치며 "조용히 눈을 감았다"라고 왜곡·미화되었습니다. 일본의 젊은이들은 '삼용사'의 뒤를 따르듯이 총을 들었고 '가미카제'로서 미국 군함을 향해 돌진했습니다. 일본의 전쟁이 야기한 아시아·태평양 지역의 사망자는 2,000만 명을 넘었습니다.

패전 후 도조는 사형에 처해졌고, 고노에는 스스로 목숨을 끊었습니다. 당시 군림하고 있던 쇼와 천황에게는 전쟁 개시에 관한 책임이 없을까요? 이후 일본의 전쟁 책임 문제는 어떻게 처리되었을까요?

✓ 1926년부터 1989년까지 통치한 일본 124대 천황.

2
전쟁 시기 징병은 어떻게 이루어졌을까요?

중국의 어린 병사

1938년 3월 중국 허베이에서 촬영된 사진입니다. 허리에 모제르 권총을 찬 어린 병사는 중국공산당의 인민자위군으로 당시 겨우 16세였지만 이미 수차례 전투에 참가한 경험이 있었습니다. 이 어린 소년은 왜 전쟁터에 나가 목숨을 걸고 싸워야 했을까요?

사진 속 병사는 전쟁에 동원된 동아시아의 수천만 청년들 중 한 명에 불과했습니다. 이처럼 일본의 침략전쟁은 동아시아, 특히 한·중·일 세 나라 민중의 삶에 커다란 영향을 주었습니다. 자발적으로 참전한 사람도 있었지만 강제로 징용되어 입대한 사람, 생계를 위해 군인이 된 사람도 있었습니다.

●
일본은 어떻게 병력을 동원했을까요?

뒷장의 사진은 일본의 징병 신체검사 장면입니다. 일본은 어떻게 병력을 동원했을까요? 일본은 메이지유신 이후 1873년 징병령을 반포하고 징병제도를 실시했습니다. 1889년 반포된 '대일본제국헌법' 제20조는 "일본 신민은 법률이 정하는 바에 따라 병역의 의무를 진다"라고 규정했고, 1927년에는 '병역법'을 공식 반포하여 일본의 남성에게 병역의 의무를 부과했습니다. 이에 따라 만 20세 남성의 징병 신체검사를 의무화하고 신장과 신체의 건장함을 기준으로 갑종, 제1을종, 제2을종, 병종, 정종, 무종으로 등급을 나누었습니다. 갑종은 현역병으로 가장 먼저 전쟁터로 보내졌습니다. 제1을종은 현역 혹은 제1보충병역으로, 갑종에 비해 체격 조건이 떨어져 주로 수송 및 운반을 담당하는 군수품부대나 위

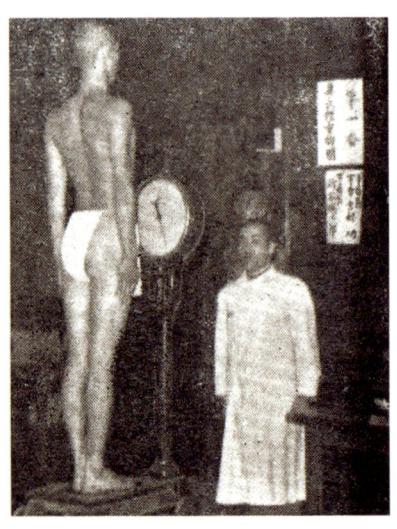

일본 징병 신체검사

생부대에 배치되었습니다. 제2을종은 제2보충병역으로 전방의 병사가 부족할 때 차출되었고, 병종은 국민병역으로 필요에 따라 징집되었습니다. 정종은 불합격자, 무종은 판정이 어려워 이듬해 재검이 필요한 대상자입니다.

1937년 중일전쟁이 전면전으로 확대되면서 육·해군의 병력 수요도 급증했습니다. 육해군으로 동원된 인원수는 1938년 한 해만 130만 명을 넘어섰고, 패전 당시 총 716만 명에 달했습니다. 당시 일본 국적의 17~45세 남성 인구 총 1,740만 명 중에 40퍼센트 이상이 군대에 동원되었습니다. 이것이 어떻게 가능했을까요?

1940년 이후 일본 육군은 대규모 병력 동원을 위해 징병 신체검사의 기준을 크게 낮추고, 신체적 혹은 정신적으로 이상이 있더라도 군 복무에 지장이 없을 것으로 판단되는 경우 모두 복역하도록 했습니다. 이에 따라 '정신박약'으로 간주되었던 지적장애인도 징집 대상에 포함되었습니다.

전쟁이 확대되자 1941년 육해군은 14~16세의 소년들도 징집했는데 육군은 이들을 소년병이라 불렀고, 해군은 소년수군 혹은 연습병이라고 불렀습니다. 겨우 14세에 불과한 소년들은 전쟁터로 나가 수측병, 신호병, 비행병, 전차병, 통신병 등 특수병으로 복무했습니다.

위의 사진은 학생들을 전쟁터로 보내기 전에 치른, 학도병 출정식 장면입니다. 징병 연기 대상이었던 인문계 대학생들도 1943년 10월부터 군대에 동원되었습니다. 이른바 '학도출진'입니다. 1945년 3월 국민의용대 조직에 관한 결의가 각의를 통과하면서 전국적으로 남녀를 불문하고 방공, 방위, 수리 복구, 수송, 식량 증산, 경비 등에 동원

학도병 출정식
1943년 10월 21일,
도쿄 메이지신궁 외원 경기장.

했습니다. 그해 6월 일본 정부는 '의용병역법'을 반포하여 15~60세 남성, 17~40세 여성에게 의용병역의 의무를 부여하고 칙령에 따라 의용군으로 소집해 국민의용전투부대에 배치했습니다. 이보다 앞선 1945년 4월 미군이 오키나와에 상륙하자 일본 정부는 군민일체, 조국수호라는 기치 하에 오키나와의 중학교, 직업학교, 고등여학교의 재학생들을 전쟁에 동원했습니다. 남학생들은 '철혈근황대'와 '통신대'에 배치해 전투의 주력군으로, 여학생들은 '히메유리 학도대' 등 학도병 부대에 배치하여 간호의 주력군으로 삼았죠. 이 밖에도 '호향대'라는 소년병 부대를 편성하기도 했습니다. 이처럼 수많은 학생이 미국과의 전쟁에서 희생양이 되어 목숨을 잃었습니다.

여성들도 종군간호부로 중국이나 태평양 전장으로 나가 목숨을 잃었습니다. 신체적 장애로 전쟁에 동원될 수 없는 사람들은 차별받으며 주변으로부터 배척당했고 일반 국민이 의용병역을 기피할 경우에는 형사 처벌을 받았습니다.

한 가지 주목할 점은 당시 일본인들의 자원입대가 강력한 사상 동원의 결과로 이루어졌다는 점입니다. 천황에게 절대적으로 복종하고 헌신해야 한다는 정신은 이미 일본 사회에 뿌리 깊게 자리 잡고 있었습니다. 자원입대를 끌어낸 또 다른 유인책은 병사가 전사하면 위로금을 지급해 유족의 생활을 보장해 주는 '은급제도'였습니다. 1875년부터 시행된 은급제도는 군인을 포함한 공직자에게 연금, 퇴직금 등의 보조금을 지급하는 제도였으나, 1923년 육해군 군관의 부상 및 사망에 대한 보상과 그 가족에 대한 지원을 규정하는 '은급법'이 반포되면서 병사들의 자발적 참전을 독려했습니다. 중일전쟁 기간에는 격전지에서 1년을 복무할 경우 3년으로 인정해 주기도 했습니다. 이처럼 은급법은 일본의 징병과 침략전쟁을 가능케 한 제도적 보장 장치였습니다.

●

일본은 식민지 민중들을 어떻게 전쟁에 동원했을까요?

일제 치하에서 식민지 민중들은 원래 입대 자격이 없었습니다. 일본이 '민족화합'을 외치면서도 실제로는 식민지 민중들의 무기 사용을 우려했기 때문이었죠. 하지만 침략전쟁을 확대함에 따라 일본은 부족한

1938년 《동맹뉴스》에 실린 조선인 육군지원병의 훈련 개시를 알리는 기사

병력을 보충하기 위해 식민지에서도 징병할 수밖에 없었습니다. 가장 먼저 전쟁터로 끌려간 이들은 조선 청년들이었습니다. 1938년 2월 일본은 '육군특별지원병령'을 반포하여 조선인을 징병 대상에 포함시켰습니다. 1942년에는 타이완에서도 육군특별지원병제도를 실시했고, 1943년 5월에는 해군특별지원병제도를 조선과 타이완에서 실시했습니다. 1943년 10월에는 '육군특별지원병 임시채용규정'을 발표하여 대학이나 전문학교에 재학 중인 조선인과 타이완인을 학도병으로 동원했습니다. 중국의 전쟁터로 끌려간 조선인 학도병 중에는 탈영해 한국광복군에 합류하는 등 독립운동에 참여한 이들도 있었습니다.

일본은 1944년 조선과 1945년 타이완에서 지원병제도를 대체하는 징병제를 전면 실시하여 일정한 연령에 도달한 모든 남성을 군인으로 강

일본 침략전쟁에 동원된 조선인과 타이완인

(단위: 명)

	군인	군무원	합계	실종 및 사망
조선	116,294	126,047	242,341	22,182
타이완	80,433	126,750	207,183	30,304

※ 출처: 일본 후생노동성(1962년)

제 동원했습니다. 수많은 조선인과 타이완인이 일본군으로 동원되어 중국과 태평양 전쟁터로 끌려갔고 수만 명이 목숨을 잃었습니다.

●
중국에서는
어떻게 징병을 했을까요?

　1931년 만주사변이 발발하자 난징 국민정부는 의무병을 대거 징집하기 위해 서둘러 병역개혁을 실시했습니다. 이에 1933년 6월 중화민국의 모든 남자는 병역의 의무를 진다는 규정을 포함한 '병역법'을 공포하고 정식으로 징병제를 실시했지만, 근대 들어 중국은 끊임없는 전란과 정치적 분열로 인해 인구를 제대로 파악할 수 있는 제도를 마련하지 못했습니다. 중일전쟁이 전면전에 돌입하면서 국민정부는 대규모 징병이 시급했지만 적령기 인구를 정확히 집계하기 어려웠습니다. 결국 각 성(省)에 징병 임무를 할당하는 수밖에 없었는데, 해당 임무가 하부 조직으로

　✓　1956년 일본 외무성 자료에 따르면 조선인 군인·군무원은 37만 명이 넘었으나 1962년 후생성 통계에는 이름이 확실한 사람만 집계했다.

중국공산당의 징병
1939년 6월 허베이성 푸핑현에서 열린 입영식에서 군무원에게 찐빵을 나누어 주는 모습.

층층이 내려가 최종적으로는 말단 행정구역인 향촌까지 할당되었습니다. 아울러 병역법 규정상 공무원, 학생, 광부, 운송노동자 등은 모두 병역을 면제받거나 유예할 수 있었기 때문에 실제로 징집된 병사들은 대부분 가난한 농민이었습니다.

농민들이 군대에 징집되면서 이들의 가정 생계가 심각한 타격을 입었지만, 국민정부는 재정난과 지방행정의 부패로 인해 군 사상자에 대한 보상이나 군무원 우대정책을 제대로 시행하지 못했습니다. 이 때문에 사람들은 온갖 수단을 동원해 병역을 기피했죠. 1938년 이후에는 징병 할당 인원을 채우지 못한 각 지방정부가 행인을 마구잡이로 잡아다가 복역시키는 상황까지 벌어졌습니다.

한편, 중국공산당은 국민정부와 달리 보훈 보상을 중시했습니다. 특히 가난한 병사들의 가족을 우선 보살피고, 징병으로 병사의 가족들이 직면하는 생활고와 생산 문제를 해결해 줌으로써 항일투쟁에 나선 병사들이 전쟁에 전념할 수 있게 했습니다. 또한 중국공산당군은 옹군애민(擁軍愛民, 백성은 군대를 옹호하고, 군대는 백성을 사랑한다)의 원칙과 엄격한 기율을 중시했는데, 이 역시 농민들의 지지를 얻은 중요한 요인이었습니다. 중일전쟁 때 중국공산당군은 새로운 3대 기율✓과 8개 주의사항✓✓을 제정했는데, 이를 통해 농민들은 중국공산당군이 다른 군대와는 다르다는 점을 직접 체감할 수 있었습니다.

민족의 위기에 대응하기 위해 자원입대한 청년들도 많았습니다. 청소년들로 구성된 '중국동자군'은 적극적으로 항전에 참가했습니다. 그들은 전시에 봉사단을 조직하여 구호, 선전, 모금, 수송, 통신과 치안유지 등의 활동을 펼쳤습니다. 광시성에서 조직된 학생군은 일본군과의 전투에 직접 참전하는 등 광시 지역 항일운동에서 중요한 역할을 했습니다.

1944년 9월 국민정부가 '10만 지식청년의 종군'을 호소하자 순식간에 지방의 수많은 지식 청년 사이에서 종군 열풍이 일었습니다. 단기간의 훈련을 거친 청년들은 정식으로 중국원정군에 배치되어 버마(오늘날의 미얀마) 전장으로 떠났고 통역병, 통신병 등 기술병과에 복무했습니다. 1946년 가을 전역하기 전까지 청년군은 여러 전투에 참가했으며, 인도

- ✓ 항일구국강령을 실행할 것, 상부 지휘에 복종할 것, 인민의 물건은 아무것도 취하지 말 것.
- ✓✓ 선전을 할 것, 청소를 깨끗이 할 것, 말은 공손하게 할 것, 매매는 공평하게 할 것, 빌린 물건은 반드시 돌려줄 것, 손상된 물건은 배상할 것, 아무 곳에서나 대소변을 보지 말 것, 포로를 죽이지 말 것.

의 레도에서 시작해 버마와 중국을 잇는 레도 로드 건설에 중요한 역할을 했습니다.

　이번 절에서는 징병이 세 나라의 민중에게 가져온 각기 다른 영향에 대해 알아보았습니다. 총력전하에 일본은 징병의 범위를 지속적으로 확대하여 교사, 학생, 여성 들까지 잇따라 전쟁터로 보냈습니다. 또한 조선인과 타이완인까지 '징병'해 일본 침략전쟁의 '총알받이'로 삼았죠. 중국에는 '능력 있는 사람은 군대에 가지 않는다'는 말이 있습니다. 민족이 생사존망의 위기에 처했을 때 자원입대하는 이들도 있었지만 '장정 사냥'을 피해 도망친 사람도 있었습니다. 만약 전쟁이 또다시 일어난다면 동아시아의 청년은 어떤 선택을 하게 될까요?

3
전쟁터에서 여성에게는 어떤 폭력이 가해졌을까요?

나디아 무라드(왼쪽)와 데니스 무퀘게(오른쪽)

2018년 노벨 평화상은 두 사람에게 수여되었습니다. 데니스 무퀘게는 산부인과 의사로서 내전이 계속되는 콩고 동부에서 무장세력이 자행한 강간 등 성폭력으로 피해를 입은 여성 수만 명을 치료했습니다. 나디아 무라드는 이라크에서 과격 단체 '이슬람국가(IS)'에 납치되어 3개월 동안 반복적으로 강간과 폭력을 당하고도 탈출 후 국제연합을 통해 자신의 성폭력 피해 실태를 증언하고, 국제사회를 향해 피해자의 존엄성을 호소했습니다.

노르웨이 노벨상위원회의 베리트 라이스 안데르센 심사위원장은 "두 사람은 전쟁과 무력 분쟁에서 자행되는 성폭력을 근절하기 위해 노력했다"라고 수상 이유를 설명하고, 일본군 '위안부' 문제를 언급하기도 했습니다. "고령의 한국 여성들이 용기를 내어 무슨 일이 일어났는지 이야기했다. 그들도 성폭력의 피해자였다"라고 말이죠.

안데르센 심사위원장은 왜 이 자리에서 일본군 '위안부' 문제를 꺼냈을까요? 이 장에서는 중일전쟁과 아시아·태평양전쟁에서 일본군의 성폭력 실태는 어떠했는지 알아봅시다. 또한 일본 여성은 전시 체제에서 어떤 역할을 감당해야 했는지도 함께 살펴봅시다.

●

일본의 총력전 체제에서
여성은 어떤 역할을 했을까요?

잡지 《후방의 부인》의 1939년 6월 논설 〈총력전 체제에서 부인의 역할〉에 실린 뒷장의 그림은 일본 여성이 전쟁에서 처한 상황을 잘 보여줍니다. 이 그림을 통해 일본 정부와 군부가 일본 여성에게 어떤 역할을 요구했는지 생각해 봅시다.

후방의 부인

그림 맨 위에는 "낳아라, 늘려라"라는 제목이 있고, 중앙에는 "인적 자원을 낳는 것"을 여성의 중요한 역할로 제시하고 있습니다. 사방에는 천연자원의 생산에 힘쓰는 여성이 그려져 있죠. 병사가 되어 해외로 출정한 남성 대신 전투력을 유지하기 위해 농업, 어업, 임업, 광업 증산에 힘쓰라고 말하고 있습니다. 이처럼 전시 일본에서는 '낳아라, 늘려라, 나라를 위해"라는 구호 아래 많은 아이, 특히 남자 아이를 낳도록 장려했고, 다섯 명 이상의 아이를 둔 다자녀 가정을 '우량 가정'이라 불렀습니다.

이렇듯 인간을 '인적 자원'으로 여기는 분위기에서 전쟁 지도자에게 군인은 천황과 나라를 위해 목숨을 바쳐야 하는 존재이자 전사하면 곧바로 보충병으로 대체될 수 있는 '소모품'에 지나지 않았습니다. 병사들의 생명은 '1전 5리(소집영장의 우푯값)나 마찬가지'라는 말이 나돌 정도였습니다.

중일전쟁 발발 직후인 1937년 8월 말 '국가 총동원 시리즈'의 일환으로 영화 〈후방의 진심(銃後の赤誠)〉이 개봉했는데, 일본 가요계에 군림한 고가 마사오가 작곡한 주제가 〈군국의 어머니(軍国の母)〉가 크게 히트를 쳤습니다. 정부가 추진한 전시 정신총동원운동에 큰 역할을 했던 다음과 같은 군가에 어머니들의 진심이 담겼다고 할 수 있을까요?

[1절] 거리낌 없이 조국을 위해 / 명예로운 전사(戰死) 부탁하노라고 / 눈물도 보이지 않고 격려하며 / 내 자식 보내는 아침의 역(驛)
[3절] 살아 돌아오겠다는 생각은 마라 / 백골 함(병사의 유골함)이 도착하면 / 해낸 우리 아이 장하다고 / 너를 어미는 칭찬해 주마

- 〈군국의 어머니〉

중국에서 일본군은 왜 성폭력을 저질렀을까요?

도쿄제일육군병원에서 군의관으로 근무하던 다케우치 유타카라는 도쿄의학전문학교 출신의 의사는 1936년 26세라는 나이로 중국 동북 지역의 관동군 탕위안육군병원으로 파견되었습니다. 다케우치는 그곳에서 일본군 위안소 설치와 운영에 관여하게 되었죠. 다음은 다케우치의 진술입니다.

1936년 12월 1일 중국 동북 파견 명령을 받고, 조국의 발전과 나 자신의 행복을 증진하는 성전(聖戰)이라는 믿음으로 천황을 맹신하며 중국으로 건너왔다. …… 중국 인민을 야만인이라고 모욕하고 성전을 완수하기 위해서는 중국인을 희생해서라도 승리를 획득해야 한다. 그것이 나의 공적이 되어 지위를 향상시키는 일이라고 생각했다. 탕위안과 후린에서 성병으로 인한 일본군의 전력 저하를 막기 위해 중국 여성을 모아 일본군 전용 위안소를

신설할 것을 경비 사령관에게 요청했다. 55명의 젊은 중국 여성을 납치해 창부 노릇을 강요하여 일본군 장병의 노리개로 유린하면서도 거친 음식을 주고 외출의 자유까지 구속하여 생지옥의 처지에 빠뜨렸다. 게다가 12월, 1월 혹한의 계절에 무장병을 시민 가옥에 파견하여 그들을 총칼로 위협하여 강제로 쫓아냈다. 가옥 70칸을 강탈하여 일본군 전용 위안소 및 장교 숙소로 충당하여 중국인 다수를 추위와 기아의 곤경에 빠뜨렸다.

- 다케우치 유타카 진술서(1954년 11월)

군의관이자 일본 육군 장교였던 다케우치의 진술에서 일본군이 조직적으로 위안소를 설치하고 경영했다는 사실을 확인할 수 있습니다. 중국인을 희생시켜서라도 일본의 발전을 이루겠다는 다케우치의 사고방식에서 드러나듯이, 중국 여성을 대상으로 비인도적인 성폭력을 자행할 수 있었던 배경에는 중국인에 대한 차별의식도 깔려 있었음을 알 수 있습니다.

일본군이 중국에서 저지른 성폭력의 피해는 컸습니다. 1937년 7월 7일 루거우차오 사건을 계기로 일본은 중일전쟁을 개시했고, 그해 12월 13일 중국의 수도 난징을 점령했고 난징 대학살 사건을 일으켜 대규모의 살육, 방화, 약탈, 파괴를 자행했습니다. 그중에서도 여성에 대한 성폭력은 국제적으로 비난받았습니다. 당시 일본군은 병사들의 성폭력을 줄이기 위해 위안소를 설치했다고 주장했습니다. 그러나 다케우치의 진술에서 볼 수 있듯이 위안소는 국가와 군이 조직적으로 계획한 성폭력이었습니다.

다케우치의 진술은 전후 1950년대 중국에서 이루어진 전범 재판 과정에서 나왔습니다. 당시 중국에는 산시성에 남아 국민당 편에 서서 공산당과 전투를 벌였던 일본군 병사, 그리고 소련 시베리아에 억류되어 있다가 중국으로 이송된 일본군 전범이 1,000명가량 구류되어 있었습니다. 842명이 자필 진술서를 남겼는데 그중 65퍼센트가 성폭행을 저질렀다고 진술했고, 대부분이 성폭행과 위안소 문제를 자신의 범죄라고 인식했습니다. 구류된 상태에서 이루어진 진술이란 점에서 신빙성을 의심받기도 했지만, 많은 이들이 일본으로 돌아온 뒤에도 '중국 귀환자 연락회'를 만들어 자신들이 저지른 전쟁 범죄를 반성하는 활동을 이어 갔습니다.

●

일본군 '위안부'가 된 조선인 여성의 생애

식민지 조선의 박영심이라는 여성은 평안남도 진남포에서 태어나 어머니를 여의고 쓸쓸한 환경에서 자랐습니다. 양복점에서 일하던 박영심은 17세 때 "돈을 벌 수 있는 일이 있다"라는 순사의 말에 속아 평양역에 끌려갔고, 15명의 다른 소녀들과 함께 헌병의 위협 속에서 멀리 중국 난징까지 실려 갔습니다. 난징에 도착한 박영심은 일본군 막사 근처의 3층짜리 벽돌 건물인 '긴스이루'라는 위안소에 감금되었습니다.

이곳에서 박영심은 기모노를 입고 '우타마루'라는 일본 이름으로 불리며 하루 평균 30여 명을 상대하는 지옥 같은 시간을 보냈습니다. '긴스이루'에서 3년여를 보낸 박영심은 상하이를 거쳐 미얀마의 라시오 위안소

박영심(맨 오른쪽)

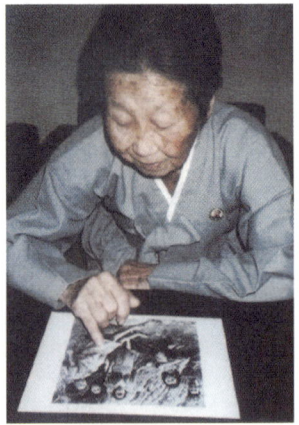
사진을 확인하는 박영심

로 옮겨져 '와카하루'라는 이름으로 불렸습니다. 라시오 위안소에 있던 '위안부' 7명 중 4명만이 살아남았습니다. 2년 후 다시 버마와 중국의 국경지대인 윈난성 쑹산의 위안소로 끌려간 박영심은 어느 날 군대 깃발을 불사르자는 일본군의 이야기를 엿듣고 패전을 예감하여 조선인 여성들과 도망쳤지만, 도중에 중국 병사에게 붙잡혀 포로수용소에 수용되었습니다. 이때 한 미군이 찍은 사진 속에는 만삭의 박영심도 있었습니다. 그러나 이후 아이는 사산하고 말았습니다.

박영심은 해방 후 고향으로 돌아갔습니다. 1991년 김학순✓의 증언이 있은 후, 북한에서 박영심이 실명으로 나서서 일본군 '위안부' 생활을 증언했습니다. 그리고 쑹산의 위안소 옛터를 방문하고 사진 속 만삭의 여성이 자신임을 확인했습니다. 2003년 11월에는 난징을 방문하여 당시

✓ 남한에서 한국인 최초로 일본군 '위안부' 피해 사실을 밝혔다.

'리제항 2호'라는 이름의 건물이 전쟁 중 자신이 갇혔던 일본군 위안소 '긴스이루'임을 밝혔습니다. 박영심은 2006년 8월 85세의 나이로 평양에서 생애를 마감했습니다. 중국 정부는 2015년 12월 1일, 박영심이 '긴스이루'라고 증언한 장소에 일본군 '위안부' 전시관 '난징 리제항 위안소 구적 진열관'을 개관했습니다. 그 앞마당에는 임신한 모습의 박영심 동상이 세워져 있습니다.

●

일본군의 위안소 제도는 어떻게 운영되었을까요?

1942년 9월 3일 일본 육군성의 한 과장은 이렇게 보고했습니다. "장교 이하의 위안소 시설을 다음과 같이 만들었다. 화베이 100곳, 화중 140곳, 화난 40곳, 남방 100곳, 남해 10곳, 사할린 10곳, 총 400곳." 이밖에 오키나와에 130곳이 있었고, 이 보고가 이루어지기 전후로 육군뿐 아니라 해군도 위안소를 설치했으니, 중일전쟁과 아시아·태평양전쟁 당시 일본군이 점령·통치한 아시아 전역에 수많은 위안소가 설치된 셈입니다. 육군의 경우 아시아·태평양전쟁 이전에는 파견군이, 이후에는 육군성이 직접 설치에 나섰습니다.

일본 정부는 '종군위안부 문제'에 대해 1년 반에 걸쳐 조사한 결과를 1993년 8월 4일에 발표했습니다.

[위안소 설치의 경위]
각지에서 위안소 개설은 군 당국의 요청에 따라 이루어졌지만 당시 정부 부내 자료에 따르면, 일본군 점령지 내에서 일본 군인이 주민에게 강간 등 불법 행위를 행하여 그 결과 반일 감정이 조성되는 것을 방지할 필요가 있었던 점, 성병 등의 질병으로 인한 병력 저하를 막을 필요가 있었던 점, 방첩의 필요가 있었던 점 등이 위안소 설치의 이유였다고 한다.

[위안소가 설치된 시기]
1932년 이른바 상하이사변이 발발한 즈음 그곳 주둔 부대를 위해 위안소를 설치했다는 자료가 있어 그 무렵부터 종전까지 위안소가 존재했던 것으로 보이는데, 그 규모와 지역적 범위는 전쟁과 더불어 확장되었다.

[위안부의 출신지]
이번 조사 결과로 위안부의 출신지로 확인할 수 있었던 국가 또는 지역은 일본, 한반도, 중국, 타이완, 필리핀, 인도네시아, 네덜란드이다. 또한 전쟁터로 이송된 위안부의 출신지는 일본인을 제외하면 한반도 출신자가 많다.

[위안소의 경영과 관리]
위안소의 대부분은 민간업자가 경영했지만 일부 지역에서는 일본군이 직접 위안소를 경영한 사례도 있었다. 민간업자가 경영한 경우에도, 일본군이 개설 허가를 내주거나 위안소의 시설을 정비하고, 위안소의 이용 시간과 이용 요금, 이용할 때의 주의사항이 포함된 위안부 규정을 작성하는 등 일본군은 위안소의 설치나 관리에 직접 관여했다. …… 위안부에게 정기적인 성병 검사를 실시하고 외출 시간과 장소를 한정하는 등 위안소 규정을 마련해 관리하던 곳도 있었다. 어느 경우든 위안부들은 전쟁터에서는 항상 군의 관리 아래 놓여 군과 함께 행동해야 했고 자유도 없이 고통스러운 생활을 강요당한 것은 분명하다.

[위안부의 모집]
군 당국의 요청을 받은 경영자가 의뢰해 알선업자들이 이를 맡은 경우가 많았으나, 그 경우에도 전쟁이 확대됨에 따라 그 인원을 확보할 필요성이 커졌고, 그 같은 상황에서 업자들이 때로는 감언을 늘어놓거나 때로는 겁을 주는 형태 등으로 본인들의 의향에 반하여 모으는 사례가 많았고, 또한 관리 등이 직접 이에 가담하는 등의 경우도 볼 수 있었다.

 - '종군위안부 문제'에 대한 일본 정부의 조사 결과

일본 정부는 일본군이 "주민에 대해 강간 등 불법행위"를 저지르지 않도록 위안소를 설치했다고 했지만, 실상은 어떠했는지 일본 군의관의 진술 등을 통해 생각해 봅시다.

또한 도입에서 밝혔듯이 현재 세계에서 벌어지는 전쟁과 무력 충돌에서 성폭력은 끊이질 않고 있고, 전쟁과 군대에 성폭력은 따라붙기 마련이라고 생각하는 사람도 적지 않습니다. 왜 그렇게 생각하는 걸까요?

4
세 나라 민중은 일본의 침략전쟁에 어떻게 저항했을까요?

동북항일연군 제1군 군장 양징위

> 세상에서 가장 큰 원수는 바로 일본
> 방화와 약탈, 강간과 모욕으로 나라와 민족을 멸하려 하네
> 조선과 중국을 삼키는 것은 모두 '다나카 상주문'✓ 의 파렴치한 행위!
> 함께 싸워 국난을 극복하세. 절대 이대로 둘 수 없어!
> 단결하라! 중국과 조선의 민중이여!
> 뭉치면 살고 흩어지면 죽는다!

이것은 〈중조민족연합항일가〉라는 노래 가사 중 일부로, 동북항일연군 제1군 군장 양징위가 만든 노래입니다. 이 노래에서 조선과 중국의 민중이 모두 일본을 가장 큰 원수로 보는 이유는 무엇일까요?

조선과 중국의 민중은 일본 침략전쟁에 어떻게 함께 저항했을까요?

1931년 9월 18일 밤, 일본 관동군은 만주사변을 일으켰습니다. 국민정부의 '무저항정책'으로 단 4개월 만에 만주를 점령한 일본은 국제사회의 시선을 돌리기 위해 1932년 1월 28일 제1차 상하이사변을 일으켰습니다. 중국 동북 지역으로 망명한 조선인들과 현지 민중은 항일의용군을 결성하여 일본의 식민 통치에 저항했습니다. 그중 중국공산당의 지도를

✓ 육군 대장 출신의 수상 다나카 가이치가 1927년 쇼와 천황에게 중국 침략 주장을 담아 비밀리에 올린 문건.

받는 동북항일의용군은 동북인민혁명군을 거쳐 동북항일연군으로 개편되었습니다.

동북항일연군은 사실상 중국과 조선의 민중들로 구성된 연합군이었습니다. 당시 동북항일연군의 요직에 있던 김일성은 1937년 6월 4일 부대를 이끌고 함경남도 갑산군 혜산진 보천보를 습격했습니다. 다음 날 《동아일보》는 보천보 전투를 보도해 큰 관심을 받았죠. 그러나 일본군의 토벌작전으로 심각한 타격을 입은 동북항일연군은 1940년 3월부터 소련으로 퇴각하여 전략 전환과 조직 정비에 들어갔습니다.

한편, 대한민국임시정부는 만주사변 이후 한인애국단을 조직해 의열 테러투쟁에 나섰습니다. 1932년 4월29일 상하이 훙커우공원에서 일본군이 거행한 '전승축하기념식'에서 조선의 윤봉길이 단상에 폭탄을 던져 일본 침략자들을 처단했으나 현장에서 체포되어 목숨을 잃었습니다. 훙커우공원 의거 이후 대한민국임시정부는 일본 군경과 공작원 들의 보복을 피해 상하이에서 항저우로 거점을 옮겼습니다. 중국 국민정부는 김구 등 임시정부 지도자들을 비밀리에 보호하고 이들의 항일투쟁과 일상생활을 지원했습니다.

1937년 7월 중일전쟁이 전면전으로 확대된 후 대한민국임시정부는 중국 각지를 전전하다가 1940년 9월 충칭에 도착했습니다. 그 직후인 1940년 9월 17일 중국 국민정부의 지원 아래 한국광복군총사령부를 창건하고, 항일투쟁으로 유명했던 지청천을 총사령관, 이범석을 참모장으로 임명했습니다. 이후 한국광복군은 중국에서 항일전쟁에 적극 참여하며 대일 선전, 정보 수집, 국제원조 획득에서 크게 활약했습니다. 항저우의 '대한민국임시정부 항저우 유적지 기념관'과 충칭의 '한국광복군총사

1940년 충칭에서 열린 한국광복군 총사령부 성립 전례식 후 한·중 대표의 기념촬영(왼쪽에서 두 번째부터 지청천, 김구, 류치)

령부 유적지'는 한·중 양국이 함께했던 항일투쟁의 역사를 증명해 주고 있습니다.

●

중국과 일본의 민중은
어떻게 일본 침략전쟁에 함께 저항했을까요?

만주사변 이후 중국과 일본의 공산당은 공동선언을 발표해 일본의 침략 행위를 규탄하고 일본제국주의 타도를 위해 양국의 민중이 힘을 합칠 것을 호소했습니다. 하지만 당시 일본공산당은 불법 조직이었기 때문에 공개적인 활동을 할 수 없었습니다. 도쿄시전(전차회사), 섬유공장, 군수공장의 노동자들은 반전 집회를 열고 만주사변에 출정한 병사들의 일자리 및 그 가족들에 대한 생계 보장을 요구했습니다. 일본 노동조합인 전국협의회의 기관지《노동신문》은 〈전쟁을 도발한 것은 일본이다〉라는 제목의 글을 실어 일본 침략전쟁의 진상을 폭로했습니다.

> 일본제국주의는 자신의 야심을 감추기 위해 정당방위를 주장하고 있다. 그러나 이는 모두 거짓이다. 일본군은 이미 선양을 침공하여 재정청, 관은호, 은행, 관공서, 전보국, 우체국, 대형 공장을 점령하지 않았던가? 이것이 과연 정당방위일까, 아니면 군사통치일까?
> - 〈전쟁을 도발한 것은 일본이다〉,《노동신문》1931년 9월 23일자

1937년 루거우차오 사건이 발생하기 전, 하세가와 데루는 중국인 유학생이었던 남편 류런과 함께 중국으로 건너가 베르다 마요(초록의 5월)라는 필명으로 활동하며 일본의 대중국 침략전쟁을 반대하는 내용의 집필과 대일 방송으로 중·일 양국에 커다란 영향을 미쳤습니다. 1980년 두 사람의 실제 이야기를 다룬 영화《망향지성》이 중국과 일본에서 동시에 상영되었는데, 당시 덩샤오핑이 영화 제목을 친필로 써 주기도 했죠.

무고한 중국 민간인을 해치고 싶어하지 않는 일본인 병사들도 있었습니다. 이들 중에는 탈영하거나 자발적으로 투항한 사람도 있었고, 심지어 전쟁터를 떠나기 위해 자해를 한 사람도 있었습니다. 물론 이러

✓ 정부의 허가를 받아 은의 매매와 교환, 은표 발행을 하던 은행의 일종.

하세가와 데루와 류런   사토 다케오

한 일본군은 소수에 불과했지만, 그럼에도 일본 병사나 민중 가운데 침략전쟁을 혐오하고 평화를 기원하는 이들이 있었음을 알 수 있습니다. 1939년 11월 스기키 가즈오, 다카기 도시오, 고바야시 다케오 등은 중국 산시성 린현 마톈촌에서 '일본사병각성연맹'을 결성했습니다. 1940년 7월 일본의 반전 작가 가지 와타루는 중국 충칭에 '재중일본인반전동맹' 본부를 설립했습니다. 소련에서 옌안으로 건너간 오카노 스스무(노사카 산조)는 항일 근거지에 있던 일본 반전 병사들의 활동을 이끌며 '재중일본인반전동맹' 옌안 지부를 설립했습니다.

중국의 항일전쟁 후방에서 일본인들의 반전동맹이 활발히 이루어진 이유는 무엇일까요? 반전동맹에 참여했던 사토 다케오는 당시를 이렇게 회고했습니다. "팔로군(중국공산당의 주력군)의 원조와 노사카 산조의 지도 하에 화북 지방의 일본인 반전 조직은 계속 확대되었다. 1942년에는 일본사병각성연맹과 반전동맹이 합병되어 '반전동맹화북연합회'가 탄생했고 신사군(중국공산당의 주력부대이자 직할부대) 지구에도 지부가 설립되었다. 1944년 4월 반전동맹은 반전, 군부 타도, 일본의 민주화를 정치 강령으로 하는 '일본인민해방연맹'으로 개편되었는데, 화북·화중 지방의 연맹 구성원이 200명을 넘어섰다." 이처럼 전쟁터를 떠났거나 포로가 되었던 일본 병사들이 자발적으로 팔로군·신사군과 함께 싸웠습니다. 이들은 전단지, 확성기, 서신, 위문품, 전화, 방송 등 다양한 수단을 활용해 중국인 병사 대신 일본군에 대한 반전 선전을 맡아 주었습니다.

●
일본인들은 왜 항일전쟁에 뛰어들었을까요?

일본 민중 대다수는 군국주의 교육과 선전에 속아 침략전쟁의 희생양이 되었습니다. 일본은 군수품 공급과 병력자원 확보를 위해 '연속근무제도(여러 시간대에 연속으로 일하는 교대근무제)'를 시행했습니다. 강제로 철야 작업을 해야 했던 노동자들은 몸과 마음이 극도로 지쳤고, 목숨을 잃기도 했습니다. 전쟁터에서 수많은 사상자가 발생하면서 일본의 청장년 노동력은 줄어들었고 고아와 과부는 계속 늘어났습니다. 전쟁으로 인한 물가 폭등, 통화 팽창, 물자 부족, 공습, 피난, 기아 등 각종 재난 앞에서 민중은 그저 참고 견딜 수밖에 없었으며 생활은 나날이 곤궁해졌습니다. 이는 일부 일본인들이 전쟁에 혐오를 느끼고 반전운동에 나서게 만든 중요한 요인이었습니다.

아키야마 요시테루는 반전 투사로 전향한 대표적인 일본 병사입니다.

1978년 출간된 《중국 전선의 반전 사병》은 그가 반전운동으로 전향한 동기를 자전적으로 서술한 책입니다. 아키야마는 팔로군과의 전투 중에 부상으로 의식을 잃어 포로가 되었습니다. '이제 죽는구나'라고 생각하고 있던 그에게 팔로군은 오히려 잘 대우해 주었고, 팔로군 근거지로 향하는 도중에 일본 군인들이 여성, 아동, 노인을 포함한 무고한 민간인들을 무참히 총살하고 마을을 불태워 버리는 것을 목격했습니다. 그때 그는 마음속으로 생각했습니다. "이것이 바로 일본이 말하는 황도낙토(皇道樂土, 만주국을 일본 정신인 황도에 따라 이상향으로 만들겠다는 통치 이념)이고 새로운 동아시아 건설이란 말인가?" '성전'이라 불리는 전쟁의 실상에 의문을 품게 된 것입니다. 옌안에 도착한 아키야마는 일본농공학교에서 공부하면서 일본반전동맹 인사들과 교류했는데, 그 과정에서 이 전쟁이 일본군국주의의 중국 침략으로 일어났다는 사실을 알게 되었습니다.

일본의 반전 인사들은 일본 국내뿐 아니라 한반도와 중국에서도 활동했습니다. 이들이 반전 인사로 전향한 이유는 무엇일까요?

●

한·중·일 세 나라 민중의 항일투쟁을
어떻게 바라보아야 할까요?

중국 내 일본 점령지와 한반도에서 전개된 항일투쟁은 '소탕', '청향(淸鄕)'*이라 불릴 수준의 탄압을 당했기 때문에 항일운동 대부분은 후방에

---

* 일본군이 화북·화중 지방의 마을을 철조망으로 봉쇄하고 소탕한 것을 말한다.

서 유격전을 펼치거나 은밀하게 저항하는 방식으로 전개되었습니다. 세 나라 민중이 직접 항일 연합 투쟁을 벌인 경우는 많지 않았고 규모도 작았으며 일본군에 쉽게 발각되었습니다. 중일전쟁 시기 중국공산당은 조선인들을 한반도로 파견하거나 일본 각지에 잠입시켜 정보 수집과 반전 선전의 임무를 맡기기도 했습니다. 일본에 있는 중국공산당 '첩보단'과 '조르게 조직'//에는 일본인이 참여하기도 했으나 대부분 경찰에 발각되었습니다.

한·중·일 세 나라 민중은 단독으로, 혹은 연합하여 끊임없이 항일운동을 상호 지원했으며 이는 중일전쟁이 끝나는 날까지 계속되었습니다. 중일전쟁 기간 한·중 양국의 민중들은 '민족반역자'나 '친일파'와 내부 투쟁을 벌인 반면, 일본은 자국 민중들의 반전운동을 '매국'이라 매도했습니다. 과연 우리는 '매국'과 '애국'을 어떻게 이해해야 할까요? 그리고 이것은 오늘날 동아시아 평화와 협력에 어떠한 시사점을 줄까요?

// 리하르트 조르게(Richard Sorge)를 중심으로 일본 등 극동 지역에서 활동하던 소련의 첩보 조직.

한·중·일이 얽힌 완바오산 사건

일제 시기 많은 조선인이 만주로 이주했는데(2부 3장 1절 참조), 일본은 이들 문제에 개입하면서 만주에 대한 영향력을 확대했습니다. 조선인 배후에 일본이 있다고 여긴 중국 정부나 일부 중국인들은 이들을 '일본의 앞잡이'라며 차별했습니다. 세 국가의 이해관계가 얽혀 있던 만주에서 결국 사건이 터졌습니다. 바로 중국 지린성 창춘현에서 일어난 완바오산(萬寶山) 사건입니다.

1931년 조선인 180여 명이 중국인의 땅을 빌려 논농사를 짓기 위해 강물을 끌어들이는 수로 공사를 진행했는데, 이 과정에서 피해를 입은 중국인은 공사 중지를 요구했습니다. 조선인을 보호한다는 명목으로 출동한 일본 영사관 경찰은 중국인의 요구를 무시하고 조선인에게 공사를 계속하도록 독촉했죠. 그해 7월 감정이 격화된 중국인들이 수로를 메우면서 조선인과 중국인이 대치했습니다. 이 사건은 중국인이 물러나면서 큰 피해 없이 일단락되었습니다.

일본은 이 사건을 조선인과 중국인의 유대감을 약화시키고 중국 침략에 유리한 여론을 만들 수 있는 좋은 기회라고 판단했습니다. 조선의 신문들이 조선인이 일방적으로 큰 피해를 입은 것처럼 보도하자, 조선에서는 중국인

(화교)을 배척하는 폭동이 일어났습니다. 만주에서의 중국인의 조선인 차별, 조선에서의 화교의 상권 확장과 중국 노동자의 일자리 잠식에 불만을 품은 조선인들이 일으킨 사건이었습니다. 이 폭동으로 중국인이 죽거나 다쳤고 그들이 운영하는 상점이 불타거나 파괴되었습니다. 조선총독부는 이 사건을 방관하다시피 했습니다. 중국에서는 반한·반일 감정이, 일본에서는 반중 감정이 격화되면서 만주 문제를 무력으로 해결하자는 여론이 등장했습니다. 마침내 9월 18일 만주사변이 발생했습니다.

반전 평화를 노래하다

중국 국가를 작곡한 녜얼(1912~1935)

녜얼은 풍광이 맑고 아름다운 윈난성 쿤밍에서 태어났습니다. 윈난성립제일사범학교 재학 중에 단기간 자원입대했다가 복학하여 1930년 졸업한 그는 음악가가 되겠다는 뜻을 품고 상하이로 갔습니다. 상하이에서는 가무단(영화 상영 사이에 노래와 춤을 공연하는 단체)의 전속 연주자로서 바이올린을 켜기도 했습니다.

그 후 베이핑의 국립베이핑예술학원에 입학해 음악가가 되기 위한 본격적인 교육을 받으려 했으나, 입시에 실패하여 다시 상하이로 돌아갔습니다. 1933년에는 덴퉁영화사라는 작은 영화 제작사에 취직하여 영화음악을 만들었습니다.

녜얼은 음악과 연극을 깊이 공부하겠다는 꿈을 안고 일본어를 익히고 1935년 4월 일본으로 유학을 떠났습니다. 간다 진보초에 있는 친구의 하숙집에 들어가 연극, 연주회, 음악회, 가극 등을 감상하는 나날을 보냈습니다. 일본에서도 덴퉁영화사의 영화음악 작업을 이어 나갔죠. 녜얼은 일본으로 가기 전 덴퉁영화사가 제작하는 영화 〈풍운아녀〉의 작곡 의뢰를 받고 일본에서 악보를 보내기로 약속했습니다. 영화 줄거리는 이렇습니다. 고향인 만주를 빼앗긴 시인과 학생은 '화베이 분리공작'˘ 이 전개되던 지역을 순회하며 애국적 가극에 출연 중이던 소녀에게 호감을 품고 있었는데, 학생이 입대 후 화베이를 침공한 일본군과 싸우다가 전사하고 맙니다. 시인은 소녀의 열정이 담긴 애국가를 들으며 학생의 전사 소식에 결의를 다지고 용감히 적들과 맞서기 위해 나아갑니다. 이 마지

녜얼

막 장면에서 녜얼이 작곡한 〈의용군 행진곡〉이 울려 퍼집니다. 작사를 맡은 텐한은 당시 중국좌익작가연맹의 중심인물로 중화인민공화국 정부가 수립된 후 문화교육정책을 담당했고, 〈의용군 행진곡〉은 이후 국가로 지정되었습니다.

녜얼은 악보 완성 얼마 후인 1935년 7월 17일 가나가와현 구게누마 해안에서 수영 중에 익사하고 말았습니다. 녜얼의 죽음을 애석해한 일본 사람들은 구게누마 해안에 그의 추모비를 세웠습니다.

일어나라! 노예가 되기를 원치 않는 사람들이여!
우리의 피와 살로 우리의 새로운 장성을 쌓자!
중화 민족에 가장 위험한 시기가 닥쳐올 때
억압받는 한 사람마다 마지막 함성이 터져 나오리!
일어나라! 일어나라! 일어나라!
우리의 마음을 하나로 모아 적의 포화에 맞서 전진하자!

˘ 일본이 만주사변으로 점령한 화베이 지역을 중국에서 분리하기 위해 벌인 공작.

> 적의 포화에 맞서 전진하자! 전진! 전진! 나아가자!
>
> — 〈의용군 행진곡〉

반침략·반권력을 관철한 쓰루 아키라
(본명 기타 가쓰지, 1909~1938)

기타 가쓰지는 이시카와현 노토반도 끝자락에 위치한 다카마쓰에서 태어났습니다. 행복하다고는 할 수 없는 성장 과정을 겪은 그는 인간의 아픔을 이해하는 소년으로 자랐습니다. 다카마쓰고등소학교를 졸업한 후 양아버지가 경영하는 베 짜는 집에서 일했던 그는 도산을 계기로 17세의 나이에 오사카로 나가서 영세 공장 노동자가 되었습니다. 이즈음부터 '센류(일본어 정형시)'에 몰두한 그는 쓰루 아키

쓰루 아키라

라라는 필명으로 시를 발표하면서 사회 모순을 응시하고 자본가의 횡포를 비판하며 노동자의 생활고를 이야기했습니다. 센류는 하이쿠와 같이 17자의 짧은 시이지만 그 외의 규칙이나 제한 없이 오로지 인정과 세태, 풍속, 정치 등을 해학과 풍자를 담아 자유롭게 노래하는 대중 문예입니다.

20세에 징병검사를 받고 가나자와 제7연대에 입대한 그는 부대 내에서 일본청년공산동맹의 기관지를 배포하다가 체포되어 2년 형을 받고 제대했습니다.

1937년 7월부터 일본이 중국에 대해 전면전을 개시하자 일본의 침략전쟁을 비판하는 센류를 잡지 《센류인》에 잇달아 기고하며 침략 반대를 호소했습니다. 결국 그는 치안유지법 위반으로 12월 검거되었고, 이질에 걸려 이듬해 9월 수갑을 찬 채로 29세의 젊은 나이로 타계했습니다.

총칼로 빼앗은 옥답의 이민 마을
고량(高粱) 열매 위에 전차와 군화의 징
총알받이를 낳아라 늘려라 훈장을 주마
손발 뜯어내 '마루타'로 만들어 돌려보내고
태동을 느낄 즈음 돌아온 뼈

독립운동에 뛰어든 시인 이육사
(본명 이원록, 1904~1944)

이육사

경상북도 안동 출신의 이원록은 1925년 의열단에 가입했습니다. 의열단은 일본 관헌에 대한 테러와 파괴 활동을 목적으로 하는 항일 단체였습니다. 1927년 장진홍이 일으킨 '조선은행 대구지점 폭파 사건'의 주모자로 몰려 체포된 이원록은 수감 번호가 264번이었는데 이를 따서 호를 육사라고 지었습니다. 하지만 1927년 장진홍이 일본 오사카에서 체포되어 사건의 전모가 밝혀지면서 이육사는 무혐의로 풀려났습니다. 1932년에는 김원봉이 중국국민당의 지원을 받아 난징에 설립한 조선혁명군사정치간부학교에 입학했습니다. 이듬해인 1933년에 졸업하고 귀국한 그는 시인으로 활동하며 목가적이지만 강인한 필치로 민족 독립의 의지를 노래했습니다. 1943년 일본 경찰에 체포되어 베이징으로 끌려가 일본영사관 경찰에 구금된 후 이듬해 39세의 나이로 옥사했습니다. 다음의 시 〈광야〉는 이육사의 대표작 중 하나입니다.

까마득한 날에
하늘이 처음 열리고
어디 닭 우는 소리 들렸으랴

모든 산맥들이
바다를 연모해 휘달릴 때도
차마 이곳을 범하던 못하였으리라

끊임없는 광음을
부지런한 계절이 피어선 지고
큰 강물이 비로소 길을 열었다

지금 눈 내리고
매화 향기 홀로 아득하니
내 여기 가난한 노래의 씨를 뿌려라

다시 천고의 뒤에
백마 타고 오는 초인이 있어
이 광야에서 목 놓아 부르게 하리라

- 〈광야〉

3장
대중문화와 민중의 삶

1

도미코 가족은
왜 조선으로
건너왔을까요?

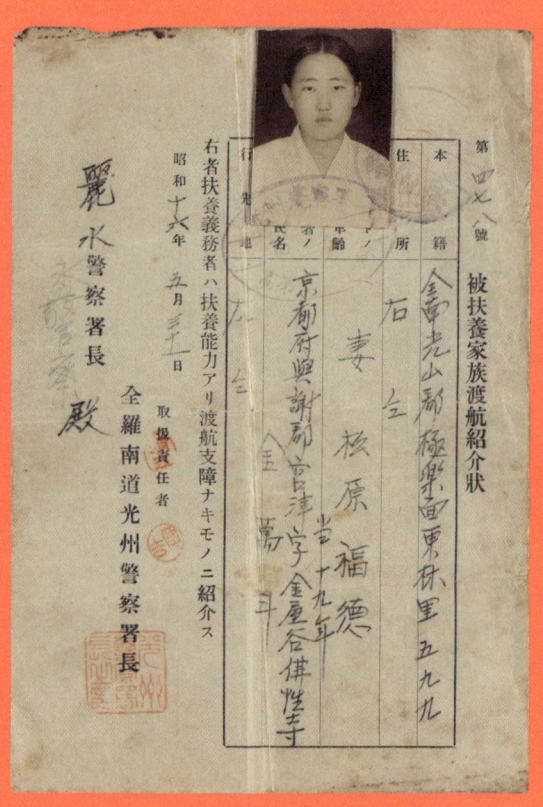

도항증명(1941)

왼쪽 사진은 전라남도 광주에 살던 오복덕이 먼저 일본에 건너가 교토에서 일하고 있던 남편을 찾아가기 위해 발급받은 '피부양가족 도항소개장'입니다. 일본의 지배를 받던 시절 조선인이 일본에 가려면 이처럼 도항증명이 필요했습니다. 거주지인 광주의 경찰서장이 일본행 배가 떠나던 여수의 경찰서장에게 보내는 형식입니다. 발급일은 1941년 5월 31일인데 오복덕의 이름은 창씨개명 탓에 일본식으로 바뀌어 있습니다.

근대 동아시아 사람들은 왜 다른 나라로 건너갔을까요? 조선·중국·일본 사람이 국경을 넘은 이유는 같았을까요, 아니면 서로 달랐을까요? 그리고 그러한 이주의 결과 그들의 삶에는 어떤 변화가 찾아왔을까요?

●
바다 건너에는 더 나은 삶이 기다리고 있었을까요?

1935년, 일본 구마모토현 미나마타에 살던 초등학생 야마시타 도미코의 가족은 조선으로 이주했습니다. 도미코 가족은 왜 정든 고향을 떠나 조선으로 이주했을까요? 미나마타에 있는 일본 질소공장에 다니던 도미코의 아버지는 함경남도 흥남에 새로 생긴 조선 질소공장으로 직장을 옮겼습니다. 도미코의 아버지는 미나마타에서 가난한 노동자였지만, 흥남에서는 조선인 노동자의 두 배가 넘는 월급을 받았습니다. 도미코가 쓴 일기에는 풍족한 생활에 대한 기대가 숨김없이 드러나 있습니다.

> 우리 식구는 이번에 조선 흥남에 가게 되었습니다. 그쪽에 회사의 커다란 공장이 있습니다. 미나마타 공장의 카바이트계에서 일하는 아버지가 전근하게 된 겁니다. 조선에는 관부연락선˚을 타고 간답니다. 현해탄은 파도가 아주 거칠다고 합니다. 그래도 친구인 밋짱도 시계짱도 함께 가니까 괜찮습니다. 조선은 어떤 곳일까요? 아버지가 취해서 "바다를 건너면 나도 정사원이야. 너희한테도 좋은 생활을 하게 해 줄게"라고 말했습니다. 그러니까 나도 꼭 새 운동화를 가질 수 있을 겁니다. 오늘 집 앞에서 기념사진을 찍었습니다.
>
> — 야마시타 도미코의 일기(1935년 10월)

조선에 온 뒤 도미코의 오빠도 같은 공장에서 일하면서 결혼하여 가정을 꾸렸습니다. 도미코 역시 흥남에서 일본인이 다니는 소학교를 졸업하고 공장에 다녔습니다. 도미코 가족은 일본에 있을 때보다 여유롭게 지낼 수 있었습니다. 하지만 1945년 8월 일본이 전쟁에 패하자 도미코 가족을 비롯한 일본인들은 귀국해야 했습니다. 10년이 흐른 뒤 미나마타에서는 사람들이 질소공장에서 배출한 수은에 중독되는 사건이 일어났습니다. 유명한 미나마타병입니다. 이미 흥남에서도 유사한 질병이 발생했다는 증언도 나왔죠. 도미코의 가족사에는 식민과 이주, 개발과 환경파괴라는 역사의 흔적이 고스란히 남아 있습니다.

일본이 타이완과 조선을 지배하고 중국을 침략하면서 많은 일본인이 더 나은 생활을 찾아 바다를 건넜습니다. 타이완과 조선에서는 총독부와 동양척식회사가 일본인의 이민과 정착을 도왔습니다. 1910년 한국병

✓ 1905~1945년 부산과 일본의 시모노세키 사이를 운항하던 정기 여객선.

합 당시 조선에는 약 17만 명의 일본인이 살고 있었으나, 1942년에는 그 수가 75만 명을 넘어섰습니다. 1930년대에는 한반도 북부에 많은 공장이 들어서면서 도미코의 가족처럼 많은 일본인 노동자가 이주했습니다. 좀 더 나은 삶을 향한 사람들의 소박한 꿈이 식민 지배를 떠받친 셈입니다. 식민지는 어떤 이에게는 '창살 없는 감옥'이었지만 또 다른 이에게는 '기회의 땅'이었습니다.

조선인들도 일자리를 찾아 일본으로 떠났습니다. 일본에 건너온 조선인들은 토목 공사에 종사하거나 공장에서 노동자로 일하며 집단을 이루어 거주하는 경우가 많았습니다. 적지 않은 조선인들이 열악한 노동 환경과 민족 차별에 저항하여 노동운동과 민족운동을 벌였습니다. 한편, 농사짓고 살 만한 곳을 찾아 만주나 러시아 연해주로 떠나는 조선인들도 늘었습니다. 중국인들은 일찍이 19세기부터 일자리를 찾아 해외로 이주했습니다. 20세기에 들어오자 산업화가 빨랐던 일본은 물론 일본이 지배하던 조선 땅에도 적지 않은 중국인 노동자들이 옮겨 왔습니다.

러일전쟁에서 승리한 일본은 1906년 남만주철도주식회사를 설립하여 만주 개발과 이민을 추진했습니다. 1931년 일본이 만주를 침략하고 이듬해 만주국이 성립하자, 일본인의 만주 진출은 더욱 본격화되었습니다. 일본인들은 정부 정책에 따라 마을 단위로 집단이민을 떠나기도 했습니다. 조선총독부 역시 조선인에게 집단이민을 장려했습니다. 만주에서는 일본인과 조선인, 원래 거주하던 중국인 농민과 새롭게 이주해 온 중국인 노동자 사이에 갈등이 빚어졌습니다. 일본 침략에 맞서 중국인과 조선인이 함께 무장투쟁을 벌인 곳도 바로 만주였습니다.

청년들은 유학을 통해
무엇을 배웠을까요?

　많은 아시아 청년이 새로운 근대 지식을 익히고자 서구 열강을 비롯한 외국으로 유학을 떠났습니다. 그중 적지 않은 조선인과 중국인이 아시아에서 가장 먼저 서구 근대 학문을 받아들인 일본을 찾았습니다. 1937년 무렵 일본에서 공부하던 조선인 학생은 약 9,800명, 중국인 학생은 약 6,000명이었습니다. 왜 이들은 자신의 나라를 지배하고 침략한 일본으로 유학을 떠났을까요? 민족을 계몽하는 지식인이 되기 위해서도, 개인적인 입신양명을 이루기 위해서도 그들은 새로운 학문을 익혀야만 했습니다. 하지만 조선과 중국에는 중·고등 교육기관이 부족했습니다. 따라서 많은 청년이 교육의 기회를 찾아 일본 땅을 밟았습니다. 이렇게 일본에 건너온 유학생들은 일상적으로 민족 차별을 경험하기도 했는데, 이를 계기로 자신의 권리를 옹호하는 사회운동과 독립을 목표로 하는 민족운동을 펼쳤습니다.

> 하나의 인체에서 그 생물학적 발전은 피부가 붉고 노랗고 검고 희고에 관계 없이 대체로 같다. 사람에 의해 조직된 사회 역시 그러하다. …… 중국인은 하느님도 아니고 원숭이도 아니다. 중국인으로 형성된 사회도 특별하거나 독특하다고 할 수 없다. 우리 요구는 인간의 관점에서 중국 사회를 관찰하자는 것이다.
>
> — 궈모뤄, 〈중국고대사회연구〉(1930)

도시샤대학 교정에 세워진 윤동주 시비

훗날 중국을 대표하는 문학자이자 역사학자가 된 궈모뤄는 1914년 일본에 건너가 의학을 공부하면서 민족 차별을 경험했습니다. 의학 대신 역사학을 공부하게 된 그는 중국 역사가 발전 없이 정체되어 있다는 시각을 비판하고 중국 역시 서구 혹은 일본과 마찬가지로 보편적인 발전의 길을 걸어왔다고 강조했습니다. 앞의 글은 중국인을 편견 없이 똑같은 인간으로 바라볼 것을 주장한 궈모뤄의 글입니다. 중국혁명에 참여한 궈모뤄는 1950년대에 중국과학원 원장을 맡는 등 중국을 대표하는 지식인의 길을 걸었습니다.

윤동주는 북간도(오늘날의 중국 옌볜)로 이주한 조선인 가정에서 1917년에 태어났습니다. 그는 평양의 기독교계 학교인 숭실중학교에서 공부했으나, 신사참배를 거부한 학교가 폐교되어 고향으로 돌아갔습니다. 이후 서울의 연희전문학교를 다니다가 1942년 일본 유학길에 올랐습니다. 윤동주는 교토의 도시샤대학 영문과에 재학 중이던 1943년 독립운동에 가담했다는 혐의로 체포되어 1945년 옥중에서 사망했습니다. 윤동주는 식민지 청년의 고뇌를 그린 시를 다수 남겨 한국의 국민적 시인으로 기억되고 있습니다. 일본의 도시샤대학 교정에도 그를 기리는 시비가 세워졌습니다. 일본의 침략을 받은 동아시아의 청년에게 일본 유학은 근대적 지식을 얻는 동시에 민족 차별의 현실에 눈뜨는 계기가 되었습니다.

중국에서도 많은 조선인과 일본인이 유학생이나 망명객의 신세로 살았습니다. 많은 조선의 지식인과 청년이 일본의 지배를 피해 중국으로 떠났습니다. 조선인들은 중국 땅에 대한민국임시정부를 비롯한 여러 독립운동 단체를 조직하고 중국인과 연대하여 항일운동을 펼쳤습니다. 적지 않은 일본 지식인들 역시 중국으로 건너와 중국 국민혁명에 참여하고, 중국인과 연대하여 반전·반제국주의 활동을 펼쳤습니다. 중일전쟁 발발 이후 중국공산당이 자리 잡고 있던 옌안에서는 조선인과 일본인 사회주의자들이 중국인과 더불어 활동하기도 했습니다.

●

**전쟁으로 인한 가혹한 강제 동원은
무엇을 남겼을까요?**

일본 규슈 나가사키 앞바다에는 군함처럼 생겨서 군함도라고 불리는 하시마섬이 있습니다. 1945년 하시마섬 해저 탄광에는 1,000명 이상의 조선인 노동자가 거주했습니다. 직접 탄을 캐는 광부의 대부분이 조

'군함도'로 불리는 하시마섬

선인이었습니다. 조선인들은 왜 일본의 외딴섬에 있는 탄광에까지 오게 되었을까요? 아시아·태평양전쟁이 격화되면서 부족해진 일본의 노동력을 채우기 위해 고향을 떠나온 노동자들이었습니다. 섬에 갇힌 그들은 장시간 노동에 시달렸고 민족 차별 탓에 깊은 상처를 입었습니다.

  조선인 노동자 강제 동원은 중일전쟁 발발 이후 본격화되었습니다. 전쟁이 길어지고 노동력이 부족해지면서 일본 정부의 동원 방식은 점점 강제성을 더해 갔습니다. 1939년 일본이 실시한 국민징용령은 1944년 무렵 식민지 조선에도 본격적으로 적용되었습니다. 조선인은 사할린에서 오키나와에 이르는 일본 전역은 물론 일본이 점령한 동남아시아에까지 100만 명 이상 동원되었습니다.

  부족한 노동력을 채우기 위해 조선인뿐만 아니라 전쟁 포로를 포함한 약 4만 명의 중국인이 일본으로 연행되어 강제 노동에 시달렸습니다. 약 1,000명의 중국인 노동자가 일하던 아키타현 하나오카 광산에서는 가혹한 환경에 견디다 못한 노동자들이 종전 직전인 1945년 6월 봉기했는데, 진압 과정에서 400명 이상의 노동자들이 희생당했습니다. 일본이 지배하고 있던 만주에서도 상황은 비슷했는데, 예컨대 1937~1943년에 진행된 펑만 수력발전소 건설 공사에 동원된 중국인 노동자들은 최대 1만 8,000명에 이르렀습니다. 전체 공사 기간 중 적어도 1,000명 이상이 사망했을 정도로 노동 환경이 열악했습니다.

전쟁이 끝난 뒤에도 조선인과 중국인에 대한 강제 동원 문제는 제대로 해결되지 않았습니다. 일본에 의해 사할린에 끌려갔던 조선인 노동자들은 해방 이후에도 일본 정부의 외면으로 수십 년간 고향에 돌아오지 못했습니다. 한국과 중국의 강제 동원 피해자들은 지금도 일본 정부와 기업을 상대로 배상을 요구하고 있습니다.

식민 지배와 전쟁으로 점철된 동아시아 근대 시기는 급격한 인구 이동을 낳았습니다. 이주의 원인에는 자발성과 강제성이 공존했습니다. 다만 1945년 한국인의 20퍼센트가 해외에 거주했다는 사실을 떠올린다면, 식민 지배와 전쟁 같은 구조적 원인이 컸다고 생각할 수 있습니다. 근대화와 도시화에 따른 일반적인 인구 이동과, 식민 지배와 전쟁에 의한 인구 이동 사이에는 어떤 차이가 있을까요? 또 식민 지배와 전쟁으로 인한 인구 이동은 오늘날 동아시아 사회에 어떤 영향을 미쳤을까요?

2

동아시아의 도시인들은 어떻게 살았을까요?

칭다오·군산·나하

동아시아의 근대화는 곧 도시화 과정이라고도 볼 수 있습니다. 중국의 칭다오, 조선의 군산, 일본의 나하는 모두 근대에 항구를 기반으로 발전한 신흥 도시들입니다. 도시화가 이루어진 시기는 달랐지만 그 과정에서 외세와 전쟁의 영향을 받았다는 공통점이 있습니다.

칭다오는 독일의 조차지가 되면서 도시화가 시작되었고 후에는 일본에 의해 점령됐습니다. 군산은 1899년 개항과 함께 도시화가 시작되었으며 화교가 많아 중국과 긴밀한 무역관계를 형성했고, 일제의 한국 병탄 후에는 일본인과 기업 자본이 대거 유입됐죠. 세 도시 중 가장 먼저 개항한 나하는 류큐왕국의 흥망과 일본 메이지유신의 영향 속에서 도시화를 이루었습니다.

이번 절에서는 현지 민중들이 외부의 힘에 의한 도시화 과정에서 어떠한 경험을 했고, 전쟁을 목전에 둔 시대적 풍랑 속에서 어떻게 살길을 도모했는지 살펴보겠습니다.

●

도시화는
어떻게 이루어졌을까요?

1897년 독일은 선교사 피살 사건을 구실로 칭다오를 조차지로 삼았습니다. 독일총독부는 칭다오를 '유럽인 구역'과 '중국인 구역'으로 나누어 통치했기 때문에, 기존의 유럽인 구역에 살던 농어민들은 헐값에 집을 팔고 중국인 구역으로 옮겨가야 했습니다. 경작지는 건축용지로 변했고 전통적인 삶의 터전을 잃어버린 농어민들은 노동으로 생계를 유지해야 했습니다. 오른쪽 위의 사진은 경작지를 잃고 건설 노동자로 일하러 간 현지 농어민들의 모습입니다.

독일인 감독관과 중국인 건설 노동자

다마오 섬의 인력거꾼

본래 칭다오는 주민 대부분이 고기잡이로 생계를 이어가는 작은 어촌이었습니다. 그러나 독일총독부가 엄격한 통치제도하에서 서양식 도시 관리모델을 실시했기 때문에 현지 중국인들은 수많은 제약과 감시 속에서 도시화된 생활환경에 적응해야 했습니다. 노동자들은 새로운 공장과 부두에서 엄격한 규율에 따라 작업했으며, 기차역 인부들도 통일된 복장에 배지를 달고 규정된 가격과 절차에 따라 여행객들에게 서비스를 제공했습니다. 인력거꾼들은 질서정연하게 줄을 서서 손님을 기다렸습니다.

서해안에 위치한 항구도시 군산은 1899년 개항 당시만 해도 인구 600명 남짓의 작은 포구 마을이었으나, 한반도 최대의 곡창지대인 전라도 평야 지역을 기반으로 일본에 곡식과 농작물을 수출하면서 중심 도시로 발전했습니다.

군산은 중국인 화교 밀집지인 인천과 마찬가지로 오래전부터 중국과 왕래가 많았습니다. 개항 후에는 조계지가 세워져 화교들이 상업활동과 생활의 편의를 누리면서 화교 사회가 번영했고 조선인 농민들도 일자리를 찾아 이곳으로 모여들었습니다. 일본인 이민자도 많았는데 처음에는 경제적인 어려움 때문에 이주한 잡화상과 행상이 대부분이었으나, 도로, 철도, 통신, 주택, 배수 등 인프라가 갖춰지면서 일본의 미곡상, 건설업자 지주, 자본가 들도 투자를 목적으로 몰려들었습니다. 그러나 1910년 일제의 강제 병합 후 조계가 폐지되면서 화교 사회는 쇠락했습니다. 군산의 인구 변화를 나타내는 통계 자료를 통해 1910년 직후 현지 조선인과 일본인의 수가 거의 비슷해졌음을 알 수 있습니다.

나하는 옛 류큐왕국이 중국과 조공무역을 했던 항구로, 동남아시아와 서아시아 두 교역 노선의 끝자락에 위치해 있습니다. 메이지유신 이후

군산의 인구 변화
(단위: 명)

	조선인	일본인	외국인	합계
1899년	511	77	-	588
1905년	3,451	1,620	85	5,156
1910년	3,830	3,448	95	7,373
1915년	5,561	5,291	113	10,965
1920년	8,243	5,659	236	14,138
1925년	13,486	7,074	467	21,027
1930년	16,541	8,781	638	25,960
1935년	30,742	9,711	624	41,077
1940년	42,714	9,901	308	52,923

※ '외국인' 대부분은 중국인을 가리킴
※ 출처: 김태웅, 〈일제하 군산부에서 주민의 이동사정과 계층분화의 양상〉, 《한국민족문화》 35

  오키나와현이 설치되면서 현청소재지가 되었으며 1884년에는 나하, 가고시마, 오사카 간 정기항로가 개설되면서 일본 본토와의 왕래가 활발해졌습니다.

  일본 정부가 국내 설탕 수요를 위해 사탕수수 재배를 장려하면서 오키나와에서는 사탕수수 생산이 늘고 제당산업이 발전했습니다. 특히 제1차 세계대전 동안 전 세계의 설탕 가격이 폭등하면서 제당산업은 더욱 번창했고 나하항 역시 설탕 수출입으로 번화해졌습니다. 그러나 제1차 세계대전 이후 1920년 일본의 경제 위기로 설탕 가격이 폭락하자, 오키나와의 사탕수수 재배 농민들과 제당산업은 큰 타격을 입었고 나하의 경제도 침체에 빠졌습니다. 당시 도민들은 현지의 전통적인 주식이었던 고구마로 힘겹게 버텨야 했는데, 흉년이 들면 고구마마저 없어 소철나무에서 뽑아낸 전분을 먹었습니다. 이른바 '소철지옥'이라 불렸던 이

제1차 세계대전 시기 흑당 수출로 분주한 나하항

시기에 수많은 오키나와인은 일자리를 찾아 떠났는데, 주로 나하항에서 정기선을 타고 오사카로 떠나서 그곳에는 '오키나와인 마을'이 형성되기도 했습니다.

●

도시와 민중은
어떠한 관계였을까요?

칭다오의 도시화는 현지인의 삶을 완전히 바꾸어 놓았습니다. 1930년대 중국의 유명한 작가인 왕퉁자오는 《칭다오 소묘》에서 다음과 같이 이야기했습니다.

> 황량한 어촌이었던 시절, 칭다오엔 아무것도 없었다. 하지만 독일 군함의 자오저우만 강점 이후 이곳은 해가 다르게 변해 갔다. 독일인들이 자오지(칭다오-지난) 철도 건설을 강행하면서 철로 부근에 살던 수많은 산동 농민이 가혹한 세금의 희생양이 되었다. 하지만 일부 농민과 노동자 들은 돈을 위해, 새로운 살길을 찾기 위해 독일인의 지휘 아래 자신의 피와 땀과 지혜를 쏟아부어 칭다오를 완전히 뒤바꾸어 놓았다. 그들은 산을 깎고 길을 닦아 바닷속 깊이 석벽 부두를 만들고 벽돌과 나무 하나하나를 쌓아 올려 아름답고 튼튼한 독일풍 고층 건물을 세웠다. 막노동하던 이가 뜻밖의 기회로 돈과 권세를 얻기도 했고 재산을 모아 농촌을 떠나는 자가 있는가 하면 아무것도 얻지 못하거나 목숨을 잃은 이들도 있었다.
>
> – 왕퉁자오, 《칭다오 소묘》

군산에는 조선인, 일본인, 중국인이 모두 살았기 때문에 거리에서 한복, 기모노, 양복 등 각기 다른 복식을 입은 행인들을 흔히 볼 수 있었습니다. 조선인들은 도매상이나 곡물상을 하는 사람도 일부 있었지만, 대부분은 부두에서 잡일과 막노동을 하며 제대로 된 집도 없이 땅굴을 파고 움집을 지어 생활했습니다. 중국인들은 중국 본토와 인천의 관계망을 기반으로 주로 무역에 종사했습니다. 1920년대에는 도시 건설을 위해 대규모 토목 공사가 진행되면서 많은 중국인 노동자가 군산의 공장으로 유입되었는데 이들이 값싼 노동력으로 일자리를 차지하면서 조선인 노동자들의 불만을 사기도 했습니다.

1910년 이후 군산은 전형적인 식민도시가 되었습니다. 군산에 살던 일본인의 80퍼센트가 자유롭게 수돗물을 사용한 반면, 조선인은 고

식민지 시기 군산의 시가지 풍경

작 40퍼센트만이 사용하는 등 일본인이 훨씬 더 나은 삶을 누렸습니다. 1930년대까지 군산에서 선거에 참여하려면 피선거인이 일정 금액의 재산세를 납부해야 했는데, 그 결과 1931년 군산부협의회 선거에서 일본인 당선자가 78퍼센트를 차지하며 조선 전체에서 가장 높은 비율을 기록하기도 했습니다.

일본 오키나와현의 나하도 행정·경제·사회적 역할이 점차 확대되었습니다. 옛 류큐왕국의 수도 슈리까지 이어진 나하 최초의 노면 전차는 제1차 세계대전이 발발했던 1914년 개통되었습니다. 그 후 10년 동안 나하를 출발지로 하는 3개의 경전철 철로인 요나바루(1914년 개통), 가데나(1922년 개통), 이토만(1923년 개통) 노선이 건설되었으나 1944년 미군의 공습으로 파괴되었습니다.

오키나와의 경제는 제1차 세계대전 후의 세계 경제 위기 속에서 큰 타격을 받았습니다. 과거의 주요 설탕 수출 도시였던 나하항은 '오키나와 노동자' 수출 도시로 전락했습니다. 1920년대 후반에는 매년 2,000~4,000명이 나하에서 출발해 하와이, 필리핀, 페루, 브라질 등으로 떠났습니다. 이들은 브라질의 커피농장, 필리핀의 사탕수수농장에서 일하며 피땀 흘려 번 돈을 고향에 있는 가족에게 생활비로 보냈습니다.

●

전쟁은 도시인들의 삶에 어떠한 변화를 가져왔을까요?

제1차 세계대전 발발 후 일본과 독일은 칭다오에 대한 이권을 두고 쟁탈전을 벌였습니다. 당시 칭다오 내의 독일 병력은 약 5,000명이었던 반면 일본군은 5만 명에 달해 양측의 병력 차이가 매우 컸습니다. 일본군은 자오지철도를 점령해 독일군의 보급선을 차단하고 부상병과 물자를 운반하기 위해 중국인들을 징발했습니다.

1914년 11월 독일과의 전쟁에서 승리한 일본은 1922년까지 칭다오를 점령했습니다. 이 기간 동안 수많은 일본인이 칭다오로 들어와 상업에 종사했고, 자오지철도와 기존 독일 조계지도 모두 일본인이 관리했습니다. 중국 세관의 통계에 따르면, 1930년 당시 칭다오는 상하이를 제외하고 일본인이 가장 많이 사는 곳이었습니다. 1937년 중일전쟁 시기 칭다오 내 일본인 수는 1만 7,000명, 이들이 가진 자산은 약 4억 엔에 달했습니다. 중일전쟁으로 일본인들이 잇따라 칭다오를 떠나자 당시 격앙한 현지인들은 일본인이 경영하던 공장, 호텔, 주택을 불태우기도 했습니다.

일본군 부상병을 수송하는 중국인들

1945년 오키나와 전투로 폐허가 된 나하

중국과 일본의 전쟁은 군산에도 영향을 미쳤습니다. 우선 1931년 완바오산 사건 이후 조선인들의 화교배척운동이 확산하면서 군산의 화교 인구가 감소했습니다. 또 전쟁 시기에 군수산업 위주로 산업구조를 개편하면서 구라시키인견회사의 군산 공장에서는 군복 제작에 필요한 면을 생산했습니다. 1938년에는 공업지역 확대를 위한 도시계획 초안을 마련했으나, 전쟁이 격화되면서 토지는 군대의 주둔 상황에 따라 재배치되고 건축 계획은 방공 규제를 받는 등 도시계획이 변질되었습니다.

일본은 1931년 만주사변을 일으킨 후 이민 독려를 국가정책으로 삼고, 1939년 만주에 3만 가구, 15만 명으로 이루어진 '오키나와촌'을 건설한다는 계획을 내놓았습니다. 비록 실행에 옮겨지지는 않았지만, 이듬해 오키나와현 전체 인구의 10퍼센트가 해외로 이민을 갔습니다.

1944년 일본군은 아시아·태평양전쟁 각 전선에서 패퇴를 거듭했고, 10월 10일 나하는 미군의 대대적인 공습으로 도시의 90퍼센트가 화염에 휩싸여 폐허로 변하고 말았습니다. 1945년 4월 1일 미군의 오키나와 상륙으로 오키나와 전투가 시작되었고, 5월 말 나하시는 미군에 의해 점령됐습니다.

이렇듯 전쟁은 칭다오·군산·나하의 발전 궤도를 완전히 바꾸어 놓았습니다. 전쟁에 의해 이뤄진 도시화에 대해 어떻게 생각하나요?

3

식민지와 전쟁터의 대중은 어떤 노래를 불렀을까요?

1930년대 서울의 음반과 악기 상점들

1930년대 상하이의 난징 대극장

1931년 일본에서 생산된 라디오

서울의 음반 상점, 상하이의 영화관, 일본에서 생산된 라디오의 모습입니다. 좋아하는 노래를 음반으로 듣고, 영화관에서 영화를 보고, 라디오로 뉴스를 듣고, 유행가를 따라 부르며 여가를 즐기는 대중문화의 시대는 언제 시작되었을까요?

언제부터 대중문화를 즐기게 되었을까요?

　서양에서 대중문화는 20세기 초에 시작되었습니다. 공업이 발달하고 인구가 도시로 몰리고 학교 교육을 받은 사람이 늘어나면서 음반, 영화, 라디오 등 대중매체가 등장했습니다. 서양에서 시작된 대중문화의 바람은 곧 세계로 확산되었습니다. 동아시아에서도 1920년대부터 많은 사람이 대중문화를 소비하기 시작했습니다.

　'유행가'는 대중문화의 시대를 대표하는 말입니다. 1920년대부터 일본과 조선에서는 '유행가', 중국에서는 '시대곡'이라 불리는 히트곡이 등장했고, 그 노래를 부른 가수가 인기를 끌었습니다. 많은 사람이 하나의 노래에 열광하는 문화를 만들어 낸 기술은 바로 음반과 라디오 방송이었습니다.

　세계 최초의 라디오 방송국은 1920년 미국 피츠버그에서 설립되었습니다. 동아시아에도 곧바로 라디오 방송국이 생겨났는데, 중국에서는 1923년 중국무선전공사, 일본에서는 1925년 도쿄방송국, 조선에서는

1927년 경성방송국이 문을 열었습니다. 라디오방송이 시작되고 유행가들이 흘러나오면서 가수들의 음반도 더 많이 팔렸습니다.

음반과 라디오방송보다 먼저 등장한 영화는 1895년 프랑스에서 뤼미에르 형제에 의해 처음 상영되었습니다. 이듬해 1896년에는 중국 상하이에서 영화가 '서양 그림자극'이라는 이름으로 처음 소개되어 서양에 대한 호기심을 자극했습니다. 일본에서도 1896년 처음으로 영화가 상영되었고, 한국에서는 1897년 영국인 에스터 하우스가 프랑스 단편 영화를 수입해 상영한 것이 그 시작이었습니다. 서양 영화 상영이 큰 인기를 끄는 가운데 영화관이 들어섰고, 영화사가 설립되어 본격적인 영화 제작도 시작되었습니다. 동아시아에서는 1920년대부터 많은 영화가 제작되어 사람들이 영화관에서 여가를 보내기 시작했습니다. 당시 영화는 소리 없이 영상만 상영되었기 때문에, 사람들은 변사라 불리는 해설자가 들려주는 줄거리를 들으며 영화를 봤습니다.

●
식민통치와 전쟁은
영화에 어떻게 영향을 주었을까요?

예매를 할 수 없어 영화관 앞에서 하염없이 대기해야 했던 시대였음에도 사람들은 왜 수고로움을 마다하지 않고 영화관으로 달려갔을까요? 사람들은 현실에서 함부로 표현할 수 없는 자신의 처지나 생각을 영화 장면에서 읽어 내며 카타르시스를 느끼고 열광했습니다. 조선인 배우이자 감독인 나운규가 제작한 영화 〈아리랑〉(1926)이 경성의 영화관인

영화 〈아리랑〉 광고

단성사에서 상영되었을 때, 사람들이 구름처럼 몰린 것도 그런 이유에서였습니다. 6개월의 상영 기간에 110만 명이 영화를 관람했습니다. 〈아리랑〉은 나운규가 줄거리를 쓰고 감독을 하며 직접 출연한 영화로, 농촌 청년 영진과 지주의 심부름꾼 오기호의 갈등을 그렸습니다. 사람들은 영진을 자신과 같은 조선 민중으로, 오기호를 지배자인 일본으로 받아들이며 영화에 감정이입을 했죠.

1937년 일본이 중국을 전면 침략하면서 동아시아는 전쟁에 휩싸였습니다. 전쟁은 영화의 중요한 소재가 되었습니다. 또한 영화는 전쟁을 합리화하거나 반대하기 위한 수단으로 쓰였습니다. 일본의 전쟁 영화는 주로 일본군이 어려운 상황에서도 천황의 은혜에 보답하려 최선을 다한다는 교훈을 담았습니다. 대표적인 영화가 다사카 도모타카 감독의 〈5인의 척후병〉(1938)으로, 부대원들이 정찰을 나갔다가 귀환하지 않은 단 한 명의 척후병을 간절히 기다렸다가 그가 돌아오자 이동을 시작한다는 내용이었습니다. 식민 지배를 받던 조선에서는 조선인의 일본 군대 자원

영화 〈5인의 척후병〉의 한 장면

영화 〈조선해협〉 촬영 기념사진

영화 〈우리 땅을 지키자〉의 한 장면

입대를 부추기는 전쟁 영화가 만들어졌습니다. 박기채 감독의 〈조선해협〉(1943)은 주인공이 형의 전사 소식을 듣고 자신도 지원병으로 입대한다는 내용을 담았습니다.

일본에서는 전쟁에 반대하는 반전 영화도 등장했습니다. 가메이 후미오 감독은 1939년 다큐멘터리 영화 〈싸우는 군대〉에서, 전선에 있는 일본 병사들의 피폐한 표정과 일본군에 농작물을 약탈당한 농민의 슬픈 표정을 화면에 담았습니다. 이 영화는 상영이 금지되었고 가메이는 반전사상을 지녔다는 이유로 체포되었습니다.

중국에서는 일본의 침략과 중국인의 저항을 그린 항전 영화가 만들어졌습니다. 영화 〈우리 땅을 지키자〉(1936)의 줄거리는 이렇습니다. 주인공 류산은 1931년 만주사변으로 고향인 만주가 파괴되자 부인과 넷째 동생을 데리고 남쪽으로 내려와 정착합니다. 하지만 1937년 일본군이 상하이를 공격하는 제2차 상하이사변이 일어나면서 애써 일군 제2의 고향마저 잃고 맙니다. 그러자 류산은 더 이상 피난하지 않겠다는 생각으로 사람들과 함께 중국군의 작전에 협조하는 한편, 일본군에 협조하려는 동생을 자신의 손으로 사살합니다. 나라와 가정의 운명이 결국 하나임을 강조한 영화라 할 수 있습니다.

●

민중은 무슨 노래를 즐겨 불렀을까요?

대중문화의 꽃인 영화와 가요는 서로 어떤 영향을 주었을까요? 영화가 인기를 끌면서 주제가로 쓰인 노래가 유행했습니다. 〈아리랑〉이 큰 인기를 끌면서 영화 속 마지막 장면에서 마을 사람들이 다 함께 불렀던 동명의 노래 〈아리랑〉은 이때부터 전국을 비롯해 해외에서도 조선인들이 가장 많이 부르는 노래가 되었습니다. 일본에서는 1929년 발표된 가요 〈도쿄 행진곡〉이 25만 매의 음반 판매를 기록하며 대히트를 쳤습니다. 모던보이와 모던걸이 활보하는 도시의 모습을 풍자한 이 노래는 그해에 같은 이름의 영화로 만들어지면서 주제가로 쓰였죠. 1935년 중국에서 개봉한 〈풍운아녀〉에는 일본군을 피해 토굴에 숨어 있던 주민들이 총과 칼, 삽과 곡괭이, 횃불을 들고 〈의용군 행진곡〉을 부르는 장면이 나옵니다. 녜얼이 작곡한 이 노래는 곧 민중 사이에서 크게 유행했고 1949년에는 중국의 국가로 채택되었습니다.

〈아리랑〉, 〈도쿄 행진곡〉, 〈의용군 행진곡〉처럼 시대상을 반영하는 노래만 유행했던 것은 아닙니다. 슬픈 가락으로 사랑과 이별의 비애를 그린 통속적인 노래들도 유행했습니다. 1930년대는 대중가요의 황금기였습니다. 1931년 일본의 〈술은 눈물인가 한숨인가〉는 단숨에 28만 장의 음반 판매를 기록했습니다. 조선에서는 구슬픈 애조를 띤 노래 〈황성옛터〉가 순식간에 5만 장이 팔리며 유행했습니다. 중국에서는 상하이가 미국 재즈의 영향 아래 대중가요의 중심지로 떠올랐습니다. 〈화양연화〉, 〈몽중인〉, 〈야래향〉 등의 가요가 유행했죠.

전쟁이 발발하자 감정을 실어 정겹게 노래할 수 있는 여유는 사라졌습니다. 일본과 조선에서는 전쟁 의식을 고취하는 군국가요가 라디오를 타고 널리 퍼져갔습니다. 일본에서는 1932년부터 신문사와 잡지사가 음반회사와 손잡고 군국가요의 가사를 모집했습니다. 공모에서 뽑힌 최초

육탄 삼용사

의 가사는 〈육탄 삼용사의 노래〉로, 1932년 제1차 상하이사변에서 전사한 3명의 일본군 공병을 영웅으로 미화하는 내용이었습니다. 중일전쟁이 일어나면서 조선에서도 많은 군국가요가 만들어졌습니다. 〈이천오백만 감격〉(1943)은 징병제와 해군특별지원병제도가 실시되면서 조선인의 일본 전쟁 동원을 찬양했던 노래입니다.

전우의 시체를 넘어서 / 돌격하네 황국을 위해 / 천황에게 바친 목숨 / 아, 충렬한 육탄 삼용사

- 〈육탄 삼용사의 노래〉

오케레코드사에서 나온
〈이천오백만 감격〉 음반

역사 깊은 반도 산천 충성이 맺혀 / 영광의 날이 왔다 광명이 왔다 / 나라님 부르심을 감히 받들어 / 힘차게 나아가자 이천오백만 / 아 감격의 피 끓는 이천오백만 / 아 감격의 피 끓는 이천오백만

- 〈이천오백만 감격〉

 중국에서는 〈옌안송〉과 같이 일본의 침략을 비판하고 중국인의 저항의식을 고취하는 항전가요가 유행했습니다. 당시 조선인 정율성이 항전가요 작곡가로 이름을 날렸습니다. 〈팔로군 행진곡〉은 지금까지도 중국에서 인민해방군 공식 군가로 불리고 있습니다. 조선에서도 항일가요가 불렸고, 그중 가장 잘 알려진 것은 〈독립군가〉였습니다.

석양의 빛은 산봉우리 탑을 비추고 / 달빛은 강가의 반딧불을 비춰 주네 / 봄바람은 평탄한 벌판에 불어가고 / 많은 산들은 견고한 장벽을 이루었네 / 아, 옌안! / 너는 이 장엄하고 웅위한 고성(古城) / 여기저기서 항전의 노랫소리 울리네 / 아, 옌안! / 너는 이 장엄하고 웅위한 고성(古城) / 뜨거운 피가 너의 가슴 속에서 끓어오르네

- 〈옌안송〉

신대한국 독립군의 백만 용사야 / 조국의 부르심을 네가 아느냐 / 삼천리 삼천만의 우리 동포들 / 건질 이 너와 나로다 / 나가 나가 싸우러 나가 / 나가 나가 싸우러 나가 / 독립문의 자유종이 울릴 때까지 / 싸우러 나아가세

- 〈독립군가〉

    이처럼 대중문화는 시대의 변화를 비추는 거울이었습니다. 노래와 영화는 사람들을 울리고 웃기며 마음을 움직였습니다. 그래서 전쟁을 일으킨 이들도, 침략에 맞서는 이들도 대중문화를 통해 사람들의 마음을 얻고자 했습니다. 그렇다면 오늘날 대중문화는 어떤 역할을 하고 있을까요? 함께 생각해 봅시다.

4
어린이는
총력전 시대를
어떻게 살았을까요?

종이연극 〈가슴속의 노래〉 중 한 장면

남녀노소가 방 안에 모여 진지한 표정으로 종이연극을 보고 있습니다. 극 무대에는 두 어린이가 머리를 숙이고 있고, 양 끝의 두 어른은 두 손을 모아 기도하고 있습니다. 무슨 상황을 보여 주는 걸까요?

●
아이들은
어떻게 전쟁을 접했을까요?

일본과 중국의 전면전이 시작된 1937년 당시 일본 육군의 약 80퍼센트가 중국 대륙에 있었습니다. 그 정도의 전력을 동원해야만 점령과 전쟁을 지속할 수 있었기 때문입니다. 같은 해 군사비는 전년 대비 세 배 이상으로 증가했고, 국가 예산에서 군사비가 차지하는 비율도 48퍼센트에서 69퍼센트로 급증했습니다.

1941년부터 일본군은 동남아시아, 남아시아, 태평양으로 전선을 확대했습니다. 전쟁이 길어지면서 일본에서는 국민을 전쟁에 동원하기 위한 체제 강화를 모색했습니다. 이를 총력전 체제라고 부릅니다. 총력전 체제에서는 전쟁터뿐 아니라 일본에 사는 일본인들의 자발적인 전쟁 참여를 이끌어 내는 일이 중요했습니다. 전쟁이 계속되는 동안 '이 싸움이 의미가 있을까?'라는 의문과 '가족은 슬프지 않을까?'라는 감정이 사회에 확산되는 것을 막아야 했기 때문입니다.

왼쪽 그림은 1941년 〈가슴속의 노래〉라는 종이연극을 관람하는 장면입니다. 부부와 아이들이 러일전쟁에서 죽은 일본군 병사를 향해 나라의 주춧돌이 되어 주었다며 두 손을 모아 감사를 표하고 있고, 그런 극의 한 장면을 한방에 모인 남녀노소가 진지하게 바라보고 있습니다. 이러한 종이연극은 아이들에게 전쟁에서 치른 커다란 희생 덕분에 지금의 일본이 있는 것임을 깨우치기 위해 만들어졌습니다. 아이들이 좋아하는 종이연극을 활용해 전쟁에 대한 혐오감과 거부감을 덜고, 국가를 위해 싸우고자 하는 애국심을 불어넣고자 한 것입니다.

1935~1936년에는 도쿄에서만 하루에 100만 명의 아이들이 거리에서 종이연극을 보았다고 합니다. 종이연극은 글자를 몰라도 감정을 이입해 생생한 현장감을 느낄 수 있습니다. 그래서 도시화가 진행된 도쿄와 그 부근 지역에서 대중문화의 한 종류로 사람들의 일상에 스며들었습니다. 종이연극은 아이들과 전쟁을 연결하는 하나의 도구이자 장이었습니다. 다시 말해 전쟁과의 접점이 아이들의 일상에 존재했던 셈입니다.

종이연극의 영향력은 일본 국내에만 국한되지 않았습니다. 조선에서는 일본어 보급을 선전하는 내용의 〈귀여운 손녀딸〉이나 조선인 지원병을 모집하기 위해 만든 〈반도의 리쿠와시〉✓ 같은 종이연극이 공연되었습니다. 만주국에서는 '오족협화'✓✓를 노래한 〈협화낙원 즐거운 마을〉, 중국인 청년이 일본군에 헌신하는 내용의 〈광명의 길〉 등 일본군에 대한 협력과 전쟁의 의의를 강조하는 공연이 이루어졌습니다.

✓ 육군항공부대의 별칭으로, '물의 독수리', '육지 독수리'를 의미한다.
✓✓ 일본이 1931년 만주사변으로 얻은 만주 지역을 통치하고자 내세운 구호로, 조선족, 만주족, 한족, 몽골족, 야마토족(일본인)이 서로 협조하며 살아가자는 뜻이다.

전쟁과 식민지 지배 아래 아이들은
어떤 경험을 했을까요?

아래는 1937년 일본 농촌 지역(도호쿠 지방의 야마가타현)의 소학교 5학년생이 쓴 글입니다.

> 학교 오는 길에 문 옆에서
> 만세 만세 외치는 소리, 출정군인이다
> 손에는 일장기를 쥐었다
> 점령했을 때 만세 만세 부르며
> 이 손으로 일장기를 휘날리겠지
> 나도 왠지 군인 아저씨가 부러워졌다
> — 〈부러운 출정군인〉, 《아이들이 써 내려간 전쟁 체험》(2021)

이 어린이는 왜 "군인 아저씨가 부러워졌다"라고 했을까요? 전쟁이 두렵지 않은 걸까요? 오히려 자신도 언젠가는 군인이 되어 전쟁터로 나가고 말겠다는 마음을 읽을 수 있습니다. 그만큼 아이들은 전쟁터에서 싸우고 점령하는 것을 자랑스러운 일로 받아들이고 있었습니다. 또한 종이연극을 쉽게 접할 수 있었던 도시 지역 어린이뿐 아니라 농촌 지역 어린이도 전쟁을 가깝게 느꼈음을 알 수 있습니다. 그만큼 총력전 체제를 뒷받침하는 사회 분위기가 만연했다는 이야기일 것입니다.

일본과 전쟁 중이던 중국에서는 어땠을까요? 동북 지역과 화베이, 화중, 화난 지방은 전쟁터나 일본의 점령지가 되었고, 친일 정권의 영향 아래 놓이기도 했습니다. 그러므로 아이들은 어디에서 태어나고 자랐는가에 따라 다양한 경험을 했습니다.

무엇보다도 난민의 경험은 기록이 남기 어렵습니다. 중국 국민정부의 통계에 따르면, 1937~1945년 총인구의 25퍼센트에 해당하는 약 9,000만 명이 난민이 되었다고 합니다. 우한시와 허난성은 인구의 43퍼센트가 난민이었고, 허난성과 장쑤성, 후난성, 산둥성 등에서도 1,000만 명이 넘는 난민이 발생했습니다. 그중에서도 허난성은 1942년 한 해에만 약 300만 명이 산시성(陝西省)과 간쑤성, 산시성(山西省) 등으로 이동했습니다. 사람들이 난민이 되어 살던 지역을 떠나면 논밭을 경작할 사람이 사라지는데, 1936년에 520만 헥타르였던 경작지가 1942년에는 187만 헥타르까지 감소해 대기근이 발생했습니다. 모두 일본군이 군사작전을 전개한 지역이었죠. 이처럼 전쟁이 길어지면서 난민이 늘어나고 상황은 더욱 나빠졌습니다. 아래 글은 난민이 된 한 어린이의 기록입니다. 어떤 상황을 읽을 수 있을까요?

아버지는 돌아가실 당시 아직 33세셨고 저는 겨우 7세였습니다. 아버지가 돌아가신 후 어머니는 할머니, 외삼촌과 우리 형제를 돌봐야 했는데, 의지할 곳이 없어 어쩔 수 없이 남에게 부탁해 15세이던 외삼촌을 한 인쇄공장에서 소년공으로 일하게 하셨습니다. 그리고 저는 가락산 고아원으로 보내졌습니다. 어머니는 생활을 꾸릴 수 없어 할머니와 여동생을 데리고 다른 곳으로 다시 시집가셨습니다.
고아원은 생활조건이 너무 나빠서 세 끼마다 배불리 먹지 못하고 육체노동도 해야 했습니다. 산 위에서부터 물가까지 쌀과 나무판자를 운반했습니다. 어떤 아이들은 영양 결핍으로 야맹증에 걸려 저녁이면 눈이 안 보이기도 했습니다.

– 충칭 폭격으로 발생한 피해자, 뭐한(당시 7세)의 증언

가족과 함께한 집을 잃고 제대로 먹기도 힘든 일상을 아이들도 어른들과 똑같이 경험해야만 했습니다. 또한 전쟁은 전쟁터뿐 아니라 전쟁을 지탱하는 사회 전체에 영향을 주기 때문에 희생자는 남녀노소를 가리지 않았습니다.

보통 어린이의 일상을 떠올려 보면 학교나 공원에서 친구들과 함께 배우고 노는 모습이 먼저 그려지지 않나요? 그렇다면 일본의 식민지 지배에 놓인 조선의 학교는 어떤 모습이었는지 살펴봅시다.

조선총독부의 기관지 《경성일보》 1937년 10월 17일자 기사에 '여학생 6,000명의 연합체조'라는 사진이 게재되었습니다. 왜 10대의 어린 학생들이 6,000명이나 모여서 일제히 체조를 했을까요?

1930년대 조선에서는 라디오방송을 통해 집단체조가 확산되었습니다. 1937년에는 집단체조 참가자가 조선 전역에서 350만 명을 넘어섰을 정도입니다. 《경성일보》 1938년 6월 21일자 기사는 "라디오 체조가 종료한 후 각 지부 회장의 주도로 황국신민체조, 건국체조 등을 실시해 반도인의 운동량 증가를 도모하고, 동시에 라디오 체조를 통해 국민정신운동을 일으키기로 했다"라며 체조의 목적이 무엇이었는지 말해 줍니다. 라디오방송을 통해 어디에 있든지 같은 시각에 동일한 체조를 함으로써 조선 사람들은 시간부터 신체에 이르기까지 일본의 지배를 받았다고 할

수 있을 것입니다. 또한 이 기사에서 언급한 국민정신운동의 '국민'이란 일본인을 가리킵니다. 식민지 지배하의 조선 사람들은 일본인으로서 살기를 요구받았습니다.

특히 황국신민체조는 중일전쟁 시작과 함께 총력전 체제가 본격화된 1937년 조선총독부가 만들었는데, 학교를 중심으로 보급하여 소학교 3학년부터 실시했습니다.

이처럼 일본은 라디오 체조나 학교 수업을 통해 어린 나이부터 조선인들의 건강을 관리했습니다. 조선인을 일본의 전시 체제 안으로 포섭하고 지배하기 위해서였죠. 이처럼 조선의 어린이는 일본 지배의 '최전선'에 놓였습니다.

도시와 농촌, 전쟁터, 학교 등 다양한 장소에서 지냈던 한·중·일 아이들은 어른들과 마찬가지로 전쟁과 식민지 지배를 경험했습니다. 또한 재산과 가족을 잃고 배울 기회를 빼앗기거나 고아가 되어 어려운 생활을 해야 했던 아이들도 드물지 않았습니다.

●

총력전 체제하에서 장애를 가진 어린이는 어떤 존재였을까요?

앞서 살펴봤듯 총력전 체제 아래에서는 국가가 국민의 신체와 건강을 관리하며 지배의 도구로 삼았습니다. 그중에는 장애를 가진 이들도 있었죠. 아래 사진을 봅시다. 일본 소학교 1학년생 아이들이 진지한 모습으로 어른의 설명을 듣고 있습니다. 이 어른은 오른손으로 칠판을 가리키고 왼손에는 꽃처럼 생긴 물건을 들고 있습니다. 같은 꽃 모양 그림이 칠판에도 있습니다. 대체 무슨 이야기를 하고 있을까요?

꽃처럼 생긴 물건은 상이군인 기장을 설명하기 위한 소품입니다. 이 기장은 상이군인, 즉 전투에서 다치거나 병에 걸린 병사에게 주어졌는데 계급이 높은 사람은 금색 기장, 낮은 사람은 은색 기장을 받았습니다.

전시하의 학교 수업 모습

아이들은 수업에서 상이군인이 명예로운 존재라고 배우기도 했지만 동시에 장애와 장애인을 전쟁 기여도에 따라 차별화하는 관점을 익혔습니다. 그래서 전쟁에 의해 장애인이 발생한다는 사실에 더 이상 의문을 갖지 않게 되었습니다.

그러한 차별화의 시각은 학교 내에 그치지 않고 사회 전체로 확산되었습니다. 다음은 일본에서 군수물자를 생산하는 노동에 동원되어 아침부터 밤까지 프레스작업을 했던 맹학교 학생의 기록입니다. 우리는 이를 통해 무엇을 알 수 있을까요?

현관에 서 있던 노파가 "아, 전쟁에서 눈을 다친 사람들이네. 아까워라. 쳐다보면 벌 받지"라고 말하며 엎드려 절하는 모습을 종종 볼 수 있었습니다.

일본의 군인 상이 기장

'아, 눈이 안 보이는 건 똑같은데, 나라를 위하다가 못 보게 된 사람과 원래부터 못 보는 사람을 왜 이토록 다르게 취급하는 것일까?' 생각하니 슬퍼졌습니다.

- 니시오카 쓰네야, 〈어느 약시자의 전중 전후〉

총력전 체제에서는 장애인도 동원 대상이었습니다. 이는 장애인이 비장애인과 분리되지 않은 채 사회에 자리 잡고 있는 것처럼 보이기도 합니다. 겉으로는 공평하고 평등한 것처럼 보이지만, 위 글에서 알 수 있듯 전쟁터에서 실명한 경우와 다른 이유로 시각 장애를 입은 경우에 대한 사회의 태도는 크게 달랐습니다. 즉 총력전 체제로 인해 장애의 유무와 상관없이 전쟁 시대를 함께 살고 있다는 '공통 인식'이 아이들을 포함한 모든 세대에서 형성된 듯하나, 실제로 장애인들은 전쟁을 치르고 있는 국가에 보탬이 된 정도에 따라 차별적 대우를 받아야 했습니다.

한편, 일본의 식민 지배를 받던 조선에서는 조선총독부 제생원 맹아부의 훈도(교사)를 지낸 박두성이 중심이 되어 1926년 11월 4일 한글 점자(훈맹정음)를 발표했습니다. 그 후 점자로 통신교육을 실시하는 등 장애인의 교육 기회와 사회 참여 확보에 힘썼습니다. 이는 일본어 사용이 강요되던 상황 속에서 조선의 독자적인 글자와 문화를 지킬 뿐 아니라, 일본의 지배와 장애인에 대한 차별로 인해 다중의 어려움을 겪고 있던 아이들의 일상을 개선하는 활동이었습니다.

어린이들이 총력전 시대를 어떻게 살았는지 살펴봄으로써 일본의 총력전 체제가 사람과 물자뿐 아니라 사람들의 건강과 체력, 마음까지 관리했음을 알 수 있습니다. 이러한 경험은 전쟁이 계속되면서 어떻게 변화하고 강화되었을까요? 또한 전후의 각국 사회에 어떤 영향을 미쳤을까요?

《중국의 붉은 별》

1928년 미국인 저널리스트 에드거 스노는 세계 일주 도중 상하이에 머무르며 기자 일을 시작했습니다. 1936년 산시성(陝西省) 북부의 혁명 근거지를 방문해 4개월간 지내면서 마오쩌둥의 일생과 중국공산당의 역사에 관한 이야기를 들은 그는 취재를 바탕으로 《중국의 붉은 별》이라는 책을 출간했습니다. 1937년 런던에서 먼저 호평을 받은 이 책은 상하이에서도 《서행만기》라는 제목으로 출판되어 베스트셀러가 되었습니다. 이 책은 중국공산당 지도자들의 활동과 삶, 공산당 근거지에서 생활한 사람들의 모습을 세계에 알렸습니다. 그뿐만 아니라 중국혁명의 미래를 예견해 큰 주목을 받았습니다.

일본에서는 1952년 이 책의 완역본이 지쿠마쇼보에서 출간되었습니다. 전후 중국에 관심을 갖고 있던 일본 젊은이들에게 중국 혁명은 일본의 사회변혁을 촉구하기 위한 모델로 받아들여졌습니다. 전통적 중국관의 전환을 의미하는 '신중국'이라는 용어의 유행 속에 필독서가 되었죠. 한국에서는 뒤늦게 군사독재 시절이었던 1985년 완역본이 출간되어 민주화운동을 펼친 대학생들을 중심으로 널리 읽혔습니다.

 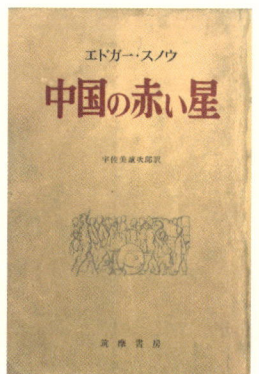 

각각 중국, 일본, 한국에서 출간된 《중국의 붉은 별》 표지

어린이날

　일본의 어린이날은 에도시대 풍속에서 유래한 것으로, 매년 5월 5일이 되면 어린이들은 함께 잉어 모양의 깃발을 높이 걸고 사무라이 인형으로 집안을 장식합니다. 조선의 어린이날은 1922년 방정환이 이끄는 천도교소년회에서 만들어 매년 5월 1일(1927년부터 5월 첫째 주 일요일) 기념 거리 행진을 벌였습니다. 얼마 후 조선총독부는 어린이날 행사를 금지하고 '아동 애호 주간' 행사를 진행했습니다. 일본의 지배에서 벗어난 후 1946년 어린이날이 부활했죠.
　중국에서는 1931년 3월 중화자유협회가 매년 4월 4일을 어린이날로 지정하자고 국민정부에 제안했고 이듬해 승인받았습니다. 그 후로 유치원과 초등학교는 어린이날에 웅변대회, 운동회, 경품 증정 등의 행사를 개최했습니다. 1949년 11월 모스크바에서 열린 국제민주여성연맹이사회는 매년 6월 1일을 국제어린이날로 지정했습니다. 중국은 1949년 어린이날을 국제어린이날과 같은 6월 1일로 바꾸었지만 홍콩과 타이완에서는 지금도 4월 4일을 어린이날로 기념합니다. 오늘날 어린이날은 전 세계 130여 개국에서 기념하는 세계 최대의 기념일이 되었습니다.

유학을 다녀온 신여성, 여성교육에 뛰어들다

20세기 들어 동아시아에 신여성이 등장했습니다. 신여성은 중학교 이상의 교육을 받은 여성을 가리켰습니다. 학교 교육을 발판으로 사회로 진출해 경제적 독립을 이루는 신여성은 선망의 대상이었습니다. 그들 중에는 머나먼 미국에서 유학하고 돌아와 여성교육에 헌신한 선각자들이 있었습니다.

쓰다 우메코(1864~1929)는 1871년 6세의 어린 나이에 메이지정부가 서양에 파견한 이와쿠라 사절단을 따라 미국 유학을 떠났습니다. 18세에 귀국했다가 24세에 다시 미국으로 건너간 그는 진화론에 흥미를 가져 생물학을 전공했습니다. 차미리사(1879~1955)는 남편과 사별한 후 기독교인이 되어 22세가 되던 해에 중국 유학을 떠나 쑤저우에 있는 중시여숙을 다닌 후 미국으로 건너가 신학을 공부했습니다. 우이팡(1893~1985)은 중국 최초의 사립여자대학인 진링여자대학(오늘날의 난징사범대학)에 입학해 중국에서 여성으로는 처음으로 학사학위를 받았습니다. 1919년 5·4운동에 참여했고, 베이징여자고등사범학교에서 학생들을 가르치다가 1921년에 미국으로 건너가 1928년에 35세의 나이로 생물학 박사를 취득했습니다.

세 사람 모두 미국에서 생물학, 신학을 전공한 후 고국으로 돌아와 여성

교육자로 활약했습니다. 쓰다 우메코는 도쿄여자고등사범학교 등 여러 학교에서 교사로 근무하다가 1900년에 여자영학숙(오늘날의 쓰다주쿠대학)을 설립하고 신분 구별 없이 입학생을 받아 여성교육에 힘썼습니다. 쓰다 우메코의 초상은 2024년 7월부터 일본의 5,000엔권 지폐에 들어가기도 했습니다. 차미리사도 귀국 후 배화학당에서 교사로 지내다가 1919년 3·1운동 직후 교회를 빌려 부인야학을 열고 조선여자교육회를 창립했습니다. 조선여자교육회는 전국을 돌며 여성 문제를 주제로 강연회를 열어 큰 화제를 모았습니다. 차미리사는 강연회에서 모금한 돈으로 근화학원(오늘날의 덕성여자대학교)을 세웠습니다. 우이팡은 귀국 후 모교인 진링여자대학에서 총장으로 일하며 여성교육에 앞장섰습니다. 그는 1945년 6월 미국 샌프란시스코에서 열린 '국제기구에 관한 연합국 회의'에 중국 대표로 출석해 국제연합헌장에 서명했습니다.

　쓰다 우메코, 차미리사, 우이팡은 학교 교육을 받는 여성이 적었던 시절에 미국 유학까지 다녀온 신여성들이었습니다. 이들은 자신들이 받은 교육의 혜택을 더 많은 여성과 함께 누리기 위해 평생 여성교육에 헌신했습니다.

3부

현대 세계와 동아시아

1945	미국, 일본에 원폭 투하. 일본, 패전. 한국, 해방. 중국, 승전
1948	대한민국·조선민주주의인민공화국 수립
1949	중화인민공화국 수립
1950	한국전쟁 발발, 스톡홀름 평화서명운동
1951	샌프란시스코강화조약 체결
1952	샌프란시스코강화조약·미일안보조약 발효
1955	아시아·아프리카회의(반둥회의), '세계의 평화와 협력 증진' 선언. 일본, 고도성장 시작
1956	일본, 미나마타병 사회 문제로 대두
1960	신미일안보조약
1965	한일기본조약. 한국, 베트남전쟁에 전투부대 파병
1972	중·일 국교 정상화
1978	중국, 개혁개방
1987	한국, 6월민주항쟁
1992	한·중 국교 수립
1995	세계무역기구(WTO) 발족
2010	중국, 세계 2위 경제대국 부상
2018	남·북한, '한반도의 평화와 번영, 통일을 위한 판문점 선언' 채택

1945년 8월 일본이 패전하면서 한국은 해방을 맞이했고, 연합국의 일원이었던 중국은 승전을 선언했습니다. 그러나 새로운 미래를 개척하는 일은 쉽지 않았습니다. 냉전이 시작되면서 한반도에는 분단정부가 들어섰고, 중국에서는 중화인민공화국이 수립되었고 국민당이 타이완으로 퇴각하는 분열이 일어났습니다. 냉전이 심화되고 한국전쟁이 발발하자, 미국 등 자본주의 진영은 일본에 침략전쟁의 책임을 제대로 묻지 않았으며 샌프란시스코강화회의를 통해 일본이 국제무대에 재등장하게 해 주었습니다. 분단, 분열, 전쟁 속에 난민이 된 민중은 살 곳을 찾아 경계를 넘나들며 힘든 삶을 살아야 했습니다.

한국전쟁 이후 동아시아의 각국은 본격적인 체제 경쟁에 들어갔습니다. 한국과 일본은 시장경제가 성장해야 체제 경쟁에서 이길 수 있다고 판단하여 미국의 후원 아래 경제성장에 집중했습니다. 이에 비해 북한과 중국은 사회주의 체제 건설과 혁명에 주력했습니다. 그토록 공고하던 동아시아의 냉전 질서는 1970년대에 크게 흔들리기 시작했습니다. 중·소 대립이 심각해지면서 중국은 급기야 미국과 손을 잡았죠. 중국은 더 나아가 개혁개방의 실용 노선을 취했습니다. 한국과 일본처럼 제조품 수출에 주력한 중국은 2010년에 세계 2위의 경제 규모를 갖추게 되었고, 고도성장을 거듭한 세 국가의 경제성장을 바탕으로 동아시아는 21세기에 세계 경제의 중요한 축으로 자리 잡았습니다.

냉전과 체제 대립, 성장 위주의 경제정책은 동아시아에 많은 상처를 남기기도 했습니다. 독재와 권위적인 정치로 민중 개개인의 정치 참여가 크게 제한되었으며, 사상과 표현의 자유도 억압받았죠. 생태계 파괴로 인한 환경 문제가 대두되었습니다. 냉전이 끝난 뒤에도 동아시아에서는 한반도를 중심으로 여전히 대립과 긴장이 지속되고 있고, 세계 대국으로 부상하는 중국에 대한 미국의 견제도 날이 갈수록 거세지고 있습니다. 고도성장의 동력이 식으면서, 동아시아의 젊은 세대는 일자리를 잃어가고 있습니다. 동아시아의 민중은 과연 스스로 이 문제들을 해결할 수 있을까요?

1장에서는 아시아·태평양전쟁이 끝난 뒤에도 동아시아에 평화와 공존의 장이 형성되지 못하는 이유를 역사적으로 조망합니다. 종전일인 '8월 15일'을 각국이 같은 이름으로 부르지 못하고, 서로 달리 기억하고 있는 이유는 무엇일까요?(1절) 동아시아 각국은 국교 정상화에 왜 그토록 오랜 시간이 걸렸으며(2절), 냉전이 끝난 후에도 미국이 여전히 이 지역에 방대한 군사기지를 두고 있는 이유는 무엇일까요?(3절) 그렇다면 긴장과 갈등이 지속되는 동아시아 지역에서 민중은 평화를 위해 어떤 노력을 해 왔을까요?(4절)

2장에서는 동아시아의 경제성장이 사람들의 삶을 어떻게 변화시켰는지, 과연 사람들은 그 성장의 결과로 '행복'을 찾았는지 살펴봅니다. 동아시아에서 경제의 고도성장이 일어난 배경은 무엇이며, 그로 인해 사람들의 삶은 어떻게 변했을까요?(1절) 경제성장으로 사람들의 삶은 과연 '풍요'로워졌는지 의견을 나누어 봅시다(2절). 경제력이 향상되었다고 하지만 청년들은 치열한 입시 경쟁을 겪어야 하고, 가정을 일구기 위해 직장과 육아 양쪽에 몰두해야 합니다. 과연 '행복'한 삶이란 무엇일까요?(3, 4절)

3장에서는 오늘날 동아시아가 대면하고 있는 현실 문제들을 살펴보면서 그것들을 개선하기 위해 우리 주위에서 어떤 노력이 이루어지고 있는지 생각해 봅니다. 과연 세계화란 무엇이고, 세계화의 시대에 풀어야 할 숙제는 무엇일까요?(1절) 오늘날 동아시아의 평화와 안전을 위협하는 요인은 무엇일까요?(2절) 아직도 동아시아인들의 마음 깊이 상호 불신을 일으키고 있는 역사 인식의 문제는 어떻게 풀어가야 할까요?(3절) 동아시아 지역의 화해와 협력을 위해 청소년들은 어떤 노력을 하고 있는지 알아보고 그 경험들을 공유해 봅시다.(4절)

1장

전후 국제관계의 변화와 민중

1
8월 15일은 무슨 날일까요?

제2차 세계대전 종결 후 중국의 모습

제2차 세계대전 종결 후 한국의 모습

제2차 세계대전 종결 후 일본의 모습

> 왼쪽은 제2차 세계대전이 끝난 직후 충칭, 서울, 도쿄에서 촬영한 사진입니다. 기뻐하는 사람들이 있는가 하면 고개를 떨군 사람들도 있습니다. 여러분이 사진 속 같은 시각, 같은 장소에 있었다면 어떤 기분이 들었을 것 같나요?

●
8월 15일에 동아시아 각국 사람들은 무슨 생각을 했을까요?

    1945년 8월 15일 쇼와 천황이 라디오 방송으로 일본의 항복 소식을 전하면서 일반인들도 제2차 세계대전의 종결 사실을 알게 되었습니다. 전쟁은 중화민국 등 연합국의 승리와 일본 등 추축국✓의 패배로 끝났고, 조선·타이완 등이 일본의 식민지 지배에서 해방되었습니다. 동아시아 각국마다, 한 나라와 지역 안에서도 개개인에 따라 전쟁이 끝난 날을 받아들이는 태도가 달랐습니다. 뒷장의 자료는 전쟁 종결 직후 동아시아 각지의 사람들이 남긴 수기입니다. 여러분이 이 시대에 살았다면 전쟁이 끝난 날을 어떻게 받아들였을 것 같나요? 만약 여러분이 다른 나라 국민이었다면 그날의 기분은 어땠을까요?

✓ 제2차 세계대전 당시 나치 독일, 이탈리아 왕국, 일본 제국을 중심으로 침략전쟁을 일으킨 진영 또는 세력.

일본은 항복했다. 나는 기뻐서 밤새 잠이 오지 않았다. …… 우리 민병은 근거지를 확실히 지키고 신속하게 병력을 늘려 주력 부대가 각 거점을 포위할 수 있도록 협력해야 할 것이다. 일본과 한간(민족반역자) 병사를 한 사람도 놓치지 말아야 하고, 총 한 자루도 놓쳐서는 안 된다. 우리 민병은 획득한 총으로 무장하고 주력 부대가 부상병과 탄약과 식량을 수송하는 것을 도우며, 가을 수확을 위해 노동력을 동원하여 주력 부대의 반격에 협력할 것이다. 이제 지난은 우리 것이고, 칭다오는 우리 것, 렌윈강은 우리 것, 산둥성·화베이와 화중 전체가 모두 우리 것이다.

― 지뢰왕이라 불린 유격대원 리녠린이 타이샨구의 민병들에게 보낸 편지

해방은 당시 우리에게는 일종의 충격이었다. 어제까지 듣던 이야기와는 완전히 반대 이야기를 같은 교사의 입으로 듣는다는 것은 머리가 멍해질 정도의 충격이었다. …… 다만 그다음 날이었나, 그가 조회에서 원래의 이름은 아마기(天城)가 아닌 조(趙)씨 성이니, 조 교장선생님으로 불러 달라고 한 말이 기억난다. 그때는 해방이니 독립이니 생소한 말을 써가며 이전과는 정반대 이야기를 하니 세상이 뭔가 크게 변했구나 하고 새삼 실감할 수 있었다. 조회가 끝나고 우리는 교실로 돌아갔다. 니시하라(西原) 담임선생님이 들어와서 칠판에 '李鍾煥'이라는 한자를 크게 쓰고 '이종환'이라고 발음하며 자신의 이름이라고 했다. 그런 후 각자 집에서 부르는 이름을 밝히기로 했다. 출석부 순으로 자기 성과 이름을 말했다. 이렇듯 기묘한 통성명을 통한 이름 찾기가 해방 후 우리가 치른 최초의 의식이었다.

― 당시 10세였던 충청북도 출신의 문학자 류종호의《나의 해방 전후》

점심 전에 기숙사 안마당에 라디오를 준비해 놓고 다 같이 그 앞에 모였다. 라디오의 상태가 안 좋아서 아저씨가 이리저리 손을 써도 지지직 잡음만 들렸다. 그러다가 높고 날카로운 말투로 어려운 이야기를 하는 남자 목소리가

들려왔다. 방송이 끝나도 나는 무슨 영문인지 알 수 없었다. 기숙사 아저씨가 "전쟁이 끝났어. 일본은 진 거야. 방금 들은 건 천황 폐하의 음성이야. 가엾기도 하시지"라며 눈물을 흘렸다. 그때 어머니가 작은 소리로 "아아 잘됐다"라고 말했다.

- 당시 10세였던 가가와현 거주 슈토 다카시의 1945년 8월 15일자 일기

●
전쟁은 정말로
8월 15일에 끝났을까요?

뒷장의 표는 일본이 항복한 과정을 보여 주는 연표입니다. 각지에서 싸우던 일본군이 항복 문서에 조인한 날짜가 지역마다 다릅니다. 일반적으로 사람들은 전쟁이 1945년 8월 15일에 끝났다고 생각하지만 정말 그랬을까요?

한반도와 일본에서는 쇼와 천황이 포츠담선언의 수락을 공표한 8월 15일을 전쟁 종결 기념일로 삼았습니다. 그러나 전쟁 종결에 부여하는 의미는 나라마다 다릅니다. 그 이유는 무엇일까요?

패전국 일본에서는 8월 15일을 '패전'이나 '항복' 같은 '자극적인' 표현은 사용하지 않고 '종전 기념일'이라고 부릅니다. 1952년 도쿄에서 시작된 '전국 전몰자 추도식'은 1963년부터 8월 15일에 열렸고, 전쟁에서 사망한 일본인을 1년에 한 번 추모하는 기회로 삼고 있습니다. 정치인들은 종종 이날 야스쿠니신사를 참배합니다. 8월 15일을 전후해 전쟁을 되돌

일본의 항복 과정, 1945년 8~10월

8월 14일	일본이 미국에 포츠담선언 수락을 통지
8월 15일	쇼와 천황이 포츠담선언 수락을 공표
8월 20일	만주 관동군이 소련과의 항복 문서에 조인
9월 2일	도쿄만에 정박 중이던 미국 전함 미주리호 선상에서 일본이 연합국과의 항복 문서에 조인
9월 3일	중국 충칭에서 승전 행진
9월 7일	오키나와에서 난세이제도 주둔 일본군이 미국과의 항복 문서에 조인
9월 9일	난징에서 중국 파견 일본군이 중국과의 항복 문서에 조인 서울에서 조선총독부가 미국과의 항복 문서에 조인
9월 12일	싱가포르에서 남방군이 영국과의 항복 문서에 조인
10월 25일	타이베이에서 타이완총독부가 중국과의 항복 문서에 조인

아보는 TV 프로그램이 방영되거나 잡지에 특집기사가 실리는 등 전쟁의 비참함을 재확인하는 기회로 자리 잡았습니다.

남북한은 8월 15일을 일본의 식민지 지배에서 해방된 날로 인식하여 한국에서는 '광복절', 북한에서는 '조국해방기념일'이라 부릅니다. 한국에서는 1949년에 8월 15일을 국경일로 지정한 이래, 해마다 대통령 등 국가 지도자가 광복절 기념식에 참석해 연설을 합니다.

중국은 일본이 미국 전함인 미주리호 선상에서 항복문서에 조인한 9월 2일의 이튿날인 9월 3일을 '항일전쟁승리기념일'로 삼았습니다. 중국 국민당은 1949년에 타이완으로 피해 간 뒤에도 9월 3일을 전승기념일로 유지하다가, 1955년에 '군인절'로 이름을 바꿨습니다. 그리고 일본의 타이완총독부가 중국 국민정부와 항복 문서에 조인한 10월 25일을 '광복절'로 지정하여 식민지로부터의 해방을 기념하고 있습니다.

이처럼 '8월 15일'은 각 국가의 관점에 따라 전승국에서는 승전 기념일, 패전국에서는 전몰자 추도일, 식민지였던 국가에서는 식민지 해방 기념일로 인식됩니다. 그럼 동아시아 혹은 전 세계의 관점에서 바라볼 때 '8월 15일'에는 어떤 의미를 부여할 수 있을까요?

●

전후 처리는 왜 지금까지도 끝나지 않았을까요?

뒷장의 사진은 도쿄 이케가미 혼몬지에 있는 위령비입니다. 싱가포르에서 사형에 처해진 B·C급 전범 146명의 이름이 새겨져 있는데, 그 가운데에는 일본 이름이 아닌 것도 있습니다. 왜 그럴까요? 전범재판은 어떻게 진행되었을까요?

제2차 세계대전이 독일과 일본의 패배로 끝나자, 연합국은 뉘른베르크(1945)와 도쿄(1946)에서 양국의 전쟁 책임을 묻는 국제법정을 열었습니다. 연합국 11개국이 담당한 도쿄재판에서는 '평화에 대한 죄(A급 전쟁범죄)'를 범한 혐의로 28명의 피고를 법정에 세워 도조 히데키 전 총리 등 7명에게 사형을 선고했습니다. 동시에 일본군의 '통상적인 전쟁범죄(B급 전쟁범죄)', '인도에 대한 죄(C급 전쟁범죄)'와 관련해서는 연합국 8개국이 설립한 51곳의 법정에서 약 5,700명을 기소하여 전범 용의자로 재판했고 그중 934명을 사형에 처했습니다. 이 위령비의 146명은 그중 일부입니

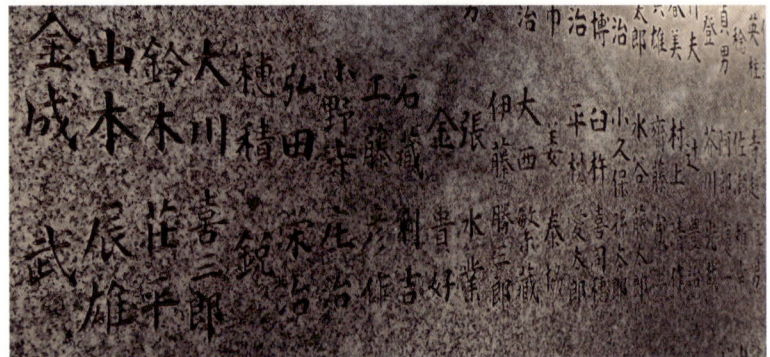

도쿄에 세워진 싱가포르 창이 순난자 위령비

다. 재판을 받은 약 5,700명은 해외에서 싸운 일본군 350만 명의 0.16퍼센트에 불과했습니다. 그러나 주민 학살과 고문, 재산의 소각과 약탈, 강제 연행과 강제 노동, 여성 강간과 '위안부' 문제, 세균 무기와 독가스 무기 사용 등 대다수의 전쟁범죄는 기소조차 되지 않았고, 일본의 식민지 지배 책임도 묻지 않았습니다.

또한 일본의 식민지 지배 아래에서 강제로 끌려갔던 조선, 타이완, 남사할린, 남양군도 출신의 군인과 군속 들도 '일본인'으로서 재판을 받았고, 그중 조선인 148명(사형 23명), 타이완인 173명(사형 21명), 남양군도인 14명, 남사할린의 원주민 수십 명 등이 유죄 판결을 받았습니다. 이들은 집행 당시에는 '일본인' 전범으로 취급되었음에도 불구하고 1952년 샌프란시스코강화조약으로 일본이 국권을 회복했을 때 일본 국적을 일방적으로 박탈당했기 때문에, 일본인이라면 받았을 군인 은급(연금)의 수급 자격에서는 제외되었습니다. 그런 가운데 연합군 포로를 학대한 죄로 전범이 된 한국인 이학래처럼 일본 정부에 사죄와 보상을 요구하는 운동을 시작한 사람도 나타났습니다.

이학래는 1955년 다른 전범 70명과 함께 '한국 출신 전범자 동진회'를 결성했습니다. 동진회는 한국인 전범의 조기 석방, 국가 보상 요구, 일본인 전범과의 차별 대우 철폐, 출소 후 생활 보장을 요구하며 시위 활동과 일본 정부에 대한 진정 활동을 펼쳤습니다. 1991년 이학래 등 7명의 전범 출신자가 도쿄 지방재판소에 사죄와 보상을 요구하며 제소했습니다. 1999년 최고재판소는 이들의 피해는 인정하면서도 보상에 필요한 법률이 미비하다는 이유로 청구를 기각했습니다. 그 후 이학래는 '한국·조선인 B·C급 전범자의 보상 입법을 추진하는 모임'과 함께 일본의 국회의원을 상대로 법률 제정 청원 활동을 전개했지만, 최후의 생존자였던 그가 2021년 사망한 이후 지금까지도 보상 입법은 실현되지 않고 있습니다.

이러한 전후 처리는 왜 아직도 끝나지 않은 걸까요? 일본에 한국인 전범 문제가 거의 알려지지 않아서일까요? 한국에서 전범을 지원하는 움직임이 없기 때문일까요? 아니면 다른 원인이 있는 걸까요?

●

왜 고향에 돌아온 사람과 돌아오지 못한 사람이 있었을까요?

오른쪽에는 1945년 8월 당시 일본령 남사할린에 살고 있던 박노학·호리에 가즈코 부부와 박남수·신보배 부부의 사진이 있습니다. 전쟁이 끝나고 많은 일본인이 귀국했지만 사진 속 두 쌍의 부부는 남사할린에 방치되어 수십 년 동안 귀국하지 못했습니다. 왜 이런 일이 벌어졌을까요?

사할린은 원래 아이누인과 니브흐인의 땅이었습니다. 그러나 러시아가 동쪽으로 세력을 확장하면서 청과 베이징조약(1860), 일본과 상트페테르부르크조약(1875)을 맺어 사할린은 러시아령이 되었습니다. 그 후 러일전쟁(1904)에서 승리한 일본은 북위 50도 이남의 사할린 지역(남사할린)을 자국의 영토로 만들었고, 1939년 이후 조선인 노무자를 탄광과 공장에 조직적으로 동원했습니다. 그 결과 1945년 남사할린의 주민 약 40만 명 중 조선인이 약 2만 명에 달했습니다. 그 가운데 약 1만 6,000명은 일본 정부로부터 전시 동원을 당한 이들이었고 박노학도 그중 한 명이었

박노학·호리에 가즈코 부부　　　　박남수·신보배 부부

습니다.

　1945년 8월 소련군이 남사할린을 침공하고 점령했습니다. 이듬해 소련 점령 지구에 거주하던 일본인의 송환에 관한 미·소 간 협정이 체결되면서, 사할린에 거주한 일본인 대부분(약 31만 명)은 귀국했습니다. 한편, 한국인에 대해서는 사할린의 노동력 부족을 우려한 소련이 송환을 보류하는 사이 한국전쟁이 발발하여 결국 송환은 이루어지지 못했습니다.

　이러한 상황에서 재사할린 한국인은 소련 국적을 취득할지, 북한 국적을 취득할지 혹은 한국 귀환을 위해 무국적으로 남을지 선택의 기로에 내몰렸습니다. 그들 대부분은 한반도 남쪽 출신이었기 때문에 고향으로 돌아가기를 바랐지만, 한국전쟁으로 피폐해진 당시의 한국은 공산주의 사상의 유입과 국가의 경제적 부담 증대를 우려하여 재사할린 한국인의 수용에 소극적이었습니다. 한국인을 동원했던 일본 정부도 자국민이 아니라는 이유로 그들의 귀환을 위해 아무런 노력도 기울이지 않았습니다.

　1956년 일본은 소련과 국교를 회복했고, 1957년 8월~1959년 9월에

766명의 일본 국적 여성, 그리고 이들과 결혼한 한국인 남편 및 자녀 1,541명을 일본으로 귀환시켰습니다. 훗날 '사할린 귀환 재일한국인회'를 설립하여 재사할린 한국인의 귀국에 힘쓴 박노학·호리에 가즈코 부부는 이때 일본으로 '귀국'했습니다. 하지만 박남수·신보배 부부는 귀국이 인정되지 않아 사할린에 남게 되었습니다.

1980년대에 들어 동서 냉전의 해빙이 진전되자, 박노학·호리에 가즈코 부부는 재사할린 한국인과 그들의 한국 거주 가족이 일본에서 단기간이라도 만날 수 있도록 이산가족상봉운동을 전개했습니다.

1990년 한·소 수교가 이루어지고 1993년 한일정상회담의 합의에 따라 재사할린 한국인 귀국자를 위한 아파트가 서울 근교에 완공되었습니다. 주택 건설을 위한 토지와 건설 비용은 한국과 일본 정부에서 각각 부담했죠. 이를 계기로 재사할린 한국인의 '영주 귀국'이 본격화했습니다. 박남수·신보배 부부의 귀국도 2000년에 실현되었습니다.

이처럼 재사할린 한국인 문제는 여러 원인이 복잡하게 얽혀 야기되었습니다. 수십 년 동안 고향에 돌아가지 못하는 사람들이 생겨난 데에는 한국·일본·소련의 어떠한 정책이 주된 원인으로 작용했을까요?

2

동아시아의 몇몇 나라는 왜 아직도 평화적인 외교 관계를 맺지 못하고 있을까요?

2019년 판문점에 모인 남북한과 미국 정상

2019년 한반도 중앙의 판문점에서 김정은 북한 국무위원장(가운데)과 트럼프 미국 대통령(왼쪽)이 만나는 자리에 문재인 한국 대통령(오른쪽)도 함께 참석한 모습입니다. 세 나라 지도자가 한자리에 모인 것은 1948년 남북한 정부가 수립된 이후 71년 만에 처음이었습니다. 세 나라 지도자가 긴 세월 동안 만나지 못한 이유는 한국, 미국이 북한과 외교 관계가 없었기 때문입니다.

●
외교 관계가 없는 것은
어떤 상태일까요?

오른쪽 사진은 일본 도쿄에 있는 사찰 유텐지의 납골당입니다. 이곳에 모셔진 유골의 주인은 누구일까요? 안치된 유골의 주인공들을 추모하는 모습입니다. 유골의 주인, 그리고 이들을 위해 추도식을 거행하는 사람들은 누구일까요?

유텐지에는 식민 지배와 전쟁으로 인해 일본에서 사망한 한인(한국인과 북한인) 중 2,326명의 유골이 모셔졌습니다. 1965년 한일기본조약의 영향과 2000년대 한·일 정부 간 합의에 의해 이들 중 일부는 한국으로 반환되었습니다. 2020년 말 현재 남아 있는 유골은 모두 700위로 한국인 275위, 북한인 425위입니다. 유텐지에 유골이 모셔진 이후 북한으로는 귀환이 전혀 이루어지지 않았습니다. 북한과 일본 사이에 수교가 이루어지지 않았기 때문입니다.

국교가 없는 국가 간에는 국경을 넘는 교류가 자유롭지 않습니다. 사

조선인 유골이 안치되어 있는 유텐지의 납골당

람이 왕래하지 않으면 서로의 문화를 접하기도 어렵죠. 예컨대 일본의 만화는 세계적으로 유명합니다. 한국 청소년들이 잘 아는 일본 만화 〈슬램덩크〉를 북한 청소년들이 모르는 것은 이상한 일이 아닙니다. 마찬가지로 한국과 일본 청소년들이 북한 문화를 접하기란 거의 불가능에 가깝습니다. 그렇지만 북한에도 사람이 살고 있고 삶이 있습니다. 나아가 북한도 한국과 마찬가지로 식민 지배와 전쟁 피해를 당한 역사를 가지고 있습니다.

　아시아·태평양전쟁이 끝나고도 동아시아의 많은 국가는 오랫동안 서로를 국가로 인정하지 않았으며 교류도 허용하지 않았습니다. 그런 경험을 가진 사람들이 유럽을 여행하면서 너무나 쉽게 서로의 국경을 넘나드는 현실을 보면 깜짝 놀라곤 합니다. 유럽 국가들의 경계는 대부분 표지판 하나만 있고, 이동도 자유롭기 때문이죠. 동아시아에서 그런 일은 언제쯤 가능해질 수 있을까요? 동아시아 각국이 관계를 정상화하는 과정이 늦어진 이유는 무엇일까요?

●

한국과 일본의 국교 수립에 반대했던
이유는 무엇이었을까요?

오른쪽 위 사진 속 군중은 한국의 대학생들입니다. 현수막에는 "누구를 위한 회담인가"라고 적혀 있는데, 이들은 왜 이런 주장을 했을까요? 이 시기 한국과 일본은 관계를 정상화하기 위한 회담을 진행하고 있었습니다. 한국인들은 일본이 한반도를 식민지로 지배했던 사실에 대해 명확하게 사과하고 합당한 배상을 해야 한다고 생각했습니다. 그런데 일본은 식민지 지배가 당시 세계의 일반적 현상이었기 때문에 법적인 책임을 질 필요는 없다는 입장이었습니다.

한국인들은 이 같은 일본의 태도에 분노했습니다. 특히 대학생들은 학업을 중단하고 길거리로 뛰쳐나와 자신들의 주장을 강하게 표현했습니다. 그들은 독도(다케시마)를 돌려달라는 일본의 주장에 분노했습니다. 한국인 대부분은 일본이 러일전쟁 때 독도를 일방적으로 영토로 편입했을 뿐이며, 독립으로 겨우 되찾은 독도를 다시 빼앗길 수 없다고 생각했습니다. 또한 학생들은 이 같은 상황에서 조약 체결을 강하게 밀어붙이는 한국 정부의 태도에도 분노했습니다. 그렇지만 한국과 일본 정부는 협상을 멈추지 않았고, 한일기본조약과 함께 청구권협정을 포함한 4개의 협정을 체결하기에 이르렀습니다.

1964년 3월 28일 서울에서 일어난 한국 대학생들의 한일회담 반대 시위

1965년 6월 22일 한일기본조약에 서명하는 양국 대표들(일본 도쿄)

두 나라는 청구권협정을 통해 국가 간의 재산 문제나 배상을 요구하는 청구권 문제는 해결되었다고 합의했습니다. 그러나 '위안부' 문제나 원폭 피해자 문제, 사할린에서 귀환하지 못한 한국(조선)인 문제 등에 관해서는 언급하지 않았죠. 개인의 청구권 문제도 따로 다루지 않았습니다. 또한 식민지 지배의 책임에 대해 언급하지 않았으며, 독도 문제도 불명확하게 처리했습니다. 이는 현재까지도 두 나라 사이에 논쟁이 이어지는 요인이 되었습니다.

한국과 일본이 과거사에 대해 제대로 정리하지 못한 채 새로운 관계를 설정하게 된 것은 미국의 영향력 때문이기도 했습니다. 냉전이 격화되면서 미국은 동북아시아에서 소련·중국·북한 등 공산주의 국가에 대항해 하루빨리 미국·일본·한국의 협조 관계를 만들어야 한다고 생각했습니다. 게다가 경제개발을 최대 목표로 삼고 있던 한국의 박정희 정부에 일본의 경제적 협력이 필요했던 것도 하나의 요인이 되었습니다. 그렇지만 피해자들은 국가 간의 일방적 합의를 개인에 대한 충분한 배상이나 사과로 받아들이기 어려웠습니다. 그 이후 한국과 일본의 사법부도 개인청구권이 소멸되었다고 판단하지 않았습니다. 피해자들은 이를 근거로 지금까지도 일본 정부를 상대로 진심 어린 사죄와 배상을 요구하고 있습니다.

한편, 미국의 전략은 1952년 그 효력이 발생한 샌프란시스코강화조약에서 이미 준비되고 있었습니다. 샌프란시스코강화조약은 일본의 전후 배상 범위를 정하고 영토를 획정함으로써, 일본과 연합국의 전쟁 상태를 끝내기 위해 미국 샌프란시스코에서 열린 회의의 결과물이었습니다. 그런데 미국은 동아시아에서 공산주의의 확산을 막기 위해서는 일본의 역할이 매우 중요하다고 생각했기 때문에, 일본에 지나치게 전쟁 책임을 물으면 안 된다고 판단했습니다. 미국의 주장에 따라 대부분의 연합국은 일본에 배상 책임을 거의 묻지 않았습니다. 미국은 그 대신 일본의 오키나와에 미군기지를 설치했고, 일본이 지배하고 있던 태평양의 섬들을 신탁통치하는 권리를 얻었습니다. 이 회의에서 식민지 문제는 논의조차 되지 못했습니다. 식민 지배 책임 문제를 비롯한 한일 간의 문제는 별도의 회담을 통해 해결해야 했습니다. 1965년 체결된 한일기본조약이 그 결과물입니다.

소련과 체코슬로바키아 등 사회주의 국가들은 일본에 전쟁 책임을 거의 묻지 않는 샌프란시스코강화조약에 대해 서명을 거부했습니다. 서명을 거부했던 소련은 1956년 일본과 종전을 선언하고 외교 관계를 수립했습니다. 다만 평화조약은 아직도 체결하지 못한 채로 남아 있습니다. 소련, 그리고 이를 계승한 러시아와 일본 간에 영토 문제 등에 대한 합의가 이루어지지 못했기 때문입니다. 일본은 동남아시아 국가들과의 전쟁 배상 문제를 매듭지은 후, 한국과 국교를 정상화했습니다. 그렇지만 중국, 북한과의 수교 문제는 여전히 해결하지 못한 과제로 남아 있었습니다.

●

**냉전으로 가로막힌 각국의 관계는
어떻게 회복되기 시작했을까요?**

뒷장의 사진 속 사람들은 누구일까요? 배경은 중국의 만리장성인데, 인물들은 중국인처럼 보이지 않습니다. 게다가 앞쪽에 앉아 있는 남성

1971년 중국을
방문한 미국
탁구 선수단

의 가슴에는 성조기가 보입니다. 이들이 미국인임을 추정할 수 있죠. 사진이 찍힌 1971년 4월까지 미국과 중국은 서로 적대적인 관계 때문에 왕래가 없었습니다. 이들은 어떻게 중국에 갈 수 있었을까요? 바로 이들은 특별히 허가를 받아 중국을 방문한 미국 탁구선수단이었기 때문입니다. 한국전쟁에서 적으로 만나 싸운 이후 처음으로 중국을 공식 방문한 미국인이었습니다. 사진 속 인물들이 환하게 웃고 있는 모습에 당시 전 세계가 흥분했죠. 이 컬러사진은 중국과 미국이 화해할 수 있다는 밝은 미래를 향한 메시지였습니다.

　수교의 필요성을 느끼고 있던 미국과 중국 두 나라가 스포츠 교류로 공개적인 대화를 시도한 것입니다. 이를 '핑퐁외교'라고 합니다. 1972년 닉슨 미국 대통령이 중국을 방문해 마오쩌둥 주석과 역사적인 회담을 가졌습니다. 그리고 1979년 마침내 두 나라는 수교를 이뤘습니다.

　이 사건은 평화를 바라는 세계적인 흐름을 대변한 것이었습니다. 이

중일평화우호조약을
체결하는
중국과 일본

같은 흐름을 흔히 '느슨해진다'는 뜻의 프랑스어 '데탕트'라고 부릅니다. 중국과 일본 사이에도 대화가 시작되었고, 1972년 두 나라는 관계를 정상화한다는 내용의 공동선언을 발표하고 국교를 맺었습니다. 이 선언에서 중국은 국가 차원에서 일본의 전쟁 배상을 면제했습니다. 그리고 1978년 두 나라는 중일평화우호조약에 서명했습니다. 중국은 일본의 전쟁 책임 문제를 면제함으로써 좀 더 쉽게 국교를 수립할 수 있었습니다.

한편으로 세계적인 냉전은 각국 간의 관계를 더 어렵게 만들었습니다. 사회주의 국가인 중국, 북한, 베트남과 자본주의 국가인 한국, 일본 간의 관계도 비정상적인 상태였습니다. 극단적인 경우에 동아시아 각국은 전쟁을 치르기도 했습니다. 한국의 경우 베트남전쟁에 참전했고, 그 결과 양국은 적대관계가 되었습니다.

1970년대에 이르러 냉전이 조금씩 누그러지자, 중국은 일본뿐 아니라 호주나 다른 아시아 나라들과의 관계도 정상화했습니다. 한국과 북한도 대화를 시작했죠. 그렇지만 이러한 화해 분위기는 일시적이었고, 궁극적인 관계의 정상화에 이르지는 못했습니다.

냉전이 끝나고도 국교를
정상화하지 못한 나라들은 어디일까요?

 오른쪽 사진은 2002년 고이즈미 준이치로 일본 총리가 평양을 방문해 김정일 국방위원장을 만나는 장면입니다. 두 사람이 들고 있는 서류에는 일본과 북한 정상이 합의한 내용이 담겨 있습니다.

1. 국교정상화 회담 추진
2. 과거사 반성에 기초한 경제 협력
3. 납치 등 유감스러운 사태의 재발 방지
4. 핵과 미사일 문제 해결을 위한 신뢰에 기초한 협력관계 구축

 2002년 일·북회담은 2000년 남북정상회담과 더불어 동아시아 국가 간의 수교 가능성을 보여 주는 큰 사건이었습니다. 사람들은 평화의 시대가 올 것으로 기대했죠. 재일 한인들은 남북을 자유롭게 오갈 수 있을 거라는 희망에 부풀었습니다.
 1990년대 초 소련이 붕괴되고 냉전이 해체되면서 동아시아 각국 간의 관계도 크게 변하기 시작했습니다. 자본주의 국가와 사회주의 국가 간의 교류와 함께 수교도 적극적으로 이루어졌습니다. 한국은 그동안 관계가 단절되어 있던 소련과 국교를 맺었습니다. 전쟁으로 적대관계였던 중국, 베트남과도 외교 관계를 맺었습니다. 2000년에는 남과 북의 최고 지도자가 분단 이후 처음으로 정상회담을 개최했습니다. 이 같은 분

2002년 평양에서 만나 악수하는 고이즈미 일본 총리와 김정일 북한 국방위원장

위기 속에 북한과 일본의 수교 논의도 시작되었습니다. 그렇지만 이후 두 나라 사이에 납치 문제와 핵 문제, 그리고 일본의 식민 지배 책임 문제가 중요 의제로 등장하면서 대화는 지속되지 못했습니다. 미국과 북한의 관계가 정상화되지 못하고 있는 상황도 악영향을 미쳤습니다. 이처럼 이 시기에는 한국, 중국, 일본, 북한을 비롯한 여러 국가 간의 관계에 많은 변화가 있었습니다. 타이완과도 새로운 관계들이 맺어졌습니다.

동아시아 각국의 외교 관계는 역사와 이데올로기 문제가 얼마나 해결하기 어려운지 잘 보여줍니다. 남한과 북한, 북한과 미국, 북한과 일본 간에는 해결해야 할 문제가 산적해 있습니다. 전쟁, 식민 지배, 이데올로기 문제는 어떻게 해결할 수 있을까요? 국가 간 해결하지 못하는 일들을 시민사회에서 해결할 수 있는 방법은 없을까요? 동아시아인의 한 사람으로서 동아시아의 평화를 위해 어떤 미래를 만들어 가야 할지 생각해 봅시다.

3

동아시아에 미군기지가 여전히 남아 있는 이유는 무엇일까요?

대피 중인 후텐마 제2초등학교 학생들(2018년 6월 7일)

2018년 일본 오키나와에 있는 초등학교 학생들이 대피할 곳을 찾아 황급히 뛰어가고 있습니다. 대체 무슨 일이 일어난 걸까요? 바로 이 초등학교 옆에 위치한 미군기지와 관련이 있습니다.

20세기 후반 냉전이 종식되었지만, 전쟁의 공포는 여전히 동아시아 사람들의 일상에 영향을 주고 있습니다. 아직 동아시아는 평화공동체를 이루지 못했고 일부 국가 간, 지역 간 군사적 갈등이 지속되고 있기 때문입니다. 이러한 갈등은 단순히 동아시아 국가 간의 문제만이 아닙니다. 동아시아 각국에 주둔하고 있는 미군도 그 원인 중 하나입니다.

미군은 언제부터 동아시아에 주둔했으며, 왜 냉전이 끝난 지금도 계속 이어지고 있는 걸까요? 미군은 동아시아 평화의 협조자일까요, 아니면 동아시아의 평화를 가로막는 방해자일까요?

미군은 언제부터 동아시아에 주둔했을까요?

동아시아에서 미군기지가 가장 먼저 들어선 곳은 필리핀입니다. 미국은 1898년 에스파냐와의 전쟁에서 승리한 후 에스파냐의 식민지였던 필리핀을 점유하고 1903년부터 군대를 주둔시켰습니다. 하지만 동아시아에 본격적으로 해군기지가 들어서기 시작한 것은 아시아·태평양전쟁과 관련이 있습니다.

아시아·태평양전쟁 당시 미군은 일본이 차지하고 있던 태평양의 여러 섬을 점령했고, 전후에는 일본 본토와 한반도 남부에도 군대를 주둔시켰습니다. 미국이 동아시아 여러 지역에 미군기지를 설치한 것은 일본 제국을 해체하고 새로운 전후 질서를 만들기 위한 과정이었습니다.

전후 초기 미국의 동아시아 군사 주둔 계획은 유동적이었습니다. 미국은 연합국과의 약속에 따라 한국 정부 수립 이듬해인 1949년 한반도에서 군대를 철수했습니다. 그러나 1950년 한국전쟁이 발발하자 미국은 연합군의 일원으로 한반도에 군대를 파견해 전쟁 당사국이 되었습니다.

미국은 1951년 미일안보조약, 미일행정협정을 체결하여 미군을 일본에 주둔시키고 한국전쟁의 후방기지로 사용했습니다. 오키나와는 샌프란시스코강화조약에 따라 미국이 '일체의 통치권'을 갖는 특수군사기지가 되었으며 베트남전쟁 때에는 미군의 후방기지 역할을 했습니다.

1960년 1월 19일 기시 노부스케 일본 수상과 허터 미국 국무장관은 신미일안보조약에 서명했습니다. 이 조약으로 일본은 미일 군사동맹 강화와 미국의 핵우산을 통한 안전보장을 얻어 낸 동시에 군사기지 제공, 군비 확충, 공동 작전 수행 등 더 많은 의무를 이행하게 되었습니다. 또한 '미일행정협정'의 명칭을 '미일지위협정'으로 변경하면서 미군기지 사용권은 한층 더 강화되었습니다.

미일안보조약의 개정 협상이 시작되자 일본에서는 '안보투쟁'이라 불리는 전후 최대 규모의 사회운동이 일어났습니다. 일본의 사회 단체는 '미일안보조약 개정저지 국민회의'를 결성했고, 안보조약 반대를 위한 국회 청원을 조직하는 등 일본의 정치·사회에 커다란 영향을 미쳤습니다.

한국전쟁으로 인해 한반도는 미·소 냉전의 전초기지가 되었습니다.

✓ 1972년 미국은 오키나와에 대한 시정권을 일본에 반환했으나 미군기지는 반환하지 않았다. 현재까지 오키나와현 면적의 약 10퍼센트(오키나와섬의 약 18퍼센트)는 미군이 사용하고 있다.

한·미 양국은 공산주의의 확산을 막고 북한에 대응하기 위해 1953년 10월 한미상호방위조약을 체결하여 미군이 한국에 주둔하게 되었습니다.

타이완에도 미군이 주둔했지만 한국과 일본과 달리 소수의 '고문단' 형식으로 주둔하였습니다. 그러나 한국전쟁을 계기로 미군이 주둔하게 되었습니다. 1954년 '미국·타이완상호방위조약'이 체결되면서 미군이 '고문단'이라는 이름으로 타이완 군부대에 주둔했습니다. 1955년 당시 미국 군사고문단의 규모는 2,347명에 달했습니다.

일본 국회를 둘러싸고 항의하는 시위대 (1960년 6월 18일)

1971년 미국의 대중정책 변화에 따라 중국이 국제연합 상임이사국이 되자 타이완은 국제연합에서 탈퇴했고, 타이완 주둔 미군의 숫자도 감소했습니다. 1978년 미·중 수교 이후 1979년 고문단이 떠나면서 타이완에서 미군의 공식적인 활동은 종료되었습니다.

이처럼 동아시아에는 한국전쟁과 베트남전쟁을 계기로 독특한 냉전 구도가 형성되었습니다. 미국은 공산주의 세력 확장 억제와 자국의 영향력 유지를 위해 일본, 한국, 타이완에 대규모 군대를 주둔시켰습니다. 일본과 한국을 비롯한 '자유 진영' 국민들은 미군을 자국의 수호자로 여겼습니다.

미국은 왜 아직도 동아시아에 수많은 군사기지를 유지하고 있을까요?

냉전이 종식되고 소련이 붕괴되면서 미국은 해외 군사기지를 점차 줄여 나갔습니다. 미국 국방부가 2018년 12월에 발표한 〈기지구조보고서〉에 따르면, 미국은 해외 514곳에 군사기지를 보유하고 있으며, 그중에서도 동아시아는 여전히 미군 주둔이 집중된 지역입니다.

도쿄만에 위치한 일본 요코스카 함대기지 사령부는 서태평양의 가장 중요한 미해군 기지로, 일본 해상자위대와 공동으로 사용하고 있으며 미군 제7함대 사령부 소재지입니다. 제7함대는 이곳을 모항으로 태평양과 인도양을 순찰합니다. 규슈 서북쪽에 위치한 사세보 함대기지 사령부는 일본에서 두 번째로 큰 미해군 기지로, 미군 최전방 부대의 중요한 후방기지입니다.

오키나와는 동아시아 해상교통의 요충지로 주일미군이 가장 많이 있습니다. 기지 면적은 일본 내 전체 미군기지의 70.3퍼센트에 달하며 총 31개의 군사시설이 설치되어 있습니다. 2019년 기준 일본 주둔 미군은 약 5만 5,000명입니다. 한미상호방위조약에 따라 한국에도 미군이 대규모로 주둔하고 있는데, 미국 의회는 주한미군의 수가 2만 8,500명 이하로 줄지 않도록 법으로 정했습니다

냉전이 끝났는데도 동아시아에 이렇게 많은 미군이 계속 주둔하고 있는 이유는 무엇일까요? 동아시아 각국 정부는 왜 재정적 부담에도 불구하고 미군의 주둔을 허용하는 걸까요?

20세기 말 소련 붕괴 후 미국은 세계 유일의 강국이 되었지만 세계 곳곳에서 또다시 새로운 도전에 직면하고 있습니다. 동아시아에서는 북한이 핵무기를 개발하고 있고, 중국은 급속한 경제성장을 이루어 미국에 맞설 만큼 위협적인 존재로 부상했습니다.

중국은 강대국으로 부상하기 전까지 조용히 힘을 기르는 전략을 구사했으나, 2010년 이후부터 국제무대에서 미국의 일방주의를 비판하기 시작했습니다. 미국의 오바마 정부는 중국을 견제하기 위해 미국 군사력의 60퍼센트를 아시아에 배치하는 '재균형정책'을 실시했으며, 트럼프 정부는 이를 계승해 '인도·태평양전략'으로 확대했습니다. 바이든 정부 역시 중국에 대한 압박을 강화하고 있습니다.

미국과 중국이 충돌하는 상황에서 한국, 일본, 타이완은 어떻게 대응하고 있을까요? 군사 안보에서 모두가 미국과의 동맹을 중시하고 있습니다. 특히 한국과 일본은 북한의 핵무기 위협으로 인해 미국과의 군사동맹을 강화하고 있습니다. 그러나 동시에 한국, 일본, 타이완은 경제, 문화 분야에서 중국이 매우 중요한 이웃이라는 점 역시 인식하고 있습니다.

●

미군기지는 주둔 지역 주민들의 삶에 어떠한 영향을 주었을까요?

2017년 12월 13일 후텐마 제2초등학교 운동장에 갑자기 미군 헬리콥터 창틀이 떨어져 어린이가 부상당하는 일이 발생했습니다. 일본 오키나와현 기노완시에 위치한 이 학교는 미군기지와 철조망 하나를 사이에 두고 있습니다. 2018년 2~6월 이 학교 학생들은 총 527회 대피했으며 하루에 20여 차례 대피한 날도 있었습니다. 이 사건의 원인 제공자인 후텐마 미군기지의 이전 문제는 오키나와의 큰 골칫거리가 되었습니다. 후텐마 기지의 소음으로 인해 오랜 시간 고통받았던 기노완시 주민들도 여러 차례 일본 정부가 미국 정부와 협상하여 미군기지를 일본에 반환하도록 요구하며 항의했습니다.

2001년 말 일본 정부는 후텐마 군사기지를 오키나와에서 동북쪽으로 50킬로미터 떨어져 있는 나고시 헤노코 지역으로 이전하기 위해, 육지에서 2킬로미터 거리에 있는 산호초 구역에 새로운 미군기지를 건설하기로 했습니다. 2017년부터 헤노코 지역에 대한 매립 및 기반 공사가 정식으로 시작되었으나 이번에는 기지 이전에 반대하는 주민들의 항의에 부딪혀 아직까지도 뚜렷한 해결책을 찾지 못하고 있습니다. 오키나와 현민들은 대부분 미군기지 반환 요구에 동의하고 있습니다. 반복되는 미군 범죄에 대한 분노가 그 배경입니다. 오키나와 주민들은 헤노코 미군기지 확대가 현지 해양생태계에 커다란 악영향을 줄 것이라 보고 있습니다.

미군기지의 환경파괴 문제는 한국에서도 심각하게 나타났습니다. 서울시는 미군기지 이전이 결정된 용산 지역에서 2003년부터 지하수 정화사업을 실시했는데, 미군기지가 있던 곳 부근 지하수에서 석유계 오염 물질이 검출되었습니다. 서울시의 환경 모니터링 결과에 따르면 2004년 용산 미군기지 남측인 녹사평역 근처 지하수에서 기준치의 1,956배를 초과하는 벤젠이 검출되었고, 2020년에도 기준치의 752배를 초과한 것으로 나타났습니다. 녹색연합 등 한국 시민 단체의 요구로 받아낸 용산 미군기지 기름 유출 사건 내역에 따르면, 1990~2015년에 기록된 사고만 총 84건에 달합니다.

환경오염 문제 외에도 미군 장병 및 군무원이 부대 밖에서 저지른 범죄, 방위비 분담 문제 등은 모두 한국 사회에서 큰 논쟁이 되고 있습니다. 많은 국민이 한국의 안보를 위해 미군이 지속적으로 주둔해야 한다고 생각하면서도 미군이 일으키는 문제들에 대해서는 비판적으로 바라보고 있습니다.

동아시아에 주둔하고 있는 미군은 동아시아 평화의 협력자일까요, 아니면 지역 군사 갈등과 주민 불편을 야기하는 존재일까요? 흑백논리로 둘 중 하나라고 답하기는 어려울 겁니다. 어느 쪽이 맞는지 논쟁하는 것도 중요하지만, 그것을 넘어서 동아시아 각국 정부와 시민들이 국제사회와 적극적으로 소통하고 상호 신뢰를 쌓으며 평화와 안전을 수호하는 일이 더 의미 있지 않을까요?

4

동아시아인들은 평화를 위해 어떤 노력을 했을까요?

우리는 인민에 대한 대량 학살과 침략의 도구인 핵무기의 불법화를 요구한다. 우리는 이 조치를 실행할 엄격한 국제적 통제를 요구한다. 우리는 어떤 이유로든 다른 나라에 대해 핵무기를 먼저 사용하는 모든 정부는 인도주의에 반하는 범죄를 저지르는 것이며, 이것은 전쟁 범죄로 다루어져야 한다고 생각한다. 우리는 전 세계 모든 선량한 남성과 여성 들이 이 호소문에 서명할 것을 요구한다.

- 스톡홀름호소문

1945년 8월 히로시마와 나가사키에 원자폭탄이 떨어지자, 유럽인들은 핵무기의 위력을 절감했습니다. 게다가 1949년 소련에서 원자폭탄 실험이 성공하고 냉전이 깊어지자 또다시 대규모 전쟁의 위기가 닥칠지 모른다는 공포에 휩싸였습니다. 이들은 반전·반핵 의지를 직접 행동에 옮기기 위해 1949년 4월 세계평화회의를 개최했습니다. 1950년 3월 스웨덴 스톡홀름에서 열린 세계평화회의에서는 '스톡홀름호소문'을 채택했습니다. 이 호소문은 서구 지식인들을 중심으로 큰 지지를 얻었고 서명운동으로 확산되어, 회의 관계자에 따르면 4개월 만에 약 2억 7,000만 명이 서명에 참여했다고 합니다. 유럽에서 이 같은 대규모 평화운동이 벌어질 때 동아시아에서는 평화를 위해 어떤 노력을 기울였을까요?

●

열전 가운데 시작된
평화운동

  제2차 세계대전이 끝난 후에도 동아시아에서는 전쟁이 끊이지 않았습니다. 중국에서는 국공내전이 지속되다가 1949년 10월 중화인민공화국이 수립되었습니다. 1950년 한반도에서는 한국전쟁이 발발했습니다. 베트남에서는 1946년 이래 프랑스와의 독립전쟁이 지속되었습니다. 이런 상황 아래 1950년대 동아시아에서 평화운동이 전개된 것은 어쩌면 당연한 일이었습니다.
  중국은 내전과 건국, 한국전쟁 참전 등으로 격변기를 겪으면서 평화운동에 적극적으로 참여하기 어려웠습니다. 그러나 1950년대 초부터 《인민일보》를 통해 일본 반전평화주의자들의 한국전쟁 반대 집회, 핵무기 보유 금지 결의안 통과 등을 보도하면서 평화운동에 힘을 보태기 시작했습니다. 또한 일본에서 원수폭금지운동(원자폭탄과 수소폭탄 금지 운동)이 전개되자 중국에서는 1955년 '원수폭금지세계대회'에 대표단을 보내는 등 반핵운동에 지지를 표명했습니다.

1953년 7월 한국전쟁 정전협정 체결 이후 아시아에서는 냉전이 심화되었습니다. 중국 인민들의 평화에 대한 염원은 정부로 하여금 평화적 공존의 중요성을 인식하게 했습니다. 1954년 6월 중국과 인도는 평화적 경쟁과 공존을 위한 5가지 원칙에 합의했습니다.

1955년 4월 인도네시아 반둥에서 아시아·아프리카회의(반둥회의)가 열렸습니다. 이 회의에서 중국의 저우언라이 총리는 인도의 네루 수상에게 이렇게 말했습니다. "우리는 공통점을 추구하고 차이점을 존중해야 합니다." 회의에 참석한 29개국은 인도의 중립주의와 중국의 평화공존 정책에 공감하여 '세계의 평화와 협력 증진'을 추구하는 '반둥 아시아·아프리카회의 최종 의정서'를 채택했습니다. 이들은 평화란 현실의 권력관계를 비껴가는 모호한 규범이 아니라 구체적인 형태를 띠어야 하며, 서구가 주도하는 국제질서가 아닌 '유색인종'이 참여하는 질서여야 한다고 입을 모았습니다. 반둥회의의 정신은 강력한 국제정치적 대안인 '비동맹운동'으로 발전했습니다.

한편, 1954년 9월 필리핀 마닐라에서는 미국의 주도 아래 영국, 호주, 필리핀, 타이완 등 8개국이 모여 동남아시아조약기구(SEATO) 설립을 추진했습니다. 이 군사 동맹은 아시아의 북대서양조약기구(NATO)로 불리며 아시아 국가뿐만 아니라 냉전의 심화를 우려하는 다른 지역 국가들의 반발을 불러일으켰습니다.

괴수영화가 불을 지핀
평화운동

1954년 11월 3일 일본에서 영화 〈고질라〉가 개봉되었습니다. 바다 밑에 깊이 잠들어 있던 쥐라기의 거대 괴수가 수소폭탄 실험에 의한 충격으로 깨어나 도쿄에 상륙하여 도시를 폐허로 만든다는 내용이었죠. 괴수 모형이 조잡하고 내용도 단순하다며 비평가들은 혹평했지만, 일본 국민 열 명 중 한 명이 볼 정도로 흥행에 성공했습니다. 그 이유는 무엇일까요?

도쿄 히비야에 있는 고질라상

1954년 3월 1일 아침 제5후쿠류마루호 선원들은 조업 중에 수평선 멀리 밝게 비치는 섬광을 보았습니다. 곧이어 굉음이 들리더니 회색 구름이 하늘을 뒤덮고 하얀 재가 비 오듯 쏟아졌습니다. 미국이 태평양의 비키니 환초에서 수소폭탄 실험을 실시했던 것입니다. 제5후쿠류마루호는 미국 정부가 지정한 위험 지역에서 30킬로미터나 떨어져 있었지만, 예상을 벗어난 수소폭탄의 위력과 바람의 영향으로 선원 23명이 피폭을 당했습니다.

히로시마와 나가사키 원폭으로 폭풍과 열선에 의한 피해를 경험했던 일본인들은 그에 못지않게 방사능 피해도 위험하다는 사실을 알고 공포에 휩싸였습니다. 사람들은 '방사능에 오염된 참치를 먹으면 피폭된다', '(방사능에 오염된 비에 의해) 우유도, 채소도 위험하다'는 보도가 나오자 공황 상태에 빠졌습니다. 이윽고 1954년 5월 도쿄도 스기나미구의 주부들이 중심이 되어 원수폭금지서명운동을 시작했습니다. 이 운동은 "원폭을 용서하지 않겠다"라는 노래 가사와 함께 전국으로 확산되었고 서명자는 3,200만 명을 넘어섰습니다.

히로시마와 나가사키의 비극에 이어, 우리 일본 국민은 이번 비키니 사건으로 인해 세 번에 걸쳐 심각한 원수폭 피해를 입었습니다. 수폭 실험만으로도 이런 지경인데 원자전쟁이 일어날 경우의 공포는 상상하기도 어렵습니다. 스기나미구를 중심으로 수폭금지서명운동을 실시하고 이것을 전 국민의 서명운동으로 발전시켜 나가겠습니다. 이 서명으로 보여준 전 국민의 결의를 바탕으로 수폭 이외의 핵무기의 제조, 사용, 실험의 금지를 전 세계에 호소합시다.

- 수폭금지서명운동 스기나미 협의회(1954년 5월)

일본의 과학자들도 언론을 통해 원수폭의 위기를 호소했습니다. 노벨 물리학상 수상자 유카와 히데키는 1955년 7월 9일 발표된 러셀-아인슈타인선언에 동참하며 원수폭 실험과 핵무기 사용 금지를 주장했습니다.

평화운동의 현장이 된
냉전의 박물관

　1968년 1월 21일 청와대 뒷산에서 박정희 대통령을 암살하러 내려온 북한 특수부대 소속 무장 군인들과 한국 군인·경찰 간에 총격전이 벌어졌습니다. 이틀 뒤인 23일 북한 원산 앞바다 공해상에서 미군의 정찰함 푸에블로호가 북한에 나포되는 일도 발생했습니다.

　당시 박정희 대통령은 심각한 위기 상황이라고 판단하여 안보정책을 강화했습니다. 고등학교와 대학교에 군사훈련 과목을 신설했고, 급기야는 학생들의 체력 측정에서 '모의 수류탄 멀리 던지기' 종목을 만들기도 했습니다. 1972년 10월에는 이러한 위기 상황을 빌미로 헌법을 개정하여 장기 집권을 위한 독재정치를 시작했습니다.

　한국의 평화운동은 분단과 독재에 저항하는 민주화운동의 형태로 힘들고 더디게 진행되었습니다. 1976년 3월 1일 박정희 독재정부의 감시를 뚫고 발표된 '3·1민주구국선언'에서는 한국에서의 민주주의가 한반도 평화와 통일을 위한 첫걸음이라고 밝혔습니다.

> 민족통일을 향해서 한 걸음 한 걸음 착실히 전진해야 할 마당에 이 나라는 1인 독재 아래 인권은 유린되고 자유는 박탈당하고 있다. …… 우리는 이를 보고만 있을 수 없어 '민주구국선언'을 선포하는 바이다. …… 민족통일은 지금 이 겨레가 짊어진 지상 과업이다. 통일된 민족으로, 정의가 실현되고

> 인권이 보장되는 평화스러운 나라 국민으로 국제사회에서 어깨를 펴고 떳떳이 살게 하는 일이다.
>
> — 3·1민주구국선언(일부)

    1987년 6월민주항쟁으로 민주화가 진전되자, 평화적인 남북통일을 희망하는 평화운동 세력은 통일운동을 적극적으로 추진하기 시작했습니다. 전국대학생대표자협의회는 1989년 북한의 평양에서 열린 세계청년학생축전에 참가하여 평화통일을 염원하는 남북 학생 대표의 공동선언문을 발표하기도 했습니다. 한국 정부도 사회주의권의 개혁과 개방 및 탈냉전이라는 세계 정세의 변화 속에 북한과의 관계를 개선하기 시작했습니다. 남북한 정부는 1991년 8월 유엔에 동시 가입했고, 12월에는 '남북 사이의 화해와 불가침 및 교류·협력에 관한 합의서'를 체결하고 '한반도의 비핵화에 관한 공동선언'을 발표했습니다.

    2016년 겨울과 2017년 봄 사이 한국의 시민들은 정의와 평화, 민주주의 질서 회복을 내세우며 부정비리를 저지른 박근혜 정부를 몰아냈습니다. 박근혜 정부는 북한의 핵미사일 실험으로 동아시아 갈등이 깊어지자, 대북 제재와 압박을 강화하여 남북한의 긴장을 더욱 고조시켰습니다. 새롭게 선출된 문재인 대통령은 2017년 9월 국제연합 연설을 통해 촛불을 든 한국인들이 보여준 민주주의와 평화의 힘을 소개했습니다. 또한 계속되는 동아시아의 안보 위기 문제에 대해서도 평화적·정치적 해결 원칙을 제시했습니다.

    2018년 4월 27일, 남북 분단의 경계선에 위치한 판문점에서 문재인 한

군사분계선을 사이에 두고 손을 맞잡은 남북 두 정상

국 대통령과 김정은 북한 국무위원장이 남북정상회담을 가졌습니다. 양국 정상이 합의하여 발표한 '한반도의 평화와 번영, 통일을 위한 판문점 선언'에서는 종전선언과 평화협정을 통해 항구적이고 공고한 평화 체제를 구축해 나가기로 합의함과 동시에 한반도의 완전한 비핵화를 위해 긴밀히 협력해 나갈 것을 약속했습니다. 이것은 남북한의 평화가 단순히 한반도의 평화로 그치는 것이 아니라 동아시아, 더 나아가 전 세계로 이어지는 것임을 보여 준 사례입니다.

한국, 중국, 일본의 평화운동은 서로 조금씩 다르게 전개되어 왔습니다. 동아시아의 평화를 위해 세 나라가 공동으로 평화운동을 진행한다면 무엇을 할 수 있을까요? 또 우리는 그 운동에 어떻게 참여할 수 있을까요?

동아시아의 전통명절

공통된 문화와 정서를 기반으로 형성된 전통명절은 구성원 간에 문화적 동질감을 강화하는 역할을 합니다. 명절의 전통의식과 제사, 가족·친지 방문 등은 전통문화에 담긴 의미를 구현하고 귀속감을 형성합니다. 동아시아 세 나라의 전통명절은 비슷하면서도 다른 특징을 가지고 있습니다. 한국과 중국은 설날에 온 가족이 모여 세배를 하고 세뱃돈을 주고받는 풍습이 있고 여러 민속놀이를 즐깁니다. 그러나 설날 음식과 복식 문화는 다르죠. 한편, 일본은 메이지유신 이후 설날을 없앴습니다.

서양 문화의 영향력이 커지면서 전통명절은 형식적인 것으로 치부되거나 돈벌이 상술로 이용되기도 하죠. 크리스마스, 발렌타인데이 등 '서양 명절'이 더 보편화되며 매년 연말이면 거리 곳곳이 크리스마스 트리와 산타클로스로 가득 채워지지만, 문화적 의미는 소비주의에 매몰되고 말았습니다.

한국의 강릉단오제는 2005년 유네스코 '인류구전 및 무형유산걸작'으로 지정되었습니다. 이는 사라져 가는 인류무형문화유산과 문화의 다양성을 보호하려는 의지의 표현으로 전통명절에 대한 관심을 환기시켰습니다.

평화기념관

　제2차 세계대전이 끝난 후 세계 각국에서는 침략전쟁을 반성하고 세계평화를 기원하는 운동이 일었습니다. 1948년 4월 3일 한국의 제주도에서는 남한의 단독정부 수립을 반대하는 투쟁이 일어났습니다. 이때부터 1954년 한라산 출입이 허용될 때까지 미군정과 이승만 정부의 무력 진압에 의한 주민 희생자는 약 2만 5000명~3만 명에 이릅니다. 민주화 이후 이 사건에 대한 진상조사가 실시되었고, 2008년 희생자의 명예 회복과 추모를 위한 제주 4·3평화공원을 조성하여 화해와 상생의 미래를 다짐했습니다.

　1980년대 이후 일본의 우익세력이 지속적으로 침략전쟁을 미화하자 중국 정부와 민중들은 과거를 기억하고 미래로 나아가고자 1985년 '난징 대학살 희생동포기념관'과 '일본군 731부대 범죄증거전시관'을, 1987년에는 '중국인민항일전쟁기념관'을 건립했습니다.

　전후 일본에서는 여러 평화기념관과 평화자료관이 세워졌지만 대부분은 원폭과 관련한 피해의식을 기반으로 하고 있습니다. 전쟁 당시 일본의 가해 역사를 담고 있는 곳은 '오키나와현 평화기념자료관'과 '나가사키 인권 평화자료관', '사사노보효 전시관(홋카이도)' 등 소수에 불과합니다. 평화기념관은 전쟁의 참상과 피해를 전달하는 동시에 역사적 비극이 재현되지 않도록 경각심을 주는 장소가 되어야 할 것입니다.

재일코리안의 '국적'

사진 속 인물은 2010년 남아프리카공화국 월드컵에서 눈물을 흘리는 모습으로 화제를 모은 재일코리안이자 조선민주주의인민공화국(북한) 국가대표 축구 선수인 정대세입니다. 일본의 외국인등록법상 '한국적'인 그는 왜 북한 대표로 출전했을까요?

그 배경에는 재일코리안의 안타까운 역사가 있습니다. 제2차 세계대전 후 재일코리안 약 200만 명 중 60만 명은 여러 이유로 일본에 남을 수밖에 없었습니다. 일본 정부는 강화조약을 비준할 때까지 조선에 대해 주권을 보유한다는 입장이었기 때문에 전후에도 재일코리안은 일본 국적을 유지하고 있었죠. 그런데 일본 정부는 새 헌법이 시행되기 하루 전 외국인등록령을 공포해 모든 재일코리안을 '조선적'으로 처리했고, 그 때문에 재일코리안은 형식상 일본 국적을 유지하면서도 선거권을 갖지 못한 '외국인'으로 취급되었습니다(1947). 그 후 1948년 한반도에 두 개의 국가, 즉 대한민국과 조선민주주의인

> ✓ '한국적', '조선적', '타이완적'이라는 구분은 일본 국내법상의 구분일 뿐 '국적'을 의미하는 것은 아니다.

정대세

민공화국이 수립되자 일본 정부는 '조선적'을 남겨둔 채 새로 '한국적'을 만들었습니다(1950). 그러고는 샌프란시스코강화조약이 발효되기 직전 법률이 아닌 관계 부처 통보에 해당하는 통달만으로 재일코리안이 갖고 있던 일본 국적을 일방적으로 박탈했습니다(1952). 그 후 1965년에 체결된 한일기본조약에 따라 한국적을 보유한 자에게만 일본의 협정영주권을 부여하기로 했습니다. 이에 상당수의 재일코리안이 반발했지만 생활상의 필요 때문에 부득이하게 한국적으로 변경한 이들도 적지 않았습니다.

이러한 사정 때문에 한국적의 재일코리안 중에는 자신의 '국적'과 정체성 사이에서 갈등을 겪는 사람이 적지 않습니다. 정대세도 그중 한 사람입니다. 그는 '한국적'이었지만 북한 대표로 경기를 뛰는 꿈을 갖고 있었고 이러한 사정을 고려한 북한 정부는 정대세가 북한 대표로 참가할 수 있도록 했습니다.

✓ 협정영주권은 '한국적'의 재일코리안만 취득할 수 있었지만, 1991년 '한일 법적 지위 협정에 기초한 협의 결과에 관한 각서'가 체결됨에 따라 같은 해 일본에서 입국관리특례법이 제정되어 '한국적'뿐 아니라 '조선적', '타이완적' 보유자에게도 일본에 영주할 권리(특별영주권)를 부여하게 되었다.

2장

경제성장의 빛과 그림자

1
동아시아 나라들의 경제가 빠르게 성장한 이유는 무엇일까요?

집단취직열차(일본)

추석 귀경길의 열차편(1969, 한국)

1960년대 일본과 한국의 기차역 풍경입니다. 일본의 한 기차역에 늘어서 있는 학생들의 모습이 마치 수학여행이라도 가는 듯하지만, 표정은 그리 즐거워 보이지 않습니다. 이 학생들의 목적지는 어디일까요? 한국 기차역의 모습은 이미 승객들로 꽉 찬 기차에 사람들이 올라타려 해 위험해 보입니다. 이들은 왜 위험을 무릅쓰고 기차를 타야만 했을까요?

●
동아시아 경제성장의
공통 요인은 무엇일까요?

　전후 동아시아에서 가장 빨리 경제성장을 이룬 나라는 일본입니다. 일본은 패전의 상처를 딛고 1955년부터 1970년대 초까지 연평균 10퍼센트에 가까운 경제성장률을 기록했습니다. 이런 경이로운 경제성장을 '고도경제성장'이라고 불렀죠. 일본은 그 덕분에 미국 다음으로 국민총생산(GNP) 세계 2위에 올랐습니다. 경제성장으로 일자리가 늘어났고, 고도성장기에는 지방 청소년들을 도시로 보내기 위해 '집단취직열차'를 운행해야 할 정도였습니다. 당시 젊은 취직자들을 '금 달걀'이라고 부르기도 했죠.

　한국은 1960년대부터 1997년 외환위기까지, 몇 차례의 위기에 처하면서도 거의 매년 10퍼센트 내외의 경제성장률을 기록했습니다. 급증하는 도시의 일자리를 찾아 지방 주민들이 도시로 몰려들었습니다. 설날이나 추석 같은 전통명절이 되면 수많은 도시민이 고향의 가족들을 만

나라 대거 이동하면서 앞의 사진 같은 위험한 풍경이 펼쳐지곤 했습니다. 중국도 개혁개방을 단행한 1979년 이후 2012년까지 연평균 9.8퍼센트에 이르는 경제성장률을 기록했습니다. 이처럼 동아시아의 3국은 시차는 있었지만 모두 고도경제성장을 이루었습니다. 빠른 경제성장을 이룬 동아시아 각국의 공통점은 무엇일까요?

1993년 세계은행은 〈동아시아의 기적〉이라는 보고서를 발간했습니다. 이 보고서는 동아시아 지역의 왕성한 민간 저축과 투자, 뛰어난 인적 자산, 튼튼한 경제 기반과 사회간접자본에 주목했습니다. 그리고 국가가 수출주도형 경제정책을 추진하고, 외국 기술을 적극적으로 받아들인 점, 금융기관이 개발을 선도했던 점도 강조했습니다. 이런 공통점으로 동아시아는 높은 경제성장을 이룰 수 있었습니다.

하지만 동아시아 각국의 고도성장 시작 시점이 다른 이유는 무엇일까요? 한·중·일 3국은 각각 어떤 계기로 고도성장을 이룩했을까요? 이를 이해하기 위해서는 각국의 고도성장이 시작하는 시점의 국제관계를 살펴봐야 합니다.

●
동아시아 각국의 고도성장은
어떤 국제적 배경에서 가능했나요?

1950년까지 심각한 불황을 겪고 있던 일본은 이웃 한반도에서 한국 전쟁이 일어나자 예상치 못한 '특수'를 누렸습니다. 포탄, 탄약 제조와 트럭, 기관차 등 중공업 제품 생산으로 많은 달러를 벌어들였는데, 그 금액은 1950년 7월부터 1952년까지 11억 달러에 이를 정도였습니다. 주둔군 유지비 등 간접 수입까지 합하면 총액은 24억 달러에 달했습니다. 이런 배경으로 일본 경제는 급속히 성장하기 시작했습니다.

한국은 1960년대 중반부터 고도경제성장기에 들어섰습니다. 1960년대 미국 정부는 개발도상국들이 공산주의에 맞설 수 있도록 '근대화' 지원 정책을 펼쳤는데, 그 대표적인 성공 사례가 한국이었습니다. 당시 박정희 정부는 두 방향으로 해외 자금을 끌어들여 경제성장의 기반을 마련했습니다. 첫째는 한일청구권협정을 체결하면서 일본에서 들여온 8억 달러의 자금, 둘째는 한국군이 베트남전쟁에 참전하는 대가로 미국으로부터 받은 자금이었습니다. 미국은 한국군의 파병 비용을 모두 부담했고, 베트남 건설 사업에 한국 기업들이 참여하도록 혜택을 주었습니다. 당시 한국이 베트남 특수로 얻은 직접적인 경제 효과는 10억 달러에 달했습니다.

베트남전쟁으로 이익을 얻은 나라는 한국만이 아니었습니다. 일본은 미군의 후방기지 역할을 하면서 많은 이익을 얻었고, 베트남의 이웃 나라 타이는 미군의 휴양기지가 되어 달러를 벌어들였습니다. 냉전이 첨예한 시기에 이웃의 불행을 자국의 번영 기회로 삼았다는 것이 바로 동아시아 경제성장의 어두운 측면입니다.

냉전 속에서 경제성장에 치중한 일본·한국과 달리 중국은 사회주의 이념에 입각하여 혁명과 건설을 병행했습니다. 1958년부터 대약진운동과 인민공사 정책을 펼쳤으나 현실을 무시한 정책은 많은 후유증을 낳았습니다. 1966년부터 10여 년간 지속된 문화대혁명도 경제성장에 걸림돌이 되었습니다. 중국은 대외적으로도 소련과 대립하면서 어려움에 직면했습니다. 중국은 이념적 제약에서 벗어나 미국·일본 등과 관계를 개선하는 쪽으로 방향을 전환했습니다. 중국의 지도자가 된 덩샤오핑은 1978년부터 실용 노선을 취하며 중국의 개혁개방을 이끌었습니다. 경쟁을 자극하고 외국 기업과의 합작을 통해 중국 제품의 품질을 높이고 세계시장에 상품을 판매하는 성장전략을 추진했죠. 1979년부터 2012년까지 33년간 중국은 연평균 9.8퍼센트에 달하는 세계 1위의 경제성장률을 기록했습니다. 통일을 이룬 베트남도 1986년부터 '새롭게 바꾼다'는 뜻의 '도이머이 정책'을 취하면서 경제성장에 박차를 가했습니다.

이처럼 동아시아 각국은 국제 환경의 차이로 인해 경제성장의 시점이 모두 달랐습니다. 일본과 한국은 냉전이 첨예했던 1950~1960년대에 미국의 지원과 이웃 나라의 전쟁을 기회로 삼아 경제성장을 이룩했습니다. 중국과 베트남은 냉전이 완화되면서 1980년대 이후 세계시장에 진출하며 뒤늦게 경제성장 대열에 들어설 수 있었습니다.

●

경제성장기에 도시로 떠난 사람들의 삶은 어떠했을까요?

동아시아에서 경제성장을 이끈 산업은 제조업 분야였습니다. 각국은 저임금과 장시간 노동으로 값싸고 질 좋은 상품을 만들어 수출했고, 이것을 경제성장의 밑천으로 삼았습니다. 동아시아 각국 정부는 인력, 시장, 자금이 집중되어 있는 도시를 중심으로 제조업을 육성하는 방식을 채택했습니다. 이때 사람들이 농촌에서 도시로 몰리면서 급속한 도시화 현상이 일어났습니다. 고향을 떠나 도시로 이동한 사람들의 삶은 어땠을까요?

1960~1970년대 한국의 예를 들어 봅니다. 시골에서 서울로 상경한 사람들 중 상당수는 번듯한 집을 구하지 못해 청계천 주변 등에 판자촌을 만들어 살았습니다. 청계천 주변에서 직장을 구한 노동자들은 어떤 조건에서 일을 했을까요?

> 대부분 미싱을 쓰기 때문에 대낮에 백열등이나 형광등을 켜 놓고 일하고 있어 이들은 밖에 나가면 밝은 햇빛 아래서는 눈을 바로 뜰 수 없다는 것이다. 한 평에 평균 4명이 재봉틀을 두고 일하고 있는 작업장 한구석에는 자취하는 종업원들의 취사도구들이 그대로 놓여 있고 평화시장 같은 데는 환기시설 하나 없다.
>
> - 《중앙일보》 1970년 11월 14일자

위 기사는 청계천 옆 평화시장에서 일하던 여성 재봉사들의 작업 환경을 묘사한 글입니다. 당시 "평화시장 아가씨들은 3년만 고생하면 고물이 된다"라는 말이 있을 정도로 힘든 환경이었지요. 그들을 버티게 한 것은 무엇이었을까요?

한국의 산골 농촌마을에서 태어나 서울에서 일했던 한 여성 노동자는 제일 해보고 싶었던 일이 무엇이냐는 질문에 다음과 같이 답했습니다. 고도경제성장 과정에서 힘들게 노동하며 살았던 노동자들은 어떤 꿈을 꾸었을까요?

> 공부를 하고 싶었어요. 어려서 힘들게 사느라 공부를 못해서, 그래서 나중에 검정고시도 보고 대학 1학년까지 다녔어요. 몸이 아파서 이젠 못 하지만, 제가 1987년 이후에 안산으로 내려가서 화장품 장사도 해 보고, 그 뒤에 의료생활협동조합 활동을 하면서 대학 사회복지학과에 다니기도 했어요.
>
> – 어느 여성 노동자의 꿈

중국은 도시 거주자와 농촌 거주자의 호적을 엄격히 구분하는 후커우(호적)제도를 오래도록 유지했습니다. 그렇지만 도시를 중심으로 경제가 성장하자 많은 농민이 일자리를 찾아 도시로 이주했습니다. 그들 중 도시 호적을 얻지 못한 사람들을 농민공이라고 부릅니다. 농민공은 꾸준히 증가하여 2017년 통계 자료에 의하면 2억 8천만 명에 이르렀습니다.

도시에서 정식으로 직장을 구하기 힘든 농민공들은 저임금에 고된 노동도 마다하지 않았습니다. 이들이 없었다면 중국의 급속한 경제성장은 어려웠을 것입니다. 중국의 경제가 성장하면서 농민공의 처지는 점차 개선되었습니다. 엄격했던 후커우제도도 완화되어 농민공도 도시에서 합법적으로 살 수 있는 길이 생겼습니다.

제2차 세계대전 이후 동아시아는 단기간에 비약적인 경제성장을 이루었습니다. 그러나 성장의 과실이 달콤하기만 한 것은 아니었습니다. 경제성장이 본궤도에 들어선 이후 주민들의 삶은 점차 나아지고 중산층이 되기도 했지만, 빈부 격차는 더욱 심화되었습니다. 그뿐만 아니라 환경오염, 과잉 경쟁으로 인한 인간성 상실 등 수많은 문제가 쏟아지고 있습니다. 이런 문제들은 경제성장 과정에서 겪어야만 하는 불가피한 일일까요? 혹은 충분히 막을 수 있는 문제들이었을까요? 경제성장을 꾀하면서도 인간답게 살아가는 방법에 대해 생각해 봅시다.

2

경제성장은
사람들의 생활을
풍요롭게 만들었을까요?

일본의 한 병원 병실 벽에 있는 손톱으로 긁은 자국

사진 속 흔적은 미나마타병 환자가 심한 경련과 참기 힘든 고통으로 괴로워하며 병실 벽을 손톱으로 긁은 자국입니다. 미나마타병은 일본 구마모토현 미나마타시의 한 공장에서 버린 폐수에 섞여 있던 수은이 원인이 되어 발생했습니다. 어떻게 인체에 위험한 공장 폐수를 방류하도록 방치했을까요? 이러한 일이 발생한 배경에는 경제성장 제일주의가 자리 잡고 있습니다.

●

경제성장은
어떤 사회를 가져왔을까요?

한·중·일이 이룩한 경제성장은 전후 생활의 어려움을 극복하게 하고 생활을 향상시켰습니다. 뒷장의 그림은 일본의 전기세탁기 광고입니다. 동아시아 각국의 경제성장으로 소득이 늘어나자 사람들은 세탁기 같은 가전제품도 구매할 수 있게 되었습니다. 그렇다고 처음부터 세탁기가 잘 팔린 것은 아닙니다. 집안일에 시간을 할애해 온 사람들 눈에는 세탁기가 '주부를 게으르게 하는 도구'이자 사치품으로 비쳤기 때문입니다. 그러자 기업은 가사노동의 시간을 단축해 주는 등 사람들의 활동에 효율성을 더해준다는 점을 강조하며 광고했습니다. 광고에 힘입어 세탁기는 널리 보급되었고, 사람들은 공업화에 따른 효율화와 편리성을 긍정적으로 바라보기 시작했습니다. 농촌의 농부에서 도시의 직장인 중심으로 사회가 변화하면서 끊임없이 새로운 상품을 구매하는 대중소비사회도 확대되었습니다.

전기세탁기 광고(1950, 일본)

그러나 급속한 공업화와 생활의 변화로 동아시아에서는 대규모 공해가 발생했습니다. 그러한 '공해의 출발점'에 일본의 미나마타병이 있었습니다. 미나마타병은 칫소'라는 회사가 메틸수은이 함유된 공장 폐수를 방류한 결과 발생한 질병이었죠. '공해의 출발점'이라 불리는 이유는 메틸수은을 플랑크톤이 섭취하고, 플랑크톤을 물고기가 섭취하는 과정에서 농축되어 남아 있던 유독물질을 최종적으로 인간이 먹음으로써 병에 걸리는 구조였기 때문입니다. 미나마타병도 결국 경제성장이 가져온 하나의 산물이었습니다.

> 칫소는 제2차 세계대전 이후 구마모토현 미나마타시의 정치와 경제를 지배하며 기업도시를 형성했다. '기술의 칫소'라 불릴 정도로 기술 혁신에 적극적이었지만, 지역 주민과 노동자의 생명을 경시함으로써 공해를 초래했다는 비판을 받았다.

'공해'가 동아시아에
제기한 문제는 무엇일까요?

　미나마타병과 같은 공해는 동아시아 전체의 문제가 되었습니다. 뒷장의 연표를 보면 세 나라의 공해·환경 문제에 대해 알 수 있습니다.

　먼저 공해가 사회 문제로 대두하는 시기는 각국의 고도성장기와 맞물려 있음을 알 수 있습니다. 사람들의 생활이 풍요로워지는 한편에서 환경파괴와 건강 피해가 사회 문제로 인식되고 주목받기 시작하고, 그 결과 각국에서 대책이 마련됩니다. 공해 대책과 환경보호기본법이 1967년부터 1979년에 걸쳐 제정되고, 환경정책 전담 부처들이 1971년부터 1998년 사이에 설치되었는데 각 나라마다 시차가 있음을 확인할 수 있습니다.

　이 시차는 세 나라가 고도성장을 이룬 시간차와 일치하지만 원인은 그뿐이 아니었습니다. 예를 들어, 1971년 일본의 미나마타병이 국제적으로 문제화되면서 한국에도 소식이 전해져 환경오염 문제로 보도되었습니다. 그러나 당시 한국에서는 박정희의 개발독재가 진행되고 있어 반공해운동은 반정부운동으로 간주되어 탄압받았습니다. 환경 문제 대응이 활발해진 것은 1987년 민주화 이후였죠. 이를 통해 환경 문제는 민주주의 운동과도 관계가 깊음을 알 수 있습니다.

　한편, 정부의 대응은 1972년의 국제연합인간환경회의 등 국제 정세의 큰 흐름에 영향을 받고 있다는 점도 알 수 있습니다. 다만 정부가 법과 제도를 정비했다 하더라도 그것이 곧바로 운용되어 효과를 낳았던 것은

세 나라의 공해·환경 문제 비교 연표

일본	한국	중국
1956년 미나마타병 공식 확인 1967년 공해대책기본법 1970년 의회에서 공해 문제 본격 논의 1971년 환경청 설치	1970~1979년 울산 삼산평야 농민의 피해 보상 투쟁	1970년 쑹화강 수계 수은 오염
1972년 국제연합인간환경회의(스톡홀름)		
1975년 공해 수출 문제화 1984년 환경영향평가법 각의 결정	1977년 환경보전법 1980년 환경청 설치 1985년 온산 공해 문제화	1973년 제1회 전국환경보호대회 1979년 환경보호법 시행 1984년 환경보호국 설치
1986년 체르노빌 원자력발전소 사고		
	1987년 민주화로 시민운동 고양 1990년 환경청에서 환경처로 승격 1991년 환경정책기본법	1989년 환경보호법
1992년 지구정상회의(리우데자네이루)		
1993년 환경기본법 2001년 환경청을 환경성으로 승격	1993년 환경영향평가법 1994년 환경처를 환경부로 승격 1996년 시화호 오염 사건	1993년 환경기본법 1994년 중국 의제21 1997년 환경영향평가법 1998년 국가환경보호성 설치

	2005년 기후변화협약 교토의정서	
	2007년 지속가능발전기본법 2010년 저탄소녹색성장기본법	2005년 재생가능에너지법 2008년 순환경제촉진법
2011년 후쿠시마 제1원전 사고 2012년 재생가능에너지특별조치법		
	2015년 기후변화협약 파리협정 채택	

아닙니다.

그렇다면 문제를 해결하는 데 각 국가의 공해·환경 대책만으로 충분할까요? 동아시아의 차원에서 생각해야 할 점은 무엇일까요?

첫째, 각 나라 간의 경제적 격차로 인한 '공해 수출'의 문제입니다. 공해 수출이란 자국 내의 규제가 엄격해지면서 오염물질이나 문제의 소지가 있는 생산 공정을 주변국에 수출하는 것을 말합니다. 그 때문에 앞서 살펴본 세 나라의 대책 사이에 시간차가 발생했죠. 일본에 이어 1970년대 이후 한국과 중국 등 다른 나라에서도 공해 문제가 발생했습니다.

둘째, 한 나라의 노력만으로는 해결할 수 없는 동아시아나 지구 규모의 환경오염 문제입니다. 리우데자네이루 지구정상회의를 계기로 한·중·일에서도 지구 환경 문제가 정책 과제로 자리 잡았습니다. 1993년 세계은행은 '동아시아의 기적'이라는 표현으로 동아시아 경제의 부흥을 인정했지만, 경제발전은 국경을 넘는 오염이라는 새로운 지역 환경 문제를 야기했습니다. 예를 들어, 중국의 초미세먼지 같은 대기오염이나 해양 플라스틱 같은 수질오염 문제입니다. 이런 문제의식을 가지고 새로

제주도에서 개최된
〈국제생태미술전〉(2019) 출품작

운 방식의 대응들도 시작되었습니다. 사진은 2019년 제주도에서 개최된 〈국제생태미술전〉에 출품된 작품입니다. 작품의 소재가 무엇인지 짐작이 가나요? 바로 제주도에 쌓인 해양 플라스틱입니다. 태평양으로 연결된 동북아 해양환경의 실태를 예술작품을 통해 고발하고 있습니다.

한편, 전 지구적 규모의 환경 문제를 논의할 때 선진국과 개발도상국의 주장이 엇갈리기도 합니다. 개발도상국 입장에서 엄격한 환경 규제는 경제발전을 가로막는 데다가 1인당 이산화탄소 배출량은 여전히 선진국이 더 많기 때문입니다. 한·중·일 정부의 주장에도 차이가 있어 동아시아 시민들은 이 점을 어떻게 인식하고 행동할지 생각해야 합니다.

셋째, 현재의 해결 방식에 대한 문제입니다. 예를 들어, 일본에서 미나마타병와 같은 공해병은 피해 사실을 인정받아야만 보상받을 수 있습니다. 한국의 대규모 공업단지에서 발생한 복합오염인 온산병은 주민들의 집단 이주로 막을 내려야 했습니다. 이러한 문제들은 사건 발생으로부터 상당한 시간이 지났음에도 불구하고 피해자들의 고통이 지속되었습니다.

그렇다면 사람들은 이러한 문제에 어떻게 대처해 왔을까요? 일본의 공해 연구자 우이 준은 '공해 원론'이라는 강좌를 개설하여 학생들과 공해 수출 반대 활동을 전개했습니다. 그 결과 1976년 일본에서 '반공해수출 통보센터'가 설립되었습니다. 1990년대 들어 지역 환경 문제에 대처하기 위해 아시아·태평양NGO환경회의가 열리고 그 성과로서 《아시아 환경백서》가 발행되기도 했습니다. 아직 해결되지 못한 공해와 환경파괴 문제에 대해서도 단체와 시민운동가, 피해 당사자, 연구자 들이 지속적으로 연대하고 있습니다. 그러나 가해 기업이나 정부의 변화를 충분히 끌어내지 못하는 것이 여전히 과제로 남아 있죠.

●

경제성장 이후 사람들은
어떤 '풍요로움'을 추구했을까요?

우리는 지금까지 공해와 환경오염을 발생시키면서 그 대가로 경제적 풍요를 손에 넣었습니다. 하지만 이러한 경제적 풍요에 대한 의문도 싹트고 있습니다. 우선 '풍요'의 격차 문제입니다. 1990년대 이후 경제성장의 규모가 커지면서 국경을 넘는 교역이 증가했으며, 소득과 교육기회 등 여러 측면에서 개인 간, 지역 간 격차가 뚜렷하게 나타나기 시작했습니다. 선진국의 빈곤 문제는 상대적으로 임금이 저렴한 저개발국가의 노동자 고용과 관계가 있습니다. 저개발국가의 노동착취를 기반으로 저렴하게 식량을 생산하는 어글리 비즈니스가 글로벌 경제성장을 뒷받침하고 있기도 합니다. 또한 한 국가 안에서도 빈곤층이 환경오염의 영향을 더 많이 받게 되죠.

한편으로 사람들은 '풍요'란 무엇인지 근본적으로 되묻기 시작했습니다. 예를 들어, 미나마타병 환자인 오가타 마사토는 피해 사실을 인정받기 위한 장렬한 투쟁 끝에 "칫소는 나"라고 말했습니다. 이 말은 무슨 뜻일까요?

> 지금까지 40년 생활 속에서 직접 차를 사서 운전했고, 집에는 텔레비전과 냉장고가 있고, 그리고 일할 때는 플라스틱 배를 탔습니다. 칫소 같은 화학 공장에서 생산한 재료로 만들어진 물건이 집 안에도 많이 있다는 것입니다. 수도관으로 사용되는 플라스틱 대부분은 당시 칫소가 만들었습니다. 최근에는 액정도 마찬가지입니다만, 우리는 그야말로 지금 '칫소 사회' 안에 살고 있다고 생각합니다. 그러니 미나마타병 사건에 한정해서 보면 칫소라는 회사에 책임이 있지만, 우리 시대에는 우리 자신도 이미 '또 하나의 칫소'가 됐다는 말입니다. '근대화'나 '풍요'를 추구해 온 우리 사회는 다름 아닌 우리 자신이 아닌가요?
>
> — 〈칫소는 또 한 사람의 나〉, 《증언 미나마타병》(2000)

'칫소 사회'라는 표현은 오늘날 한국·중국·일본에도 해당하지 않나요? 공해 문제가 발생한 후, 거대한 시스템의 일부로 사는 것을 거부하고 자신이 소비하는 것은 자기 손으로 직접 만들고자 하는 사람들이 출현했습니다. 예를 들어, 먹거리의 경우 유기농운동이 3국에서 확산되고 있고 그런 농작물을 신중히 선택해서 구매하는 소비자운동도 등장했습니다. 여기서는 대량 소비나 효율성과는 다른 형태의 '풍요'를 추구하는 의식을 엿볼 수 있습니다. 우리는 앞으로 어떤 '풍요'를 지향해야 할까요? 이를 위해 우리는 무엇을 할 수 있을지 생각해 봅시다.

3
고학력이 미래의 '행복'을 보장해 줄 수 있을까요?

시간	일과	시간	일과
6:00	기상	13:45 – 14:30	자습
6:30 – 7:25	아침 독서	14:40 – 15:25	5교시 수업
7:25 – 8:00	아침 식사, 물 떠오기	15:35 – 16:20	6교시 수업
8:05 – 8:50	1교시 수업	16:30 – 17:15	7교시 수업
9:00 – 9:45	2교시 수업	17:15 – 17:45	저녁 식사, 물 떠오기
9:45 – 10:00	눈 운동	17:50 – 18:50	자습 및 수업
10:00 – 10:4	3교시 수업	19:00 – 20:00	1교시 자습
10:55 – 11:40	4교시 수업	20:10 – 21:10	2교시 자습
11:40 – 13:40	점심 식사, 물 떠오기, 휴식	21:20 – 22:50	3교시 자습 (담임교사 교실 상주)

— 넷이즈 2018년 8월 22일

기쁜 소식
청춘은 뜻이 있으면 근면해야 하고, 학업을 시작하여 고생을 알려야 합니다! 2018년 대학 입시 성적이 발표되었고, 마오탄창고등학교, 진안고등학교, 진안고등학교입시센터가 다시 한 번 좋은 성적을 거두어 예년에 비해 크게 향상되었습니다! 대학 입시 본과 합격자 수가 5년 연속 1만 명을 돌파했습니다!
— 진안구 마오탄창진 인민정부, 2018년 6월 24일

왼쪽은 어느 학교의 일과표입니다. 공부와 휴식 시간, 심지어 물을 떠오고 눈 운동을 하는 시간까지 분 단위로 정해져 있어 군대가 연상될 정도로 엄격합니다. 이곳은 어떤 학교일까요? 이곳의 학생들은 아무런 자유도 없는 걸까요?

●

동아시아의 학생들은 왜 치열한 입시 경쟁 속에서 살아야만 하는 걸까요?

왼쪽 자료는 중국 안후이성 류안시의 산간벽지에 위치한 마오탄창고등학교의 학생 일과표입니다. 학생 수가 2만 명이 넘는 이 고등학교는 학생들을 군사적으로 관리하며, 조립라인 방식의 교육 방식을 채택하고 있습니다. 최근 몇 년 동안 중국의 대학 입시 신화를 계속 써왔으며, 대학 입학 인원이 연이어 1만 명을 돌파했습니다. 동시에 매우 엄격한 교육 패턴 때문에 세간의 주목을 받아왔습니다.

중국의 대학 입시 경쟁은 매우 치열합니다. 온 가족의 기대 속에서 학생들은 입시에 청춘과 열정을 바칩니다. 마오탄창진에서는 오락 시설을 찾아볼 수 없습니다. 마오탄창고등학교의 학생들은 일상적으로 학부모가 동행하며, 가정 전체가 대학 입시를 중심으로 돌아가고 있습니다. 많은 재수생이 1년 동안 열심히 공부해 높은 점수를 올리니, 성공적인 대학 입시를 원하는 이들에게는 운명을 바꾸는 학교가 아닐 수 없습니다.

동아시아 세 나라는 모두 교육을 중시하며 초등·중등·고등으로 이루어진 교육제도를 운영하고 있지만 구체적인 제도와 학교 체계에는 차이가 있습니다. 중국은 고등학교 진학 시 고입선발고사를 시행하는 반면, 한국은 일반적으로 고입시험으로 인한 경쟁은 없으나 중학교 성적을 기반으로 고등학교를 선택하기도 합니다.

동아시아 3국은 모두 대입 경쟁이 치열하지만 구체적인 시험제도 역시 차이가 있습니다. 일본에서 대학에 진학하려면 일반적으로 대학입학 시험을 치러야 합니다(학력시험 위주). 시험에 응시할 때 고등학교 유형에 제약은 없으나 졸업증명서가 필요합니다. 또한 중국의 '일반대학교 전국통일시험(대입시험)'이나 한국의 '대학수학능력시험(수능)'과 달리 일본에서는 1차로 국공립대학교 통일시험을 치른 후 각 학교에서 자체적으로 2차 시험을 실시합니다. 사립고등교육기관의 비율이 비교적 높은 일본에서는 상대적으로 입학 기회가 다양한 편이라 대입 경쟁이 중국만큼 치열하지는 않습니다. 그러나 일본도 학력과 출신 학교가 사회적 지위, 승진 기회, 사회적 대우에 큰 영향을 주는 데다가 명문대 수는 제한적이기 때문에 대학입시가 만만치 않습니다.

한국 고등학생의 대학 진학률은 73퍼센트에 이르지만(2022년 기준) 소위 사회적으로 인정하는 명문대에 진학하는 학생은 4.5퍼센트에 불과합니다(2023학년도 기준). 게다가 사회적으로 '학벌주의'가 존재하기 때문에 대학입학 경쟁이 매우 치열합니다. 일부 부유층은 자녀를 해외로 조기유학을 보냈다가 유학생 특별전형으로 대학에 진학시키기도 합니다.

치열한 대입 경쟁 속에서 동아시아 3국에는 각종 학원들이 우후죽순 생겨났습니다. 중국에는 '입시정비소'라고 불리는 입시학원이 등장했고, 재수생을 위한 입시학원이 하나의 산업을 이룰 만큼 크게 성장했습니

일본 도쿄 유시마 텐만구신사에서
합격을 기원하는 수험생들과 소원패로 가득한 신사의 모습

다. 한국에도 학원에 다니는 학생들이 많습니다. 2009년 기준 학원들이 벌어들인 수익이 약 73억 달러에 달했고, 학원 밀집 지역으로 유명한 서울의 강남은 한국에서 집값이 가장 비싼 지역이기도 합니다. 일본에서 학원은 '가쿠슈주쿠'라고 불리는데, 특히 설립 취지부터 홍보에 이르기까지 모두 진학에 초점을 맞추고 있는 '신가쿠주쿠'는 학생들이 원하는 일류 대학에 진학할 수 있도록 철저하게 대비하는 것으로 유명합니다.

최근 한·중·일 세 나라는 과도한 입시주의에서 벗어나기 위해 시험제도 개선을 모색하고 있습니다. 대학입학시험 외에 학교 성적, 학교생활 기록부, 학교 추천서를 선발에 반영하는 등 다양한 방식의 제도를 도입하고 있습니다. 그러나 이러한 제도는 시험에 비해 객관성과 공정성이 떨어진다는 비판을 받고 있습니다.

입시제도에 대한 적잖은 논쟁에도 불구하고 동아시아 세 나라의 교육 시스템은 20세기 산업화 흐름에 걸맞은 인재를 많이 양성했습니다. 그러나 새로운 시대가 도래하면서 기존 입시제도는 큰 도전에 직면했습니다. 기존 교육시스템은 다양한 분야의 인재를 양성하는 데 한계가 있고 사회의 계층구조를 고착화하는 측면이 있기 때문입니다.

●

학력이 높으면 원하는 직업을 가질 수 있을까요?

교육을 매우 중요하게 생각하는 한·중·일 세 나라는 모두 문맹률 감소와 고학력화 추세가 뚜렷하게 나타나고 있습니다. 경제와 사회가 발전함에 따라 대졸 이상의 고학력자가 늘어나고 있지만, 학력이 높다고 모두가 선망하는 직업을 얻거나 밝은 미래를 보장받는 것은 아닙니다. 눈높이에 맞는 일자리를 찾기가 점점 더 어려워지는 대졸 이상 고학력자들의 취업문이 좁아지면서 이제 고학력은 아이러니하게도 취업의 '걸림돌'이 되기도 합니다. '고학력 워킹푸어'는 이미 동아시아 세 나라의 심각한 사회문제가 되었습니다.

일본은 1990년대를 기점으로 학력의 영향력이 지속적으로 감소하고 있습니다. 1991년 소니가 '학교명 블라인드' 채용을 선언한 이후 지금은 도요타, 아사히맥주, TBS 등 대기업들도 블라인드 채용을 실시하고 있습니다.

과거에는 일본 기업들이 종신고용제를 실시했기 때문에 대학 졸업 후 곧바로 취업하여 퇴직할 때까지 한 회사에서 일하는 사람이 많았습니다. 그러나 최근에는 임시직이나 파견직 등 비정규직 일자리가 늘어나 취업 3년 안에 이직하는 경우가 눈에 띄게 증가하고 있습니다.

일본 문부과학성이 발표한 '2012년도 학교 기본 조사'의 통계에 따르면 2012년 5월 대학 재학생은 286만 6,000명이며, 그해 3월에 졸업한 대학생 약 55만 9,000명 중 약 12만 8,000명이 정규직 일자리를 얻지 못했습니다. 그 비율은 대략 전체의 22.9%에 해당합니다. 1991년부터 일본 정부가 '대학원 중점화 정책'을 실시하면서 대학원 수가 점차 늘었고, 이에 따라 1991년도에 약 10만 명이던 석·박사 과정 재학생 수가 2011년에는 27만 명으로 늘었습니다. 그러나 2024년도 5월 조사에서는 대학 전체 재학생 수가 295만 명으로 역대 최다를 기록하였고, 2024년 3월 졸업한 59만여 명의 대학생 중 정규직 일자리를 얻지 못한 졸업생은 5만 4,000여 명에 그쳤습니다. 이는 대략 전체의 9.2%에 해당해 취직 상황이 개선되는 경향을 보여줍니다. 한편, 석·박사 과정의 재학생 수는 약 24만 9,000명으로 최근 10년간 감소하고 있습니다.

학부의 취직자 수와 대학원 진학자 수의 관계는 두 지표를 비교하면 선명하게 알 수 있습니다. 학부 졸업생의 취직 상황이 어려웠던 2011년 3월에 대학원에 진학한 졸업생은 약 8만 6,000명으로 전체 졸업생의 15.9%였던 데 비해, 취직 상황이 상대적으로 개선된 2024년 3월의 대학원 진학자는 약 7만 4,000명으로 전체 졸업생의 12.6%였습니다. 이는 일본에서 대학 재학생 수가 과거 최고치에 있을 때 대학원 진학이 학부 졸업생에게 매력적인 선택지가 아니었음을 보여줍니다. 예를 들어 2024년에 일본의 박사 과정 수료자는 약 1만 5,000명으로 그 취직율은 70%였습니다. 상황은 개선되고 있지만 매년 약 3,000~4,000명의 박사가 계약직 외에 별다른 직업을 갖지 못하는 상황입니다.

일본 교원 수에 대한 최신 조사인 '2022년도 학교 교원 통계 조사'에 따르면 대학의 전임 교원 수가 약 18만 8,000명인 한편, 겸임 교원 수는 약 20만 8,000명으로 그중 따로 본 소속이 없는 겸임 교원(강사)은 약 9만 2,000명입니다. 겸임 교원 수가 전체의 절반 이상을 차지하는 상황은 2004년부터 보이는 경향으로, 박사 과정을 마치더라도 대학의 전임 교원이 되기가 쉽지 않은 상황임을 알 수 있습니다.

한국도 고학력 젊은이들이 늘어나고 있고, 일자리가 부족해 심각한 취업난에 시달리고 있습니다. 정부가 공식 발표한 전체 실업률은 노동 인구의 약 3퍼센트이지만 25~29세의 청년 실업률은 두 배가 넘습니다. 고학력자가 늘어나면서 '더럽고(dirty), 힘들고(difficult), 위험한(dangerous)' 직업을 일컫는 소위 '3D' 직종에서는 일손을 찾지 못해 대부분 외국인 노동자들을 고용하고 있습니다.

2012년 9월 하얼빈시가 환경보건 분야 공기관 직원 채용을 시작했습니다. 10월 중순 하얼빈 도시관리국의 발표에 따르면 457명의 기능직 모집에 1만여 명이 지원했으며, 최종 응시료 납부에 성공한 7,186명 중 대졸자가 2,954명(41.11퍼센트), 석사 졸업자는 29명이었습니다. …… 대학원에서 교육학을 전공한 왕 양은 불합격한 22명의 석사 중 한 명으로 지금은 미디어 회사에서 일하고 있습니다. 하지만 여전히 공공기관 취업을 원하고 있습니다. "…… 전 죽어도 '편제' 안에서 죽을 거예요."

― 《해협도시보》 2013년 1월 15일자

'편제'가 도대체 무엇이길래 수많은 청년이 이토록 열광하는 걸까요? '편제'란 중국의 공공단위˘ 일자리를 뜻합니다. 편제에 취업하면 고용안정이 보장되고 복지 혜택도 많으며 도시의 후커우도 취득할 수 있습니다. 청년들이 편제에 열광하는 이러한 독특한 현상은 중국 취업난의 심각성과 고용시스템의 문제점을 보여 주고 있습니다. 중국 교육부에 따르면 2016년 전국의 석사과정 모집 인원이 총 58만 9,800여 명에 달했으며, 응시생 증가와 더불어 각 대학과 연구기관의 모집 정원도 함께 늘어나는 추세입니다. 석·박사생 수가 늘어나면서 고학력 평가절하 현상도 나타나고 있습니다. 최근 들어 학사나 석·박사 출신이 목욕관리사, 자전거 수리공을 직업으로 삼거나 명문대 졸업생이 고기나 계란을 판다는 내용의 기사를 심심치 않게 볼 수 있습니다.

역사·문화적 영향으로 교육을 중요하게 생각하는 동아시아 세 나라는 현대화를 추진하는 과정에서 교육을 통해 국민 소양을 향상시켰고, 이렇게 양성된 수많은 고학력 인재가 사회 및 경제 발전에 필요한 충분한 인적자원이 되어주었습니다. 따라서 고등교육의 발전 자체는 긍정적인 것입니다. 하지만 고학력자라고 해서 모두 능력이 뛰어난 것은 아닙니다. 요즘과 같이 치열한 취업 경쟁 속에서 고학력자라는 이유로 좋은 직장, 안락한 삶, 높은 사회적 지위가 보장되지는 않습니다. 사실 21세기에는 창의력과 혁신 능력이 중요합니다. 학력이 높지 않음에도 부단한 노력과 진취적인 자세로 자신만의 분야에서 성공을 일구어 낸 사람들도

˘ '단위'란 소속기관을 뜻하는 말로, 중국은 제도상 복지 등 모든 사회서비스 제공 권한을 단위에 따라 분배한다. 그렇기 때문에 개인이 단위에 소속되어 있지 않을 경우 거주지에서 사회서비스 혜택을 받을 수 없다.

많습니다.

고학력이 '행복'을 보장하지는 않습니다. 높은 학력을 취업 수단으로 생각했다가 취업에 실패해서 실망하게 된다면 오히려 행복감이 크게 떨어질 것입니다. 동아시아 세 나라는 어째서 이렇듯 입시 경쟁이 치열한 걸까요? 고학력만을 추구하는 풍토를 타파하고 교육의 과도한 내부 경쟁을 막기 위해서 관련 정책과 제도를 마련하는 등 실질적인 노력을 해야 하지 않을까요?

4

육아하는 남성은
'이상적 남성상'일까요?

앞 장의 그림은 일본 가정의 한 장면을 묘사하고 있습니다. 어떤 상황을 표현한 것일까요? 남성과 가사·육아의 관계, 여성의 사회 진출과 가사·육아의 관계 등을 생각해 봅시다.

일본에서 왜 '이쿠맨'이라는 말이 생겨났을까요?

일본에서는 2017년 무렵 '원 오퍼(one opertion) 육아'라는 말이 등장했습니다. 부부 중 한 사람이 가사와 육아를 도맡아 하는 현상, 즉 '독박 육아'를 뜻하는 말이죠. 아직도 여성이 육아를 감당하는 비율이 높습니다.

2010년 저출생 대책의 일환으로 남성의 육아휴직 취득을 장려하는 제도가 도입되었습니다. 이 무렵부터 육아에 적극적인 남성을 '이쿠맨'[1] 이라 부르며 '이상적 남성상'으로 여기기 시작했습니다. 2020년 육아휴직 취득률은 여성 81.6퍼센트, 남성 12.7퍼센트를 기록하여 남성의 경우 처음으로 10퍼센트를 넘어섰습니다. 일본 역시 한국과 마찬가지로 남성의 임금노동 시간이 길고 가사노동 시간이 극단적으로 짧습니다. 일하는 시간이 너무 긴 남성은 일견 집안일을 할 여유가 없어 보이기도 합니다. 하지만 총무성의 '사회생활 기본조사'에 따르면, 부부의 노동시간에 차이가 없는 맞벌이 가구 또는 아내가 외벌이를 하는 가구에서도 가사 노

---

[1] 일본어 '이쿠지'의 '이쿠'와 '남자(man)'가 합쳐진 말로 이른바 '육아남'.

동 시간은 아내가 훨씬 길었습니다.

일본에서는 1950~1960년대 고도경제성장기에 여성의 전업주부화가 진행되었고, 1970년대 석유파동으로 인한 불황 속에서 비정규직으로 고용되는 여성이 증가했습니다. 1986년 남녀고용기회균등법이 시행된 후에도 주로 여성은 전근이 없는 '일반직'과 파트타임 노동, 남성은 기업의 중심 노동력인 '종합직'으로 몰리는 성별 분업이 유지되었습니다. '남성은 회사에서 돈을 벌고 여성은 주로 가사·육아·돌봄을 맡는다'는 인식이 굳어져 갔죠. 그사이 가전제품 보급이 확대되었지만, 1950~1970년대 가사노동 시간에서 봉제를 제외한 조리·장보기·세탁·청소 등은 감소하지 않았습니다. 이는 가전제품의 노동력 절감 효과보다도 가사에 대한 요구 수준이 더 크게 상승했기 때문입니다. 특히 조리 시간은 서구 유럽보다 훨씬 더 길었습니다. 2000년대 이후에도 '밥상머리의 단란한 가족', '식육(食育)'✓, 밥과 국에 세 가지 반찬으로 구성하는 '일즙삼채(一汁三菜)'라는 일식 상차림의 계승 등이 더욱 강조되었습니다. 메이지시대부터 쇼와시대 초기에 이르기까지 서민의 일상 식사는 밥과 국, 한 종류의 반찬 정도가 기본이었습니다. 가사 분담에서 남녀의 불균형이 심한 영역은 조리인데, 조리 경험이 부족한 채 성인이 되는 경우가 많은 일본 남성은 조리를 특히 '하기 어려운' 가사로 생각합니다. 또한 가사 분담이 불공평하다고 느끼는 정도를 각국에서 비교한 경우, 가사 분담의 불균형이 상시적인 나라에서는 오히려 불공평을 체감하는 정도가 크지

✓ 생활의 기초를 형성하는 기본 식사 교육으로, 한국에서는 '밥상머리교육'이라고 한다.

않다는 점도 확인되었습니다. '집안일은 아내가 한다'는 인식을 공유하는 사회에서는 불균형도 자연스럽게 받아들이는 경향이 있어, 오히려 조금이라도 육아에 적극적인 남성을 '이쿠맨'이라 부르며 높이 평가하고 있는 듯합니다.

●
중국은 한국과 일본에 비해
여성의 사회 진출이 더 활발할까요?

각국의 남녀 격차를 보여 주는 지표로는 국제연합개발계획(UNDP)의 '성 불평등 지수'와 세계경제포럼의 '성 격차 지수'가 있습니다. 아래의 표는 여성의 경제적·정치적 권리의 실현 정도를 더 반영하고 있는 후자입니다. 또한 임금 격차에 대해서는 중국이 75.9퍼센트(도시부, BOSS직빙연구원, 2020), 한국과 일본이 각각 68.5퍼센트(OECD, 2020)와 77.5퍼센트(OECD, 2020)라는 통계 자료도 있습니다.

성 격차 지수(2022년)

	여성 관리직 비율(%)	여성 국회의원 비율(%)	종합 순위
중국	17.5	24.9	102위
한국	16.3	18.6	99위
일본	13.3	9.7	116위
아이슬란드	38.6	47.6	1위
독일	47.1	27.7	19위
미국	41.4	27.9	27위

※ 중국은 여성 전국인민대표 비율
※ 출처: 세계경제포럼

한편, 다음 표를 보면 조금 차이가 있음을 알 수 있습니다. 3국에 어떤 차이가 있을까요? 또한 '무급 노동'이란 무엇을 가리키는 말이라고 생각하나요?

하루 시간 사용 방식

	중국 2008년/15~74세		한국 2014년/15~64세		일본 2016년/15~64세		OECD(30개국) 평균	
	여	남	여	남	여	남	여	남
유급 노동·학업	4시간 51분	6시간 30분	4시간 29분	6시간 59분	4시간 32분	7시간 32분	3시간 38분	5시간 18분
무급 노동	3시간 54분	1시간 31분	3시간 35분	49분	3시간 44분	41분	4시간 23분	2시간 16분
수면	9시간 4분	9시간	7시간 51분	7시간 51분	7시간 15분	7시간 28분	8시간 27분	8시간 21분
여가	3시간 31분	4시간 8분	4시간 4분	4시간 32분	4시간 26분	4시간 52분	4시간 35분	5시간 18분

※ 출처: OECD 'Time use across the world'

한국·일본에 비해 중국에서는 출산·육아 시기에도 계속해서 일하는 여성과 집안일을 하는 남성의 비율이 높게 나타납니다. 한편 중고령에서는 비교적 일찍 퇴직하는 경향이 있는데, 여성 공무원의 정년 나이를 남성보다 5년 젊은 55세로 설정해 차등을 두는 경우도 볼 수 있습니다. 직장마다 탁아소나 식당, 공동욕실 등이 설치되어 여성이 노동에 참가하기 쉬운 환경이 정비되어 있었습니다. 공무원 여성의 조기 정년제는 '혜택'으로 인식되어 왔습니다. 중국에서는 고령자의 취업을 부정적으로 여기는 사회이다 보니 '함이농손(엿을 입에 물고 손자를 어르다)', 즉 손주를 돌보며 노후를 편안하게 보내는 생활을 이상적이라 생각하고, 고령의 부모가 일을 하도록 두면 자식의 체면이 서지 않는다고 여겼기 때문입니다. 1979년부터 2015년까지 계속된 '한 자녀 정책'으로 손주 1명당 조부모 4명의 비율이 일반화되었습니다. 특히 2010년대 도시 지역에서는 육아 중인 부부 대부분이 맞벌이여서 조부모의 협력이 필요해졌습니다. 조부모의 집에서 밥을 먹는 아이의 모습은 일상적 광경이 되었죠.

그러나 1990년대 전반 '사회주의적 시장경제 체제'로 이행한 이후 직장 탁아소 등이 없어지면서 여성을 대상으로 잉여 인원을 정리하는 일이 빈번하게 일어났습니다. 도시 지역의 18~64세 취업률은 1990~2000년 사이에 남성이 90.5퍼센트에서 81.5퍼센트로, 여성은 76.3퍼센트에서 63.7퍼센트로 떨어졌습니다. 또한 도시 지역에 거주하는 여성의 평균 월 수입은 2020년에 6,847위안으로 남성 평균의 75.9퍼센트에 해당하여 1990년에 비해 남녀 격차가 더욱 벌어졌습니다. 국가가 노동력의 분배를 담당하던 중국에서는 연령과 성별에 따른 취업 차별을 규제하는 법의 정비가 지체되었는데, 이 점도 남녀 격차 확대의 한 요인으로 들 수 있습니다.

●

'김지영'에 대한 공감은 왜 확산했을까요?

2016년 한국에서 출간된 소설 《82년생 김지영》은 100만 부가 넘게 팔리는 베스트셀러가 되고 영화로도 제작되었습니다. 직장인 남편과 한 살 반의 딸을 둔 35세 주부 김지영은 어릴 때부터 남녀 불평등을 참으며 자라야 했고, 원하는 직업을 갖지 못하다가 어렵게 취업을 해도 남성처럼 승진하지 못할 뿐 아니라 임신으로 퇴사해야 했으며 출산과 육아도 혼자 떠맡아야 했습니다. 여성에 대한 사회의 시선을 담담하게 풀어내는 이 소설은 일본에서도 번역되어 아시아 소설로는 이례적인 히트를 기록했습니다. 《82년생 김지영》은 왜 한·일 양국에서 이러한 공감을 얻었을까요?

한국은 1987년 민주화를 거쳐, 1990년대 들어 남녀 모두 대학 진학률이 급증했고 일하는 여성의 고학력화도 진행되었습니다. 하지만 많은 여성이 학력에 걸맞은 일자리를 찾지 못하거나 출산·육아에 따른 경력 단절 후에 이전과 같은 대우를 받지 못하는 등 남녀 격차가 좀처럼 개선되지 않고 있죠. 남녀의 '역할 분담'을 요구하는 풍조가 사회에 여전히 뿌리 깊게 존재합니다.

출산·육아·가사와 일 사이의 불균형을 해소하기 위해 세 나라는 어떤 대책을 취하고 있을까요? 뒷장의 자료는 남성이 취득할 수 있는 유급 육아휴가 기간의 상위 10개국을 보여주는 그래프입니다. A와 B에 해당하는 나라는 어디일까요?

A는 일본, B는 한국입니다. 그러나 실제 취득률은 일본이 13.97퍼센트(2021년), 한국이 24.5퍼센트(2020년)에 그치고 있습니다. 두 나라 모두 공적인 육아지원제도가 마련되어 있으며 근래 더욱 확충되고 있는데, 남성의 육아휴가 취득율이 일본은 17.13%(2022년), 한국이 28.9%(2022년)로 높아지는 경향입니다. 그래도 여성의 취득율과는 큰 차이가 있고, 취득 기간도 일본에서는 2주일 미만이 50%를 넘습니다. 그리고, 예를 들어 미국과 중국에 비하면, 여성이 출산 후 취업을 계속하여 관리직으로 나아

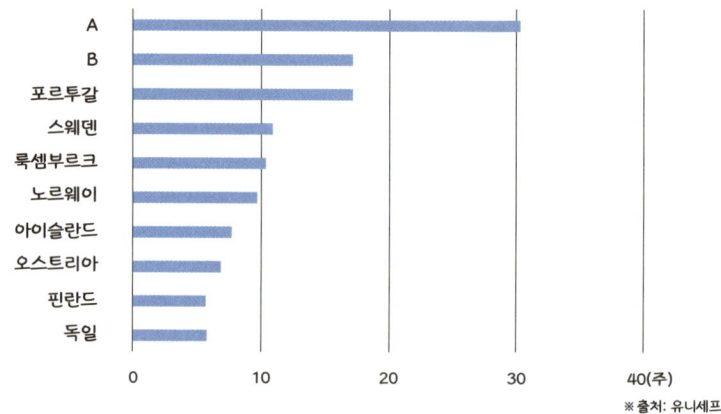

남성이 취득할 수 있는 유급 육아휴가 기간(2016년)

※ 출처: 유니세프

가는 비율은 여전히 낮은 상황입니다. 일본 남성이 육아휴직제도를 얻지 않는 주된 이유 세 가지는 "수입을 줄이고 싶지 않음", "신청하기 어려운 분위기", "스스로 할 수밖에 없는 가사·담당이 있음"입니다(후생노동성, 2023년). 가정과 가사에 관한 남녀 간의 불균형을 해소하려면, 공적 지원 제도의 확충 외에 무엇이 개선되어야 할까요? 직장의 인력 부족, 회사의 제도 미비, 육아휴직 취득이 어려운 직장 분위기를 개선해야 할 것입니다(미쓰비시 UFJ 리서치&컨설팅, 2017). 공적 지원 제도의 정비는 중요하지만, 그것만으로는 해결되지 않겠지요.

●

'이상적인 남성상·여성상'과 '보통의 가족'이란 무엇일까요?

동거, 결혼, 임신, 출산을 어떤 순서로 하는 것이 좋다고 생각하나요?

중국에 대한 통계는 없지만, 아래 첫 번째 자료를 보면 일본과 한국이 유럽에 비해 비교적 동거 경험이 적으며, 동거를 거치지 않고 결혼하는 사람이 많음을 알 수 있습니다. 비혼화의 진행과 사실혼, 이혼에 대한 인식 변화 등을 포함해서 우리는 어떤 이야기를 나눌 수 있을까요? 더불어 두 번째 자료는 한 싱글의 경험을 보여주는 신문 기사의 일부입니다. 여기서 우리는 무엇을 살펴볼 수 있을까요?

동거 경험에 대한 각국의 인식

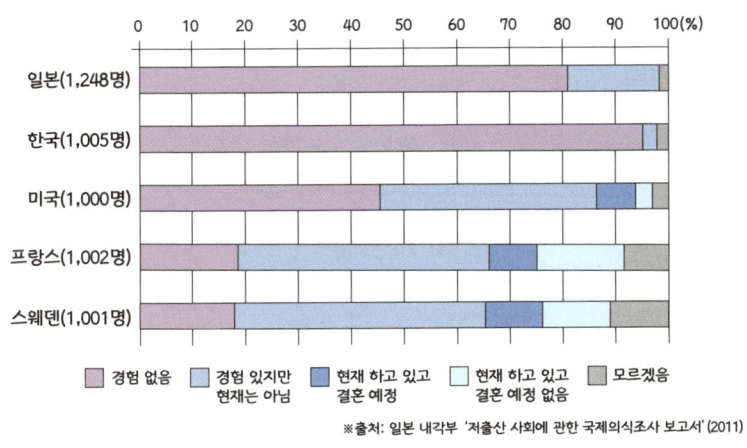

※출처: 일본 내각부 '저출산 사회에 관한 국제의식조사 보고서' (2011)

회사에 비혼모라는 사실을 숨겼어요. 좀 친해지면서 털어놨더니 사장님 태도가 180도 달라졌어요. 내 잘못이 아닌데 나한테 야단치고. 애를 한 번 회사에 데려갔더니 "혼자 커서 그런지 애답지 않네"라고 말하더군요. 너무 화가 났지만 그만둘 수 없더군요. 애가 아파 하루 쉬려 했더니 사장 부인이 "아이 아픈데 뭐 하러 나와. 집에서 애 잘 돌봐"라고 하더군요. 이렇게 세 차례 실직했어요.

- 《중앙일보》 2016년 10월 24일자

일본과 한국에서는 동거 경험 없이 바로 결혼, 출산하는 게 일반적입니다. 사회 분위기상 혼전 임신은 바람직하지 않으며, 임신을 하면 바로 결혼하여 출산해야 한다고 여겨집니다. 이 배경에는 혼외자에 대한 제도적 차별과 사회적 편견이 있습니다. 한국에는 2만여 명의 미혼모가 있으며(통계청 인구총조사, 2021년), 이들의 월평균 소득은 78만 5,000원으로 절반은 직업이 없습니다. '싱글맘'이라는 이유로 육아와 일의 양립이 어렵다며 취업을 거절당하고 있습니다. '싱글맘'을 향한 사회의 시선은 차갑고, 공적 지원도 불충분한 탓에 경제적 어려움에 처하는 이들이 태반입니다.

일본에서는 2004년 규칙 개정으로 혼외자에 관한 호적의 차별 기재가 사라지고, 상속 차별은 2013년 최고재판소에서 위헌 판결이 난 후 혼외자에게도 혼생자(혼인한 부부 사이에서 태어난 자녀)와 동일한 자격을 주도록 법이 개정되었습니다. 또한 사실혼도 법률혼에 준하여 취급하고 있습니다. 한국에서도 2008년에는 여성 호주를 인정하지 않던 호적제도가 폐지되었으며, 2019년에는 사실혼을 '가족'으로 인정하고 혼외자에 대한 법적 차별 해소를 꾀한 건강가정기본법이 개정되었습니다.

사회적으로 비혼이 보편화되고 이혼에 대한 인식이 변화하며 파트너십의 유형이 다양해지는 상황에서, 어떻게 법을 정비하고 사람들의 인식을 개혁할지가 과제로 남아 있습니다. 특히 동성 커플에 대한 법적 인정은 세 나라 모두 뒤처져 있습니다. 일본의 경우 2015년 도쿄도 시부야구에서 동성 커플을 결혼에 준하는 관계로 '동성파트너 조례'가 제정되었지만, 파트너십 증명서 발급에만 수만 엔이 필요해서 일정한 경제력을 전제로 한 제도라는 지적도 뒤따르고 있습니다. 타이완에서는

2017년의 사법원 대법관회의에서 동성혼을 인정하지 않는 것을 위헌이라고 판결했고, 2019년 아시아 최초로 동성혼을 인정하는 법률이 시행되었습니다.

앞으로 여러분의 나라에서 일과 가족을 꾸리는 데 성별에 구애받지 않고, 다양한 유형의 가족 형태를 스스로 선택할 수 있는 사회를 만들기 위해서는, 무엇을 바꿔 나가야 할까요?

미투운동

2017년, 미국의 유명 영화 제작자가 장기간에 걸쳐 저지른 성폭력*이 언론에 폭로됐습니다. 한 여성 배우가 성폭력 피해를 입은 여성들에게 SNS에서 "미투(Me Too)"를 외치자고 제안하고 많은 배우가 자신의 피해 경험을 밝힌 결과, 영화 제작자는 결국 징역 23년형을 선고받았습니다. 이전부터 각국에서 꾸준히 여성운동이 있었지만 이를 계기로 성희롱 등 성폭력을 고발하는 미투운동이 순식간에 세계로 확산되었습니다. 그간 피해자들은 성폭력으로 고통을 받으면서도 피해 사실을 밝힐 경우 보복당하거나 주위로부터 심한 공격을 받을 것을 우려해 숨기는 경우가 많았습니다. 하지만 피해자들은 '더 이상 침묵하지 않고 가해자와 성폭력을 용인해 온 사회를 함께 바꾸자'며 용기를 내어 떨쳐 일어났습니다. 한국에서는 한 여성 검사가 성폭력 피해를 당한 지 8년 만에 가해자를 상대로 제소하며 미투에 불을 붙였고, 각계 저명 인사들도 고발당했습니다. 많은 여성들이 시위에 참여했으며, 중·고등학교에서

✓ 상대의 의사에 반하는 성적 발언이나 행동으로 개인의 존엄과 성적 자유를 빼앗는 인권침해.

스쿨 미투 행진 '친구야 울지 마라, 우리는 끝까지 함께한다!'

도 성희롱 방지를 제기하는 '스쿨 미투'가 확산되었습니다.

일본에서는 저널리스트 이토 시오리가 성폭력 가해 기자를 상대로 소송을 제기하여 싸웠고(최고재판소에서 승소), 전국에서 성폭력 근절과 형법 개정을 요구하는 시위가 계속되고 있습니다. 중국에서 제기된 소송은 증거불충분이라는 이유로 패소하는 경우도 많았지만, 성폭력과 재판에 대한 사람들의 관심이 확산되고 있습니다. 국가를 초월한 미투운동은 피해자에게 용기를 주고 성폭력의 실태와 남성 우위 사회의 구조를 드러내면서 사회 변화를 이끄는 시민운동을 만들었습니다. 그 결과 진전된 측면도 있지만 아직도 남녀평등 사회로 갈 길은 멀기만 합니다. 우리 일상 가까이에서 볼 수 있는 뿌리 깊은 이 문제는 여성만이 해결에 나서야 하는 문제일까요?

인터넷과 소셜미디어

 인터넷을 통한 정보의 이동과 이에 따른 경제적 변화는 이미 동아시아 사회 전반은 물론 생활방식에까지 엄청난 변화를 가져왔습니다. 소셜미디어는 사람과 사람, 국가와 국가 사이의 거리를 좁혔으며, 공간에 대한 개념을 변화시켰고 각국 민중의 정서와 삶에 커다란 영향을 주었습니다. 한·일 양국이 정치적으로 대립하는 상황에서도 다른 한편으로는 인터넷의 영향으로 양국의 문화에 열광하는 이들도 많습니다. 한·중·일 세 나라의 소셜미디어를 보면 우호적인 목소리도 적지 않지만 일부 적의에 가득 찬 표현들도 많습니다. 이렇게 편협한 민족주의적인 목소리는 경계하고 막아내야 합니다.

 소셜미디어는 정치 참여의 방식에도 영향을 주었습니다. 한국에서 촛불집회가 열릴 때 인터넷이 중요한 힘을 발휘했고, 중국에서는 인터넷이 여론 감독의 역할을 하기도 합니다. 한국과 일본의 정당들은 소셜미디어를 선거 도구로 활용하는 데 능숙합니다.

 소셜미디어는 사회를 더욱 개방적이고 포용적으로 만들었습니다. 소셜미디어를 통해 전 세계 뉴스를 실시간으로 볼 수 있고 멀리 떨어져 있는 사람과도 쉽게 정보를 공유할 수 있습니다. 하지만 인터넷이 좋은 점만 있는 것은 아닙니다. 개인의 프라이버시에 관한 자료를 인터넷에 유포하여 사생활을 침해하는 것이 하나의 사례입니다. 인터넷으로 폭력적이고 선정적인 정보도 쉽게 유포됩니다. 인터넷의 장점은 최대화하고 단점은 최소화하는 것, 이는 우리 모두가 앞으로 해결해야 할 과제입니다.

동아시아의 신세대

일본의 청년 세대는 거품경제가 붕괴된 후인 2000년대에 학교생활과 경제 활동을 하면서 자신들이 겪고 있는 경제적 어려움이 장기적으로 지속되고 있는 불황인지조차 모르고 자랐습니다. 이들은 불황과 좌절로 사회적 성공, 사랑에 관심을 두지 않고 정치·사회 문제에 무관심하며 현실을 수용하며 살았습니다. 이 청년들은 사토리 세대(さとり世代, 깨달은 세대)라고 불립니다. 그러나 2015년 이후 아베 정권의 안보법 제정 반대운동에 참여하는 등 사회문제에 관심을 갖는 젊은 세대가 나타나기도 했습니다.

한국의 청년 세대는 무한경쟁 체제 속에서 정규직 취업이 어려워지고 아무리 노력해도 삶이 나아지지 않는다는 것을 깨닫자 'n포세대'가 되었습니다. n포세대는 취업·연애·결혼뿐만 아니라 희망 없는 자신의 삶마저 포기한다고 해서 붙여진 이름입니다. 이들에게 한국 사회는 혐오와 탈출의 대상인 지옥, 이른바 '헬조선'이었습니다. 그러나 이들은 2014년 세월호 참사를 계기로 국민으로서의 책임과 권리를 고민하고, 박근혜 대통령 탄핵 집회에 참여하며 사회의 변화를 이끌어 가기도 했습니다.

중국에서는 2000년대 후반부터 '바링허우(80後)'가 새로운 세대로 등장하였습니다. 이들은 1가구 1자녀 원칙이 적용되던 1980년대 이후 태어난 세대로 '소황제(小皇帝)'라고도 불렸습니다. 이들은 인터넷을 통한 글로벌 감각까지 갖추면서 사회의 중심축으로 성장하였습니다. 현재 중국에서는 1990년대 출생 이후 줄곧 경제성장의 열매를 누린 '주링허우(90後)', 1세대 농민공의 자녀로 20~30대의 젊은 노동자층을 형성하고 있는 '신세대 농민공' 등이 소비와 생산을 담당하는 새로운 세대로 성장하고 있습니다.

3장

동아시아의 미래

1
세계화는 왜
무한 경쟁을 낳았나요?

미국의 실질 국내총생산(GDP) 전년 대비 변화율

2008년 미국의 부동산 금융위기에서 시작된 경제위기는 당시 6,390억 달러의 자산을 보유하고 있던 세계 2위 투자은행 리먼브라더스의 파산을 불러왔습니다. 미국 경제와 세계 경제는 대공황 이후 최악의 경제위기를 맞았습니다. 미국은 막대한 자금을 투입하여 사태를 수습했지만 미국에서 시작된 금융위기는 전 세계에 영향을 미쳤고, 동아시아 지역 역시 심각한 위기를 겪었습니다. 세계가 긴밀히 연결되어 있던 만큼 미국에서 일어난 경제위기의 파도는 세계 여러 곳에 영향을 미쳤습니다. 더욱 가까워진 지구촌에서 세계화를 어떻게 바라보아야 하며, 세계화의 시대 속에서 어떤 문제를 해결해야 할까요?

세계화는 우리 삶과 얼마나 가깝게 연결되어 있을까요?

지구촌 사람들은 얼마나 가까워졌을까요? 우리는 유럽이나 미국에서 벌어지고 있는 스포츠 경기를 집에서 텔레비전 생중계로 볼 수 있습니다. 잉글랜드 프리미어리그에서 활약 중인 한국 출신의 축구 선수 손흥민, 테니스 선수로서 메이저 대회인 프랑스 오픈(2011)과 호주 오픈(2014)에서 우승하고 국제 테니스 명예의 전당에 이름을 올린 중국 출신의 리나, 일본 프로야구에서 투수와 타자로 뛰어난 성적을 남기고 미국 메이저리그에 진출해서 아메리칸리그 신인왕과 최우수선수(MVP)를 차지한 오타니 쇼헤이. 세계 전역의 스포츠 팬들은 이들이 뛰는 경기를 위성 텔레비전, 인터넷을 통해 경기장이 아닌 집에서 실시간으로 볼 수 있습니

잉글랜드 프리미어리그 축구 선수 손흥민(한국), 세계적인 테니스 스타 리나(중국), 미국 메이저리그 야구 선수 오타니 쇼헤이(일본)

다. 위성통신 기술의 발달로 프로스포츠와 거대 기업형 방송사는 막대한 수익을 남기게 되었습니다. 구단으로부터 높은 몸값을 받는 세계 각지의 선수들이 국경을 넘어 이동했고, 세계인의 주목을 받는 꿈의 무대에 섰습니다. 사람, 기술, 자본이 결합한 스포츠 시장의 세계화는 더욱 확대되고 빨라질 것입니다.

한편, 중국의 온라인 쇼핑몰은 매년 11월 11일이 되면 수일간 대규모 할인 행사를 펼치는데, 이는 세계에서 가장 큰 쇼핑 행사로 자리 잡았습니다. 박람회가 열리는 것처럼 한국, 중국, 일본은 물론이고 유럽과 미국의 제품들이 행사에 참여하고 세계 각국의 구매자들이 온라인을 통해 물건을 구입하죠. 국경을 초월하는 상품 거래는 세계화된 오늘날 익숙한 일상 풍경입니다. 세계가 하나의 시장으로 통합되면서 하나의 생활권으로 변해 가고 있고 그만큼 상호 의존성이 더욱 커지고 있습니다. 그에 따른 사회적·문화적 변화도 작지 않습니다.

1970년대 말 덩샤오핑이 이끌던 중국이 국제무역과 국제투자에 문호를 개방하자, 외국의 자본과 기술이 대거 유입되었습니다. 그리고 외국의 자본과 기술 그리고 중국의 노동력이 결합한 중국 제조업의 생산품이 전 세계의 시장으로 퍼져 나갔습니다. 소련과 동유럽의 사회주의가 몰락하자 1990년대 이후 경제적 세계화가 더욱 빠른 속도로 진행되었습니다. 이윤을 확보하기 위한 국가와 기업의 경쟁이 더욱 치열해졌습니다. 1995년 국제무역의 완전한 자유를 기치로 내걸며 국가 간 무역 분쟁을 조정하고 강제력 있는 판결을 내릴 수 있는 세계무역기구(WTO)가 탄생했습니다. 이로써 세계 경제는 국경을 넘어 하나의 자유무역 체제로 통합되었습니다.

인터넷의 보급 등 정보통신 기술의 발전이 비약적으로 진전되었고, 정보의 국제화가 진행되었습니다. 현대판 비단길이라고도 할 수 있는 인터넷을 필두로 정보통신의 발달은 사이버 교역로를 제공했고 세계화를 더욱 촉진했습니다. 상호 의존의 실타래가 확장되어 시골 마을의 농민, 광산의 노동자, 외딴섬의 어부까지도 세계화의 자장으로부터 벗어날 수 없게 되었습니다.

●

왜 무한 경쟁의 시대가 왔을까요?

세계무역기구 체제가 등장함으로써 교역국 간의 차별을 없애고 모든 국가를 동등하게 대우한다는 원칙이 적용되었습니다. 자유무역에 걸림돌이 되는 요소를 제거함으로써 교역을 촉진한다는 것입니다. 동아시아에도 국제 자본의 투자가 빠른 속도로 늘어났습니다. 갑작스레 시장이 개방되면서 과거 정부로부터 보호를 받던 국내 산업이 위기를 맞았습니다. 특히 한국과 일본은 쌀 시장의 개방을 요구하는 미국과 갈등하기도 했습니다. 세계시장에서의 경쟁에 승리하기 위해서는 국내시장을 활성화해야 한다며, 각국 정부는 규제 완화나 공기업의 민영화, 공공지출의 감소 그리고 감세 등의 신자유주의적 조치를 추진했습니다.

한편, 세계무역기구 체제는 대외무역을 중시하는 한국과 일본에 새로운 기회를 제공했습니다. 공산품 수출을 위한 새로운 시장 개척으로 지속 성장이 가능한 길을 열었고, 해외로의 자본 진출을 통해 새로운 방식의 수출 전략을 마련할 수 있었습니다. 이는 곧 국경을 넘어 상대적으로 임금이 낮은 지역에 투자함으로써 생산 단가를 낮춰 제품의 경쟁력을 강화할 수 있다는 것을 의미했습니다. 이때부터 한국·일본의 공산품에는 위탁생산 방식(OEM) 제품들이 급증하기 시작했습니다. 이러한 흐름이 더욱더 활성화된 결정적 계기는 2001년 11월 중국의 세계무역기구 가입이었습니다.

중국이 세계무역기구 체제에 편입됨으로써 한국과 일본의 중국 투자가 급증했습니다. 대기업에서 중소기업에 이르기까지 다양한 규모와 종목의 한국 기업들이 중국에 진출했습니다. 1990년대까지 미국과 일본에 집중되어 있던 대외무역 대상국도 크게 바뀌어 중국이 대외교역국 중 1위로 부상했습니다. 1990년대 내내 경제적으로 위축되어 경제 불황을 겪고 있던 일본에도 중국이라는 거대 시장은 도약의 계기를 제공했습니다. 중국에 세워지는 일본 회사의 수가 꾸준히 늘어나, 일본 회사 및 공장에서 일하는 사람이 1990년 6만 3,000여 명에서 2000년 56만 7,000여 명으로 급증했습니다.

중국에서는 1990년대 이후 급격한 경제성장을 거치면서 본격적인 자본 수출이 이루어졌습니다. 중국은 이미 해외시장에서 큰손 역할을 하고 있으며, 일례로 2006년에는 중국의 상하이자동차가 한국의 쌍용자동차를 매수하여 주목을 받기도 했습니다. 중국은 가파른 성장으로 1980년 0.95퍼센트에 불과했던 세계무역 점유율이 2003년 5.8퍼센트, 2004년 7퍼센트로 뛰어올랐습니다. 그리고 2010년에는 9.2퍼센트를 기록하며 세계 2위의 경제대국이 되었습니다.

세계화가 남긴 숙제는 무엇일까요?

경제의 세계화는 초국가적 조직을 만들어 냈는데, 세계무역기구를 비롯하여 국제통화기금(IMF), 세계은행(World Bank), 경제협력개발기구(OECD) 등 거대 국제기구들이 그 예입니다. 특히 세계무역기구는 초국가적인 힘을 지니고 개별 국가의 통제권을 벗어난 기구가 되었습니다. 노동법, 환경법 혹은 공공 보건법 등 어떤 국가의 법이 통상의 자유와 상반되는가를 지적하거나 폐기를 요청할 수 있게 되었죠. 예컨대 어느 국가의 정부가 자국 농민에게 농업보조금을 지급하면, 이에 불만을 품은 다른 국가가 세계무역기구를 통해 시정을 요구할 수도 있었습니다. 외국의 농산물과 비교할 때 가격 경쟁력이 떨어지는 한국이나 일본의 농업은 세계무역기구 체제에서 취약할 수밖에 없었습니다.

세계화로 희생당하는 농민들은 세계 각지에서 반대운동을 벌였습니다. 2003년 9월 세계무역기구 회담이 열리던 멕시코 칸쿤에서 충격적인 소식이 전해졌습니다. 농산물 수입 개방에 반대하는 시위를 하던 한국인 이경해 씨가 스스로 목숨을 끊는 사태가 일어난 것입니다.

막대한 자본과 기술력을 가진 거대 기업이 세계 곳곳으로 파고들었습니다. 선진국과 개발도상국 간의 격차는 더 벌어졌고, 한 국가 안에서도 빈부의 격차는 더욱 심해졌습니다. 국가 간, 국가 내 불평등이 커졌습니다. 신자유주의는 사회적 약자를 배려하지 않고 시장에서의 경쟁만을 강조한다는 점에서 빈부 격차를 더욱 심화했습니다. 세계화는 빈부 격

세계화를 반대하는 시위
1999년 11월 미국 시애틀에서 열린 세계무역기구 각료회의에 맞춰
전 세계 80여 개국에서 5만여 명이 시위에 참가했다.

차를 구조적 문제보다는 개인의 문제로 규정하고 자유로운 경쟁을 역설할 뿐이었습니다. 세계화로 인해 경제 규모는 커졌지만 고용 규모가 성장하지 않음으로써 사회 양극화는 심해졌습니다.

아울러 세계 경제가 하나의 틀로 묶이면서 동아시아 각국의 경제는 국제적인 흐름에 민감하게 반응했습니다. 1997년 아시아 금융위기가 그 대표적인 예입니다. 국제 투기 자본의 공격으로 동남아시아의 인도네시아, 태국에서 발생한 금융위기가 확대되면서 한국은 국가부도 사태 직전에 이르렀습니다. 아시아의 통화위기는 다음해인 1998년 러시아로 번졌으며, 경제위기는 수년 내에 남아메리카까지 확산되었습니다. 또한 세계화는 개발을 가속화해 에너지 및 자원 부족, 환경오염의 문제를 낳고 있습니다. 미래 세대의 삶의 질을 보장하기 위한 지속 가능한 개발이 주요한 화두로 떠올랐습니다.

한편, 세계화는 국가의 경계를 넘어 사람들의 이동을 활발하게 만들었고 사회 구성원들은 한층 더 다양해졌습니다. 노동, 공부, 여행, 결혼 혹은 피난 등 다양한 이유로 사람들은 이동했습니다. 가령 다문화가정이 빠른 속도로 늘어나고 있으며, 다양한 문화적 배경을 가진 이들이 섞여 살면서 어떻게 서로 공존할 것인지의 문제가 주요 과제로 떠올랐습니다. 외국인에 대한 차별이나 혐오 역시 큰 사회적 문제가 되었죠. 한국의 남성과 결혼한 동남아시아 여성에 대한 차별, 일본에서의 외국인에 대한 혐오 발언 등도 세계화 시대에 풀어야 할 숙제입니다. 세계화가 낳은 이러한 문제들을 우리는 어떻게 해결해 나갈 수 있을까요?

2
동아시아 사람들의 안전한 삶을 위협하는 것은 무엇일까요?

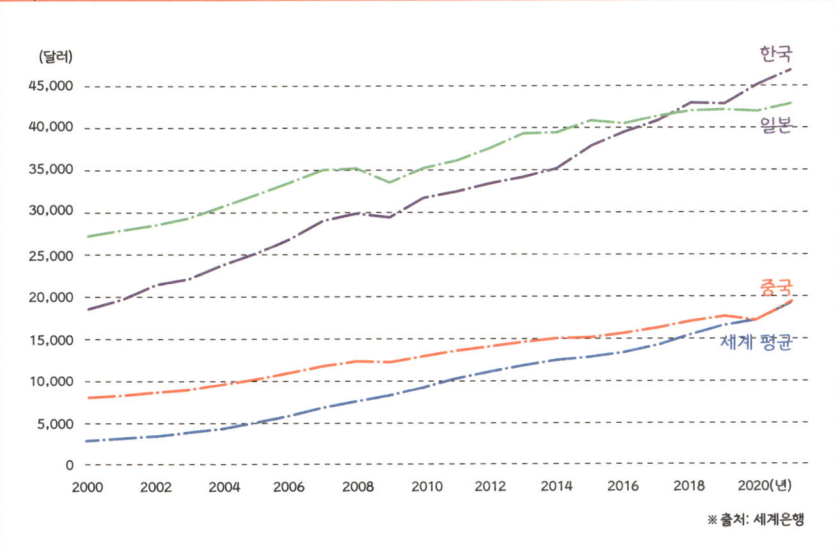

한·중·일 3국 및 세계의 구매력평가(PPP) 기준 1인당 GDP

21세기에 태어난 한·중·일 청년들에게 20세기 초 동아시아 사람들이 겪은 혼란기는 아주 낯설게 느껴질 것입니다. 물론 어느 세대나 크고 작은 어려움을 겪지만 21세기 이후 경제적 측면에서는 대체로 안정을 찾게 되었죠. 그런데 인구 규모, 발전 배경, 사회제도 등이 각기 다른 한·중·일 3국은 어떻게 이 시기에 모두 혼란에서 벗어나 비교적 안정적이고 심지어 풍족한 생활을 할 수 있게 되었을까요? 그 안정적 삶의 기반은 어디서 온 것일까요? 앞 장의 자료를 보면서 21세기 초 동아시아 사람들이 20세기보다 훨씬 더 안정적 삶을 누리게 된 이유를 생각해 봅시다.

●

동아시아가 세계 경제의 중심이 된다면 우리는 더 안정적인 삶을 살 수 있을까요?

21세기의 동아시아는 세계에서 가장 빠르게 발전하는 지역이자 세계 경제성장을 이끄는 중요한 견인차가 되었습니다. 동아시아 경제가 지속적인 성장을 거듭하면서 안정적 삶의 기반은 한층 더 공고해지고 있습니다. 일본 경제는 제2차 세계대전 후 30여 년간 고속 성장을 거둔 끝에 1980년대 유럽, 미국과 어깨를 나란히 하며 선진국 대열에 합류했습니다. 같은 기간 한국은 수출지향형 정책으로 급속한 산업화와 함께 '한강의 기적'이라는 비약적 경제 발전을 거두었고, '아시아 네 마리의 용'이라 불리며 안정적인 성장을 이어 갔습니다. 2021년 7월 2일 국제연합무역개발회의는 한국을 기존 '개발도상국 그룹'에서 '선진국 그룹'으로 격상했는데, 1964년 국제연합무역개발회의 설립 이래 국제적 지위가 변경된 국가는 한국이 처음이었습니다. 또 세계 최대 개발도상국인 중국은 경제 기반 부족과 발전 불균형으로 오랫동안 빈곤 문제에 시달려 왔으나, 수십 년간 대규모 빈곤퇴치사업을 추진하여 2020년 말 현행 빈곤 기준으로 9,899만 인구가 빈곤에서 벗어나 절대적인 빈곤 문제를 해결하는 역사적 성과를 거두었습니다.

한·중·일 경제의 고속성장과 그것이 가져온 사회적 부의 축적은 안정적 삶을 위한 물질적 기반이 되었습니다. 세 나라 경제 발전이 안정적 삶을 뒷받침하는 중요한 버팀목이 되어준 것입니다. 21세기 아시아는 고도의 경제성장을 이루었습니다. 국제통화기금(IMF) 통계에 따르면 한·중·일 및 동남아시아국가연합 10개국을 포함한 동아시아와 동남아시아 지역 GDP가 세계에서 차지하는 비중이 2008년 20.2퍼센트(같은 기간 북미 27.3퍼센트, EU 25.5퍼센트)에서 2020년 30.3퍼센트로 뛰어올라 북미(27.9퍼센트)와 EU(17.9퍼센트)를 모두 넘어섰습니다. 세계 경제의 중심이 동아시아와 동남아시아로 이동하는 흐름이 더욱 뚜렷해진 것입니다. 2020년 아시아 소비 지출이 세계에서 차지하는 비중은 41퍼센트에 달했습니다. 특히 중국의 중산층 인구가 유럽연합 27개국의 총합에 상당하는 4억 명에 달하고 소비시장의 규모가 미국을 넘어서는 등 동아시아의 경제성장을 이끄는 중요한 동력이 되었습니다. 이처럼 경제 성장과 소비 증가로 동아시아의 생활수준은 지속적으로 향상되었습니다.

경제적 번영의 기반은
어디에서 오는 걸까요?

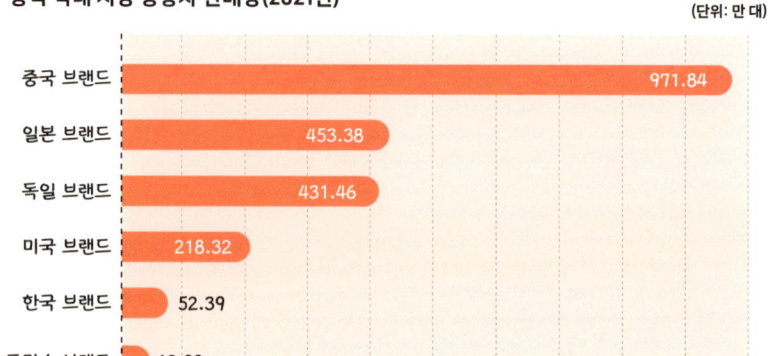

위의 자료를 보면서 글로벌 산업협력이 우리의 삶과 어떠한 관계에 있는지 생각해 봅시다. 동아시아 사람들의 안정적 삶은 경제적 발전이 있었기에 가능했고, 그 경제적 발전은 과학기술의 혁신과 긴밀한 글로벌 경제협력을 기반으로 이룬 것입니다. 현대인의 생활에 필수적인 승용차를 예로 들면, 2021년 중국 국내시장 자동차 판매량은 2,627만 5,000대로 13년 연속 판매량 세계 1위를 기록했습니다. 그중 승용차 판매량은 2,148만 2,000대로 일본 브랜드가 453만 3,800대, 한국 브랜드가 52만 3,900대를 차지했습니다. 중국의 인구 1,000명당 자동차 보유량은 2000년 4.9대에 불과했으나 2022년 3월에는 219대로 크게 증가했습니

다. 일본(624대), 한국(485대)과는 여전히 차이가 있지만 매우 빠른 증가세를 보이고 있는 것은 분명합니다. 자동차와 같은 고가 소비품이 일상 생활에서 빠르게 보급되고 있는 데에는 중국의 세계 시장에 대한 개방, 융합 정책이 중요한 역할을 했습니다. 한국, 일본 등 세계 자동차 기업들의 중국 시장 진출은 중국 소비자들에게 선택의 폭을 넓혀주었을 뿐 아니라 해당 산업사슬에 참여하는 기업에도 큰 이익을 가져다주었습니다. 이러한 선순환 구조는 동아시아 지역의 경제 활력과 생활 수준을 향상시켜 주었습니다.

경제 글로벌화와 블록화가 빠르게 진행됨과 동시에 기술혁명과 산업의 변화로 한·중·일 3국 간에는 매우 긴밀한 국제분업체계가 형성되었습니다. 상호 경제의존도가 높아지고 정보 유통경로가 확대되면서 3국 간의 공동 이익은 점차 확대되었고 협력은 한층 더 절실해졌습니다. 2022년 1월 1일 역내포괄적경제동반자협정이 발효되면서 인구 및 규모 면에서 세계 최대의 자유무역지대가 정식으로 출범했습니다. 2019년 발발한 코로나19로 각국 간 경제 및 인적 교류는 위축되었지만 동아시아의 경제 통합을 위한 발걸음은 계속되었습니다. 동아시아 지역에 현대적이고 전면적인 경제 동반자 관계가 형성된다면 동아시아 사람들이 안정적 삶을 유지하는 데 더 큰 힘이 될 것입니다.

동아시아 사람들의 안정적 삶을
위협하는 것은 무엇일까요?

 2019년 제18호 태풍 미탁은 중국 저장성과 한국 전라남도에 상륙한 후 강한 열대폭풍이 되어 일본까지 강타하면서 커다란 피해를 입혔습니다. 자연재해는 인류의 산업문명이 이룬 성과물을 순식간에 무서운 흉기로 바꾸어 놓을 수 있습니다. 2011년 3월 11일 일본 도호쿠 지방에서 발생한 관측사상 최대 규모 9.6의 지진으로 최대 높이 15.5미터에 달하는 쓰나미가 후쿠시마 제1원자력발전소를 덮쳤고 제1원전 1~4호기가 모두 폭발하여 방사성물질이 유출되었습니다. 원자력발전소 반경 20킬로미터 이내는 출입금지 구역으로 지정되어 현지 주민들은 다른 지역으로 피난했고 그중 많은 사람이 10여 년이 지난 지금까지도 고향으로 돌아가지 못하고 있습니다. 원자력발전소에서 비교적 멀리 떨어진 농촌에서 벼농사를 재개했지만 농지의 방사능 오염이 완전히 제거되지 않아 모처럼 수확한 쌀은 '방사능 오염 쌀' 판정을 받고 폐기되었습니다. 더욱 심각한 문제는 일본 정부가 방사능 오염수 저장 능력이 '한계치'에 도달했다며 국내와 주변국들의 강한 반대에도 불구하고 오염수를 태평양으로 방류하기 시작했다는 점입니다.
 일본의 사례는 거대한 자연재해 앞에서 원자력발전소가 얼마나 취약하며 심각한 피해를 가져올 수 있는지 보여주었습니다. 하지만 일본은 여전히 원자력발전에 의존하는 정책을 추진하며, 후쿠시마 원전 사고 이후 일시적으로 운영을 중단했던 원자력발전소를 재가동하고 있습

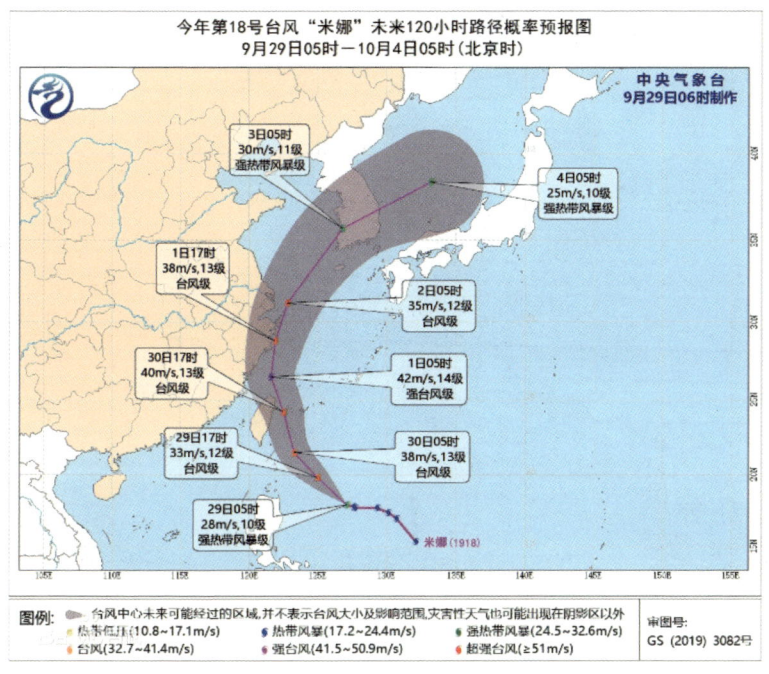

중국, 한국, 일본을 관통하는 태풍

니다. 이와 달리 한국 정부는 노후 원전인 고리원자력발전소 1호기를 영구 정지시켜 탈원전 정책에 대한 의지를 표명했으며, 석탄발전소의 신규 건설을 중단하고 노후화한 석탄발전소를 폐쇄하는 등 탈석탄정책도 병행했습니다. 하지만 청정 에너지로의 전환 정책 역시 전력 수급 불안을 야기하고 주민들의 생활 안정에 영향을 끼치는 등 해결되지 않은 문제가 남아 있습니다.

최근에는 기후변화로 인해 태풍, 폭우, 가뭄 등 광범위한 파급력을 동반하는 자연재해가 빈번하게 발생하여 한·중·일을 포함한 동아시아 각국에 심각한 도전이 되고 있습니다. 태풍 외에 세 나라 사람들의 삶을 위

2011년 후쿠시마 제1원자력발전소 폭발 현장

협하는 자연재해로는 또 무엇이 있을까요? 자연재해 외에 세 나라가 함께 단결하여 대응해야 하는 초국경적 위기에는 어떠한 것이 있을까요?

아시아는 세계에서 가장 빠르게 발전하고 있지만 지역 경제와 사람들의 안정적 삶은 언제든 자연적 또는 인위적 요소로 인해 파괴될 수 있습니다. 오늘날 세계는 정보가 빠르게 전파되고 무역 및 산업사슬이 복잡하게 얽혀 있어 지구 반대편에서 시작된 폭풍 또는 정치·경제·군사·사회적 차원의 '폭풍'이 국경을 초월하여 세 나라 국민들의 삶에 영향을 끼칠 수 있습니다.

2019년 말 발생한 코로나19는 수많은 사람의 생명을 앗아갔을 뿐 아니라 글로벌 산업사슬을 단절시켰으며 석탄, 석유, 천연가스, 광산 등 대형 원자재의 가격 급등과 지속적인 인플레이션을 야기했습니다. 국가 간 무역 마찰이 끊이지 않고 세계 상품 무역량이 크게 줄면서 세계 경제는 침체에 빠졌습니다. 인구밀도가 높은 아시아는 코로나19 확산이 반복되면서 실업률이 대폭 상승하고 소득 격차가 확대되었으며 수많은 인구가 빈곤층으로 전락했습니다. 일부 국가는 사회적 혼란에 빠져 국민의 생명과 삶이 위협에 직면하기도 했습니다.

●

동아시아 사람들의 안정적 삶을 위해서는 어떻게 해야 할까요?

자연재해와 같은 공통의 위협에 직면했을 때 한·중·일 세 나라는 어떻게 협력하고 평화와 안전을 공고히 할 수 있을까요? 또 그 대응 과정에서 상호 신뢰를 증진하고 안정된 삶을 지켜낼 수 있을까요? 위 자료를 참조하면서 생각해 봅시다.

2008년 5월 12일 쓰촨대지진이 발생하자 한국과 일본의 지진 구조대가 곧바로 중국 쓰촨성의 재난 지역으로 달려갔습니다. 또 일본대지진으로 원자력발전소 방사능 유출 위기가 발생하자 중국 기업은 신속하게 필요한 기자재를 지원하고 후쿠시마 원자력발전소 냉각수 주입 작업에 참여하여 일본 정부와 각계의 찬사를 받았습니다. 자연재해가 빈번하게 일어나는 동아시아 지역에서 자국의 힘만으로는 거대한 재난에 대응하기가 어렵습니다. 한·중·일 세 나라가 이웃 나라로서 함께 연대하여 재난에 대응한다면 국제사회의 일원으로서 도의적 책임을 다하면서 상호 신뢰를 강화할 수 있음은 물론, 재난의 위협에 맞서는 경험을 축적하여 재해 지역 사람들의 안정적 삶에도 기여할 수 있을 것입니다.

세계적으로 경제 글로벌화가 이루어지고 지역 경제 통합이 가속화되면서 빈부 격차 확대, 사이버 공격, 대규모 살상무기 확산, 테러리즘, 전염병, 기후변화 등 전 지구적 문제가 동아시아의 생활 환경을 근본적으로 바꾸어 놓고 있습니다. 동아시아의 내부 갈등과 외부 위협은 때로는 복잡하게 연결되고 때로는 상호 전환되기도 합니다. 그러므로 한·중·일 세 나라는 협력을 강화하여 공동의 위협에 맞서야 하며, 이 과정에서 상호 신뢰를 증진하고 운명 공동체를 구축하여 동아시아라는 공동의 터전과 국민의 안정적 삶을 지켜야 합니다.

그렇다면 동아시아 사람들의 안정적 삶에 영향을 주는 요인에는 또 어떤 것들이 있을까요? 공동의 위협에 함께 대응하고 동아시아 사람들의 안정적 삶을 실현하기 위해서 동아시아 각국 정부, 사회 그리고 우리는 어떠한 노력을 해야 할까요?

3

어떻게 역사 갈등을 해결하고 화해로 나아갈 수 있을까요?

소녀상을 알고 있나요? 맨 위의 사진은 2011년 처음으로 서울의 주한일본대사관 앞에 설치된 소녀상, 가운데 사진은 2016년 중국 상하이사범대학에 설치된 소녀상, 맨 아래의 사진은 2020년 독일 베를린에 설치된 소녀상입니다. 이 소녀상들의 의미는 무엇일까요? 왜 소녀 옆에는 아무도 앉지 않은 빈 의자가 놓여 있을까요? 사진에서 한 여성이 '소녀'와 손을 잡고 있는 이유는 무엇일까요?

● 소녀상의 의미는 무엇이고 세계 곳곳에 소녀상을 설치한 이유는 무엇일까요?

맨 위의 사진 속 평화의 소녀상 뒤로 돌아가 보면 바닥에 그림자가 있습니다. 그림자는 마치 나이 든 현재의 모습을 보여 주는 듯합니다. 소녀상은 설치한 장소마다 형태와 이름에 차이가 있기는 하지만, 일본군 '위안부' 피해자를 상징하는 점은 같습니다.

1990년 6월 일본 국회에서 처음으로 일본군 '위안부' 문제가 제기되었습니다. 당시 국회 질의에 대해 일본 정부는 "(위안부를) 데리고 다닌 것은 민간업자"라고 말했습니다. 이에 분노한 한국의 김학순은 1991년 8월 14일 "내가 산증인이다"라며 처음으로 이름을 밝히고 자신이 일본군 '위안부'였다는 사실을 공개적으로 증언했습니다. 이 행동은 한국·중국·일본을 비롯한 국제사회에 큰 충격을 주었습니다. 그의 증언에 용기를 얻은 한국, 중국, 필리핀, 네덜란드 등지의 피해자들이 잇달아 공개 증언에 나섰고 일본에 배상과 사죄를 요구하는 소송을 제기했습니다. 전쟁이 끝난 후에도 피해 사실을 숨기고 굴욕적인 삶을 강요당해 온 피해자들은 '부끄러워해야 할 존재는 내가 아니라 일본'이라고 180도 생각을 전환하여 오랜 침묵을 깨고 나왔습니다.

피해자와 지원 단체는 국제연합에 이 문제를 제기했습니다. 세계인권회의(1993)와 인권위원회 등 여러 국제연합 기구들은 '위안부' 문제를 구유고슬라비아, 르완다 등지에서 발생했던 성폭력처럼 현대 무력 분쟁이 벌어지는 '여성 인권' 문제로 받아들였으며, '성노예제도'이자 '인도에 반하는 죄'로 규정했습니다. 이후 일본 정부에 대해 중대한 인권 침해를 국제 기준에 근거해 해결할 것을 지속적으로 권고했습니다.

1993년 일본은 '정부의 조사 결과(2부 2장 3절 참조)'와 '위안부 관련 조사 결과 발표에 관한 고노 내각관방장관 담화(고노 담화)'를 발표했습니다. 그 요점은 아래와 같습니다.

---

1. 위안소의 설치·관리, 위안부의 이송에 군이 직간접적으로 관여했다.
2. (위안부) 모집은 주로 군의 요청을 받은 업자가 맡았으나, 감언과 강압 등 본인의 의사에 반한 사례가 많았으며, 관헌 등이 직접 가담한 일도 있었다.✓
3. 위안소 생활은 강제적인 상황하의 참혹한 것이었다.

✓ 일본군과 관료가 네덜란드 여성을 '위안부'로 강제 동원한 죄로 처벌받은 스마랑 사건을 의미한다.

4. 일본은 위안부 문제를 '군의 관여 아래 다수의 여성들의 명예와 존엄에 깊이 상처를 입힌 문제'로 여기고 '진심으로 사과와 반성의 마음'을 표명한다.
5. 우리는 역사를 교훈으로 삼고 역사교육을 통해 이 사실을 영원히 기억하고 같은 잘못을 반복하지 않겠다는 굳은 결의를 표명한다.

- '위안부 관계 조사 결과 발표에 관한 고노 내각관방장관 담화' 요약(1993년 8월 4일)

이후 1997년부터 일본의 모든 중학교 역사 교과서에는 일본군 '위안부' 내용이 기술되었습니다. 그런데 이 사실이 알려지자 교과서에서 '위안부'에 대한 서술을 삭제하도록 요구하는 국회의원과 민간 단체의 목소리가 높아지고 '고노 담화'를 부정하는 움직임이 거세졌습니다. 다음은 피해자 김상희가 고등학교 교과서 기술을 비난한 이타가키 다다시 국회의원과 면담한 내용을 실은 기사입니다.

김상희: 병사들과 함께 여러 전선을 돌아다녔다. (나를) 데리고 다닌 것은 모두 군인(이었다).
이타가키: 모두 군이었다니, 믿을 수 없다. 군도 관여했을지 모르지만 …… 그런 역할을 하는 업자가 있었던 게 아닌가?
동석자: 군이 직접 관할하는 위안소도 있었다.
이타가키: 대가라고나 할까, 금전 지불은?
김상희: 일절 없었다.
이타가키: 그런 예가 있었다고는 전혀 믿을 수 없다. 당시의 상황으로 그렇게 판단한다. 정치인으로서의 신념을 가지고 있다. 일본인으로서 긍지

> 도 있다. 강제로 끌고 갔다는 객관적인 증거가 있는가?
> 동석자: 고노 관방장관 담화에서 이미 인정했다.
> 이타가키: 나는 고노 담화를 인정하지 않는다.
>
> – 《아사히신문》 1996년 6월 5일자

이타가키 국회의원은 '위안부' 문제를 어떻게 생각하고 있었을까요? 평소 어떤 사고방식을 가지고 있었기에 그런 식으로 이야기하는 것일까요? 위 기사를 통해 생각해 봅시다.

> 한국 외에도 미국 …… 중국, 필리핀, 독일, 타이완 등에서도 위안부상을 설치하려는 움직임 등이 있다. 이러한 움직임은 일본 정부의 입장과 양립될 수 없는 매우 유감스러운 일이다. 일본 정부는 앞으로도 지속적으로 여러 관계자와 접촉하여 일본의 입장^{//}을 설명해 나갈 것이다.
>
> – 일본 외무성의 《외교청서》(2019)

위 자료는 일본의 《외교청서》에 실린 〈위안부 문제〉에서 발췌한 것으로, 각국에 설치된 '소녀상'의 철거를 요구하는 일본 정부의 자세와 사실 인식이 분명히 드러나 있습니다. 이를 '고노 담화'나 국제연합의 입장, 피해자의 증언 등과 비교해 봅시다.

/   공창제도 등 성매매의 사회 상황을 가리킨다.
//   예를 들면, '군과 관헌에 의한 강제 연행', '수십만 명의 위안부', '성노예'라는 주장을 역사적 사실로 인식하고 있지 않다는 점.

'고노 담화' 이후 중요한 자료가 발견되면서 위안소가 군의 공식 시설이었으며, 군과 정부가 조직적으로 관리하고 실시한 군의 제도였다는 사실이 분명하게 밝혀졌습니다. 그러나 일본 정부는 지금까지도 단지 '관여한 적'이 있을 뿐이라고만 주장하고 있습니다.

중국의 완아이화는 "일본 정부의 정식 배상과 사죄를 받기 전까진 눈을 감지 못한다. 숨이 붙어 있는 한 끝까지 싸우겠다"라고 말했습니다. 한국의 이옥선은 2021년 서울지방법원의 획기적인 판결로 승소할 당시 "이것은 돈의 문제가 아니다. 일본의 사죄가 먼저다!"라며 일본이 강제동원 사실을 인정하는 것이 중요하다고 강조했습니다. 그러나 일본 정부는 아직까지도 역사 사실을 부정하는 입장을 고수하고 있습니다.

한편, 국가 간의 대립과는 별개로 1991년 이래 일본 시민과 단체 들은 각국의 피해자와 활발히 교류하며 지원 활동을 펼쳤습니다. 변호사들은 일본 정부를 상대로 한 피해자들의 소송을 도와 최고재판소 판결이 날 때까지 10년 이상 함께 투쟁했습니다(배상 청구는 모두 패소). 시민들도 각지에서 피해자 지원 단체를 만들어 증언 집회를 개최하고 정부에 대한

✓ 법원은 '주권면제' 원칙을 깨고 일본 정부가 원고들에게 1억 원씩 배상하라고 판결했다. 주권면제란 외국의 주권은 그 나라 법정의 관할을 받지 않는다는 면책 특권을 말한다. 일본은 이 판결이 국제법을 위반했다며 무시로 일관하고 있다. 2015년 한·일 양국은 '한일위안부합의'(내용은 외무성 사이트 참고)를 발표하여 '위안부' 문제가 최종적이고 불가역적으로 종결됐다고 선포했다. 그러나 피해자와 대다수 국민들은 피해자들의 오랜 요구사항이었던 사실에 근거한 사죄, 법적 배상, 역사 계승(조각상 포함) 등의 문제가 해결되지 않은 것에 대해 분노하며 강력한 반대운동을 전개했다. 그 후 일본의 출연금으로 피해자 47명 중 35명에게 1억원씩의 지원금이 지급되었으나 2019년 한국재단이 해산되면서 '한일위안부합의'는 여전히 미해결 상태로 남아 있다.

요청 활동을 거듭했습니다. 생활과 의료 지원에 힘쓰며 피해자가 사망할 때까지 교류한 단체도 많습니다. 이러한 활동을 통해 일본의 시민들은 '위안부' 문제가 피해를 입은 당시는 물론 한 사람의 일생을 송두리째 무너뜨린 중대한 인권침해 행위였음을 깊이 알게 됐습니다. 일본인은 모두 악마라고 생각했던 피해자들도, 마음이 통할 수 있는 일본 사람들이 있다는 것을 알게 되면서 국경을 넘어 '화해'의 연대를 만들어 갔습니다.

앞에서 사진으로 본 세 장의 소녀상이야말로 국경을 넘어선 연대를 상징적으로 보여줍니다. 한국의 지원 단체, 피해자, 시민 들은 1992년부터 주한 일본대사관 앞에서 일본 정부의 사죄와 배상을 요구하며 '수요시위'를 개최해 왔는데, 이 시위는 지금도 계속되는 세계 최장기 시위입니다. 평화의 소녀상은 수요시위 1,000회를 기념하여 설치한 것입니다. 이 소녀상에는 어떤 마음과 의미가 담겨 있을까요? 많은 '소녀'가 이미 세상을 떠났고, 현재 생존자도 90세가 넘었습니다.

가운데 사진은 한·중의 '평화의 소녀상'으로 한국과 중국의 단체와 예술가 들이 협력해 설치했습니다. 두 소녀는 서로 무슨 이야기를 하고 있을까요? 맨 아래 사진 속 소녀상 옆의 여성은 이라크 북부 소수민족인 야지디족의 인권운동가입니다. 그는 "한국에서 온 소녀상은 야지디 여성의 모습 그 자체"라고 말했습니다. 그는 어떤 심정으로 소녀와 손을 잡았을까요? 지금 이 순간에도 세계 각지의 무력 분쟁에서 성폭력이 끊이지 않고 있고, 일상 속의 성폭력 역시 사라지지 않고 있습니다. 일본군 '위안부' 문제의 해결은 보편적인 여성의 인권을 위한 투쟁이자 전쟁과 식민주의가 없는 미래를 위한 싸움이며, 현재를 살고 있는 우리들의 문제이기도 합니다.

샌프란시스코에는 한국, 중국, 필리핀의 세 소녀가 손을 잡고 있고, 그들을 올려다보고 있는 김학순 할머니 동상이 있습니다. 그 비문에는 "우리가 가장 두려워하는 것은 …… 제2차 세계대전 중에 겪은 우리의 아픈 역사가 잊히는 일입니다"라고 쓰여 있습니다. 그리고 "이들 여성을 기억하기 위해 이 기념비를 바치며 전 세계에서 성폭력과 인신매매를 근절하기 위해 세웁니다"라고 끝맺고 있습니다.

●

강제 동원 문제는
어떻게 해결할 수 있을까요?

사진 속 인물들은 어느 나라 사람들이고, 무슨 주장을 하고 있을까요? 현수막에는 "원고의 목숨에 내일은 없다! 미쓰비시 중공업은 지금 바로 양심과 영단을!"이라고 쓰여 있습니다. 2018년 7월 20일 도쿄의 미쓰비시중공업 본사 앞입니다. 왼쪽에

나고야 미쓰비시 조선여자근로정신대 소송을 지원하는 모임의 활동

서 세 번째 인물은 다카하시 마코토로 다른 지원자들과 함께 나고야에서 왔습니다. 그는 이렇게 말했습니다.

가해국 시민으로서 '원고에게 웃음'을 되찾아 주는 것은 우리의 책무입니다. 우리의 투쟁은 특별한 것이 아니라 인간으로서 상식을 실천하는 행위입니다. 저에게는 당시의 근로정신대 소녀들과 같은 나이인 14세의 딸이 있습니다. 만약 제 딸이 같은 피해를 입었다면 '아비로서 어떤 마음이 들까' 생각하면 가슴이 찢어질 것 같습니다.

나고야의 고등학교 역사 교사인 그는 1987년 전쟁과 관련한 지역사를 조사하던 중 한국인 소녀들이 '미쓰비시중공업 나고야 항공기 제작소'에 강제 동원되었고 그중 최정례(당시 14세) 등 6명이 1944년 12월 도난카이 앞바다 지진으로 희생당했다는 사실을 알았습니다. 그 후 뜻을 함께하는 사람들과 '나고야 미쓰비시 조선여자근로정신대 소송을 지원하는 모임'을 조직해 피해자들이 일본 정부와 미쓰비시중공업의 책임을 묻기 위해 제소한 소송을 지원해 왔습니다. 그리고 시민 모금을 통해 구 미쓰비시 공장 터에 지진으로 희생된 사람들의 추모비를 건립했습니다. 그뿐 아니라 2007년부터는 10년 이상 매주 금요일에 미쓰비시중공업 앞에서 '금요행동'을 이어왔습니다. 이들의 노력으로 2010년부터 2012년 사이에 금요행동을 중단하고 미쓰비시중공업과 피해자들 간에 협상이 진행되기도 했습니다(2부 3장 1절 참조).

원고의 손해배상 청구권은 일본 정부의 한반도에 대한 불법적인 식민지 지배 및 침략전쟁 수행과 직결된 일본 기업의 반인도적 불법행위를 전제로 하는 강제 동원 피해자의 일본 기업에 대한 위자료 청구권이라는 점을 분명히 해두어야 한다. 원고는 피고에게 미지급 임금이나 보상금을 청구하고 있는 것이 아니라 위와 같은 위자료를 청구하고 있다. …… 한일청구권협정의 교섭 과정에서 일본 정부는 식민 지배의 불법성을 인정하지 않은 채 강제 동원 피해의 법적 배상을 원칙적으로 부정했다. 이러한 상황에서 강제 동원에 대한 배상청구권이 청구권협정의 적용 대상에 포함되었다고 보기는 어렵다.

- '일제 강제 동원 피해자의 일본 기업을 상대로 한 손해배상청구 사건'에 대한
한국 대법원의 판결

2018년 10월 한국의 대법원은 일본 기업이 강제 동원 피해자에게 위자료를 지급해야 한다는 판결을 선고했습니다. 이에 대해 일본 정부는 즉각 반발했습니다.

이 판결은 한일청구권협정 제2조에 명백히 반하여 일본 기업에 대해 부당한 불이익을 지게 하는 것일 뿐만 아니라 1965년의 국교정상화 이래 구축해 온 일한 우호 협력 관계의 법적 기반을 근본부터 뒤집는 것이어서 심히 유감스럽고 결단코 받아들일 수 없습니다.
일본은 대한민국에 대하여 위 입장을 재차 전달함과 동시에 대한민국이 즉각 국제법 위반 상태를 시정할 것을 포함해 적절한 조치를 강구할 것을 강력히 요구합니다.

- '대한민국 대법원의 일본 기업에 대한 판결 확정에 대하여'
(일본 외무대신 담화)

일본 정부가 판결에 반발한 이유는 강제 동원 문제가 1965년 체결된 한일청구권협정을 통해 이미 해결되었다고 간주했기 때문입니다. 그러나 한국 정부는 청구권협정으로 해결된 것은 한·일 양국 간의 재정적·민사적 채권·채무에 관한 것이라는 입장입니다. 한국 대법원이 결정한 손해배상 판결은 피고인에 대한 체불 임금이나 보상금 같은 재정적 청구가 아니라, 일본이 한반도를 불법적으로 식민지 지배하던 시기에 일본 기업이 저지른 반인도적 불법행위에 대한 '위자료' 청구권이었습니다.

1941년부터 1943년까지 만주(중국 동북 지역)와 해남도 등으로 강제 연행되어 강제 노동을 강요당한 중국인은 289만 명 이상에 달했습니다. 1990년대 중국에서 전쟁 피해자들의 대일 민간 배상 청구 움직임이 거세졌고, 그에 따라 일본에서는 일본 정부와 가해 기업에 사실 인정과 사죄, 손해배상을 요구하는 재판이 전국적으로 확산했습니다. 그중 하나가 중국인 피해자들이 니시마쓰건설주식회사를 상대로 제기한 야스노수력발전소 공사에 관한 소송입니다.

2010년 10월 히로시마현 야스노 발전소에 '야스노 중국인 수난의 비'가 건립되었습니다. 이후 피해자와 유족을 맞이하여 추도식이 열리고 있습니다. 비의 뒷면에는 '야스노 중국인 피해 노동자와 유족'과 '니시마쓰건설주식회사'의 연명으로 다음과 같은 글이 새겨져 있습니다.

1993년 이후 중국인 수난자(피해자)들은 피해의 회복과 인간 존엄의 복권을 요구하며 일본 시민운동의 협조 아래 니시마쓰건설에 대하여 사실의 인정과 사죄, 후세 교육에 이바지할 기념비의 건립, 피해 보상이라는 세 가지 항

'야스노 중국인 수난의 비' 앞에서 열린 추도식(2012년 10월 20일)

목을 요구했다. 이후 오랜 교섭과 재판을 거쳐 2009년 10월 23일 360명에 대한 화해가 성립함으로써 쌍방은 새로운 발걸음을 내디뎠다. 니시마쓰건설은 …… 기업으로서 역사적 책임을 인식하고 신생 니시마쓰건설로 다시 태어남을 명확히 한 것이다. …… 역사를 마음에 새기고 일·중 양국 대대손손의 우호를 기원하여 이 비를 건립한다.

2007년 일본 최고재판소는 1972년 체결된 '중일공동성명'으로 중국인 개인의 배상청구권은 "사법상 소구할 권한을 잃었다"라며 원고 패소 판결을 덧붙였습니다. 그러나 당시 재판장은 판결문에서 "심한 정신적·육체적 고통을 입은 원고들의 피해 구제를 위해 관계자의 노력을 기대한다"라고 했습니다. 피해자들은 기업 측에 직간접적으로 사과와 보상을 위한 요구를 계속하였습니다. 그 후 니시마쓰건설은 피해에 대한 금전적 보상과 행방불명자의 조사, 후세 교육을 위한 기념비 건립 등을 약속했습니다.

역사의 화해는 가해 측과 피해 측이 역사 극복의 길을 함께 걸어가는 과정입니다. 니시마쓰건설과 중국인 피해자의 화해는 강제 동원 문제를 해결한 드문 사례입니다. 이는 법적인 방식 외에도 문제 해결에는 다양한 방법이 있음을 시사하고 있습니다.

2001년 남아프리카 더반에서 열린 국제연합 '인종주의, 인종차별, 외국인 혐오 및 이와 관련된 불관용 철폐를 위한 세계회의'는 과거의 식민지 지배 책임을 묻는 '더반 선언'을 채택했습니다. 이후 벨기에와 독일은 콩고와 나미비아에서 자행한 잔학 행위와 학살에 유감의 뜻을 표명했습니다. 침략전쟁과 식민지 지배의 폭력으로 인한 피해자들의 인권 회복과 구제를 위한 동아시아 선언을 만든다면 어떤 내용이 들어가야 할지 생각해 봅시다.

✓ 본 판결은 '샌프란시스코강화조약'에서 국가의 청구권뿐 아니라 피해자 개인의 청구권도 포기한 점을 근거로 삼아, '중일공동성명'에 있는 '중국이 일본에 대한 배상청구권을 포기한다'는 내용 역시 개인청구권까지 포기한 것으로 해석해야 한다고 주장한다. 그러나 이런 주장은 '샌프란시스코강화조약'을 체결할 때 중국 정부가 배제되었던 점을 고려하지 않은 것이어서 비판받았다. 중국 외교부 대변인 또한 이는 '중일공동성명'을 제대로 이해하지 못한 판결이라며 비난했다.

역사는 왜, 그리고 어떻게 배워야 할까요?

1980~1990년대 냉전의 종식과 아시아에서 민주화의 진전으로 개인의 인권에 대한 관심이 환기되면서, 일본에 지지부진한 과거사 문제를 신속히 청산할 것을 요구하는 움직임이 일었습니다. 중국의 전쟁 피해자들은 일본 정부를 상대로 난징 대학살, 강제 동원 등에 대한 소송을 제기했습니다. 한국의 피해자들도 사죄와 보상을 요구하며 제소했습니다. 일본 법원은 제척기간[✓] 등의 원칙을 근거로 피해자들의 소송을 기각했지만, 피해 사실은 인정했습니다. 우리는 먼저 일본 사법부가 어떤 피해의 사실을 인정했는지 제대로 살펴보아야 하지 않을까요?

일본에서도 과거의 전쟁을 가해의 문제로 재조명하려는 움직임이 확대되었습니다. 역사 연구자들도 침략전쟁의 문제, 가해 문제에 대한 연구를 적극적으로 진행하여 난징 대학살, 731부대, 일본군 '위안부' 문제 등 다양한 가해 사실을 밝혀냈습니다. 1990년대부터 이러한 사실이 알려지면서 교과서에도 반영되기 시작했고, 일본 정부의 견해에서 변화를 이끌어 냈습니다. 가장 대표적인 사례가 앞서 살펴본 '고노 담화'입니다.

그러나 1990년대 후반 일본에서는 침략과 가해 사실을 부정하고 과거사를 미화하려는 흐름이 대두했습니다. 근대국가의 성립과 함께 탄생한 역사교육은 학교를 매개로 학생들에게 국가의식을 가르쳐 '국민'을

✓ 어떠한 권리에 관하여 법률에 미리 정하고 있는 권리의 존속기간.

만들었으며, 특히 전쟁 시기에는 국가 중심론과 자국 중심론을 강화하여 '국민'을 전쟁으로 내모는 역할을 담당했습니다. 사실 오늘날에도 학교 교육은 자국 중심의 국민의식을 강화하는 역할을 하고 있습니다. 하지만 다른 한편으로는 국가와 국경을 초월하여 활발하게 교류함으로써 역사를 새롭게 인식하려는 움직임도 있습니다. 한국과 일본 간에는 각종 공동역사교재가 잇따라 출간되었고, 중국과 일본 간에는 국경을 초월한 역사 인식을 위한 시도가 이루어지기도 했습니다.

유럽에서는 독일과 프랑스가 1930년대부터 이미 역사교과서 개편을 위한 대화를 시작했고, 2003년 독일·프랑스 청소년회의를 계기로 2006년에는 독일·프랑스 공동역사교과서를 출판했습니다. 독일과 폴란드도 1972년부터 공동 연구를 진행하여 2016년 공동역사교과서를 출판했습니다. 1990년대 극심한 분쟁이 계속되던 발칸 지역의 국가들은 2005년 발칸 근현대사 공동교재를 출판하기도 했습니다.

독일·프랑스 공동역사교과서는 상대에 대한 시각을 바꿀 수 있는 새로운 소재를 찾아 관점을 전환해 보려는 노력이 중요하다는 점을 강조하고 있습니다. 발칸의 공동교재는 정치·지리적 경계를 넘어 과거의 역사를 살펴보고 비판적 사고를 발전시켜야 한다고 말합니다.

동아시아 근현대사의 공동 집필과 지속적인 교류 및 대화를 이어 나가면서, 대립과 충돌을 넘어 동아시아 국가 간 역사 갈등을 해소하고 평화를 이루려면 어떻게 해야 할지 함께 생각해 봅시다.

4

동아시아의 평화를 위해 무엇을 할 수 있을까요?

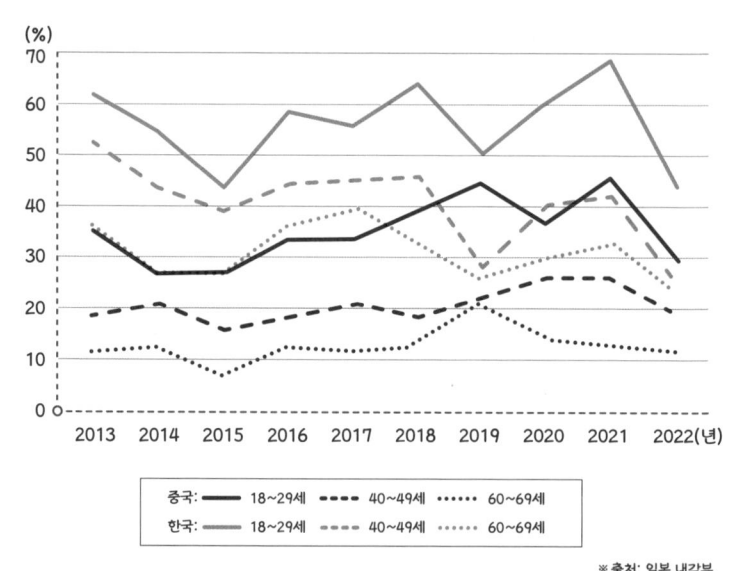

한국과 중국에 대해 친근감을 느끼는 일본인의 비율(2023)

왼쪽 그래프는 일본인들을 대상으로 외국에 대한 인상을 묻는 여론조사 결과로, 한국과 중국에 대한 친근감의 추이를 보여 줍니다. 최근 10년 동안 어떤 변화가 있었을까요? 또한 시기에 따라 차이가 나타나는 이유는 무엇일까요?

●

청소년들은 '역사 문제'를
어떻게 바라보고 있을까요?

    일본의 한 중학교 수업 시간 중 교과서에 일본군 '위안부'에 대하여 서술해야 할지 묻자, 한 여학생이 이렇게 답했습니다. "솔직히 말해서 어느 쪽이든 상관없어요. 시험에 나온다고 하면 공부할 거고, 아니면 안 할 거니까요. '위안부'였던 분들 입장에서는 알아주기를 바라겠지만, 적극적으로 알고 싶다는 생각은 안 들어요. 정부 입장에서는 어두운 역사니까 숨기고 싶겠지만, 군사교육처럼 정부의 의도대로 되는 것도 싫어요. 그러니까 시큰둥하거나 관심이 없는 게 아니라 하나의 생각에 매이고 싶지 않은 거고요, 어느 쪽이든 상관없다고 생각해요." 이에 대해 여러분은 어떻게 생각하나요?

    이 학생은 정치적 문제에 대해 사안의 옳고 그름을 떠나 '중립'의 입장을 취하고 싶다고 말합니다. 여기에 2000년대 이후 일본 중고등학생의 특징적인 역사 의식이 드러나 있다고 보입니다. 이 학생은 한국 문화를 좋아해 한글을 능숙하게 읽을 수 있습니다. '역사 문제'가 존재한다는 것은 알면서도 그것과는 별개로 한국 문화를 즐기는 것 같습니다.

이러한 의견을 가진 청소년은 일본뿐 아니라 한국과 중국에도 있지 않을까요? 일본군 '위안부' 문제가 보여 주듯 21세기가 되어서도 역사에 대한 한·중·일 세 나라의 인식 차이는 여전히 큰 과제로 남아 있습니다. 이 어긋남을 해소하고 함께 미래로 나아가려면 어떻게 해야 할까요? 문화적인 교류에 머물지 않고 이를 계기로 상대방을 깊이 인식하고 '역사'의 대화와 교류로 발전시켜가는 일이 중요하지 않을까요.

●

청소년들은
역사를 어떻게 마주해 왔을까요?

오른쪽은 2016년 일본 홋카이도의 류렌런 기념비 앞에서 촬영한 사진입니다. 류렌런은 1944년 중국에서 일본으로 강제 연행되어 홋카이도의 탄광에서 일했습니다. 이듬해 7월 탈주하여 전쟁이 끝난 줄도 모른 채 홀로 산속을 도망 다니다가, 1958년 2월 도베쓰 마을 산속에서 발견되어 귀국했습니다. 이 기념비는 도베쓰의 주민들이 세웠습니다. 사진 속 현수막에는 세 가지 언어로 쓴 글씨가 보이는데, 왜 이런 곳에서 세 나라 젊은이들이 함께 사진을 찍었을까요?

이 사진은 한·중·일 세 나라의 청소년이 참가하는 '동아시아 청소년 역사체험 캠프'의 기념사진입니다. 세 나라가 정식으로 국교를 수립한 이래 민간 차원에서는 '역사 문제'를 직시하면서 교류를 모색하는 활동을 전개해 왔습니다. 그중에는 중고생이나 대학생이 참여하는 활동도

제15회 동아시아 청소년 역사체험 캠프(2016년, 일본 홋카이도)

있었습니다.

　예를 들어, 일본 고치현의 하타고등학교 학생들은 1983년부터 세미나 활동을 활발하게 이어 왔습니다. 이 세미나는 태평양 비키니 환초에서 미국의 수소폭탄 실험으로 피폭당한 참치 어선 문제나 고치현 쓰가 댐에서 강제 노역한 조선인 노동자 문제를 조사하기도 하고, 고베 지역 조선고등학교 학생들과 교류를 하는 등 여러 활동을 지속해 왔습니다. 2003년부터는 매년 한국 부산의 고등학생들과 함께 역사를 배우는 '공생 여행'을 이어 왔습니다.

　1997년 시작한 '동아시아 공동 워크숍'은 한국과 일본의 젊은이들이 전쟁 당시 강제 노동으로 숨진 이들의 유해를 홋카이도 들판에서 발굴하여 고향으로 돌아가게 하는 활동입니다. 그 외에도 세 나라의 유네스코협회연맹이 고등학생을 대상으로 주최하는 '한·중·일 청년 축제'와 대학생 교류 등을 활발히 진행하고 있습니다.

2016년 일본 시민이 설립한 '희망씨앗기금'은 일본 청년들이 '위안부' 문제를 배우고, 한국 청년들과 함께 성폭력 없는 사회를 위한 활동을 펼치고 있습니다. 이 같은 일을 두 번 다시 반복하지 않기 위해 피해를 어떻게 기억하고 계승할 것인지 지속적으로 논의하고 있습니다. 2021년 1월에는 온라인 심포지엄을 개최하여 '위안부' 문제를 사회에 알리기 위해 직접 제작한 동영상과 교육 키트 등을 서로 발표하기도 했습니다.

●

세 나라 청소년은 과거에 대해 어떻게 대화했을까요?

2002년 일본의 역사 교과서 문제를 계기로 한·중·일의 연구자, 교사, 시민, 청소년과 청년 들이 동아시아 평화공동체를 실현하고자 역사 인식을 공유하는 활동을 시작했습니다. 그중 하나가 '동아시아 청소년 역사체험 캠프'입니다. 매년 여름 세 나라가 번갈아 개최하고 있는 이 행사는 처음에는 한·일 양국에서 시작되어 3회부터는 중국도 함께하고 있습니다. 세 나라 청소년이 약 40명씩 참가하여 개최지의 역사 유적 답사, 강연, 각국 교사의 공동 수업 등을 진행합니다. 세 나라 참가자 10명 정도가 한 조를 구성해 답사와 토론 같은 활동을 비롯해 숙식도 함께합니다. 캠프 활동으로 친해진 학생들이 헤어질 때는 오랜 친구처럼 이별을 아쉬워하는 광경을 매번 볼 수 있습니다. 참가자끼리 연락처를 교환하

제17회 동아시아 청소년 역사체험 캠프(2018년, 중국 지린)

고 캠프 후에도 관계를 이어가는 경우도 적지 않습니다.

위 사진은 2018년 중국 캠프에서 랴오위안시의 만인갱 유해보존관을 방문했을 때의 모습입니다. 만인갱은 일본의 침략전쟁 당시 희생당한 중국인의 시신을 버린 곳을 말합니다. 광산이나 토목 공사에 동원된 노동자의 유해가 각지의 들판에 버려졌죠. 또한 일본군이 자행한 주민 학살의 만인갱도 중국 각지에 있습니다. 견학한 학생들이 이런 이야기를 남겼습니다.

> 교과서에서 글로만 봤을 때는 화가 났지만 실제로 만인갱에 와서 보니 같은 사람끼리 죽였다는 사실이 슬프다는 생각이 들었다. 사이좋게 지낼 수도 있을 텐데 말이다.
>
> – 한국 고등학생

우리는 오늘 만인갱을 보고 충격을 받았어. 지금 우리가 할 수 있는 일은 없지만 계속 사과해야 될까?" 중국 참가자가 말했습니다. "사과할 필요 없어. 역사는 역사이고, 우리는 우리니까." 그 말에 나도 모르게 눈물이 났습니다. 일본이 그토록 몹쓸 짓을 했는데도 중국 참가자와 한국 참가자가 모두 따뜻하게 받아 주고 인정해 주었습니다. 진심으로 따뜻함을 느꼈고, 이런 내용에 대해서도 세 나라가 열띤 토론을 할 수 있는 상황에 행복과 평화를 느꼈습니다.

- 일본 고등학생

일본군 '위안부' 전시 기록물을 보고 있는 캠프 참가 학생

사진 속 청소년은 무엇을 보고 있을까요? 벽에는 얼굴 사진과 함께 글이 적힌 종이가 빼곡하게 붙어 있습니다. 2019년 캠프 답사지로 도쿄에 소재한 액티브 뮤지엄 '여성들의 전쟁과 평화자료관(wam)'을 방문했습니다. 전시 성폭력, 그중에서도 특히 일본군 '위안부'에 초점을 맞춘 자료관인데, 위 사진은 그곳에 전시된 피해자들의 목소리를 대면하고 있는 장면입니다. 견학 후의 토론에서 한 조의 참가자들이 다음과 같은 의견을 냈습니다.

> 나는 남자라서 '위안부' 문제는 잘 모르겠다. 중국에서는 난징 대학살 사건을 다들 더 잘 안다.
>
> — 중국 고등학생

> 남자라서 모른다는 건 말이 안 된다. 중국에도 위안소가 있었다. 여러 나라에서 중국으로 끌려갔고 중국인 중에도 피해자가 많다.
>
> — 한국 고등학생

> 베트남전쟁 당시 한국군도 베트남 여성에게 성폭력을 가했다. 베트남에 남겨진 자녀 문제가 지금도 있다고 들은 적이 있다.
>
> — 한국 고등학생

> 자료관을 견학하고 나서 여성의 한 사람으로서 깊이 생각하게 되었다. '위안부' 문제가 한·일 사이에서 격해진 상황이지만, 뭐가 뭔지도 몰랐던 내가 일본인으로서 너무나도 부끄러웠다. 여러 역사를 공부하면서 일본의 교육과 인권에 대해 많은 생각을 하게 되었다. 우리는 언론을 통해 그 사실을 접하지만 거기에는 편향성이 있으니 그 점을 가려내는 것이 정말 중요하다고 느꼈다. 우리 조에서 '자기 눈으로 직접 확인하는 것이 좋겠다'는 의견이 나왔는데 공감하는 사람이 많았다.
>
> — 일본 고등학생

'동아시아 청소년 역사체험 캠프'는 코로나19 팬데믹으로 2020년 중단되었다가 2021년에 다시 온라인으로 개최되었습니다. 2024년까지 캠프에 참가한 청소년의 수는 1,800명이 넘습니다. 이들은 한·중·일 동아시아 세 나라의 평화와 우호, 공생에 대해 어떻게 생각할까요?

동아시아 그리고 세계의 평화로운 미래를
어떻게 함께 만들 수 있을까요?

'희망씨앗기금' 활동을 통해 한국을 방문하고 한국 젊은이들과 교류한 한 일본 대학생은 다음과 같이 말했습니다.

> (교류 활동에 참가했던 한국 청년들은) 일본군 '위안부' 문제의 방관자가 아니라, 어떤 의미에서는 당사자라고 했다. 이 문제의 해결을 위한 활동에 대해 가장 놀란 점은 사람들이 '피해자의 구제' 만이 아니라 오히려 '자기 자신의 구제' 를 위해 활동하고 있다는 사실이다. 그들의 활동 목적은 이 문제를 진정으로 해결하고 기억함으로써 여성 인권을 확보하고 평화로운 세계를 창조 유지하는 데 있다. 이것은 즉 자신들이 당사자의 일부로서 활동하고 있음을 의미한다.

이 글을 쓴 여성은 자신의 일상과는 직접 관계가 없어 보이는 역사 문제를 '자신의 일'로 받아들이고, 해결을 위해 행동하는 것이 중요하다는 사실을 깨닫습니다. 이는 역사 문제에만 한정된 이야기가 아닙니다. 세계에는 국경과 세대를 넘어 대응해야 할 문제들이 산적해 있습니다. 환경 문제도 그중 하나입니다.

2019년 9월 국제연합기후행동정상회의 개최에 앞서 글로벌 기후행진과 국제연합청소년기후정상회의가 열렸습니다. 청소년들은 온실가스로 인한 기후 변화의 영향이 심각한데도 눈앞의 이익에만 사로잡혀 행

2022년 서울에서 열린 기후정의행진

동하지 않는 기성세대를 비판하고 제언을 내놓았습니다. 기후행진은 한국·일본을 포함한 세계 150여 개국에서 진행되었으며, 학생을 중심으로 600만 명이 참가했습니다. 중국에서는 청년들이 쓰레기 줍기 활동을 전개했습니다. 미국 뉴욕의 시위에 참가한 한국 여고생은 지금은 학업이 중요한 시기이니 대학에 들어가고 나서 활동해도 되지 않느냐는 말에 대해 "'나중에'라는 말은 우리의 미래를 걸고 도박을 하는 것이나 마찬가지라 생각합니다. 지금이 변화시킬 수 있는 마지막 시간이고, 우리가 바로 지구 마지막 세대니까요"라고 말했습니다.

  동아시아, 그리고 세계의 평화로운 미래를 만들기 위해 우리는 지금 무엇을 배우고 생각해야 하며, 또 어떻게 행동해야 할까요? 이 책에서 다룬 사실 하나하나와 과거 사람들의 목소리, 그리고 대화를 시도한 세 나라 청소년의 목소리를 실마리로 삼아 역사와 어떻게 마주할 것인지를 생각해 봅시다.

이수현

도쿄 신오쿠보역 계단 옆 벽면에는 추모를 위한 작은 동판이 붙어 있습니다. 2001년 1월 선로에 떨어진 사람을 구출하려다 함께 목숨을 잃은 한국인 유학생 이수현과 일본인 사진가를 추모하기 위해 만들어졌죠. 2002년 한국과 일본이 공동 주최하는 월드컵이 열릴 예정이었기에 양국에 우호 분위기가 퍼져 있었습니다. 그런 가운데 일어난 사고였기에 크게 주목받았습니다. 이수현의 행동은 그 후 어떤 영향을 끼쳤을까요?

사건 1주기를 계기로 이수현의 부모는 한·일 양국 국민이 전달한 성금을 기탁해 유학생을 지원하는 장학회를 설립했습니다. 2023년까지 한국인뿐 아니라 중국, 베트남 등 아시아 출신의 일본 유학생 약 1,200명에게 장학금을 지급했습니다. 이 사고와 관련해 한국에서 추모 홈페이지가 만들어졌고, 신오쿠보에서는 매년 추모회가 열렸습니다. 이수현 씨 부모의 활동은 다큐멘터리 영화 〈가교〉(2017)로 제작되었고 공동체 상영이 이어지고 있습니다.

이 사고 이후 신오쿠보 거리는 큰 변화를 겪었습니다. 한국과 일본은 물론 아시아 사람들의 왕래와 문화 교류가 활발하게 이루어지는 장소가 되었죠. 역사 인식, '위안부' 문제, 강제 동원 문제, 영토 문제 등으로 한·일 관계는 악

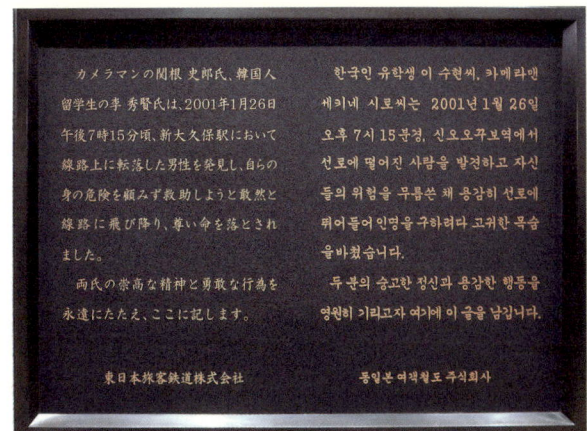

신오쿠보 현창비

화되었지만 신오쿠보 거리는 한류를 찾는 방문자로 넘쳐납니다. 그리고 한국계 이외의 음식점도 늘었습니다.

개인의 힘과 민간 교류가 정치적 갈등을 넘어설 수 있을까요? 이 작은 비문이 우리에게 묻고 있습니다.

스포츠로 가까워지는 남북한

'핑퐁외교'는 중국과 미국 탁구 선수들의 교류가 두 나라의 수교에 기여한 사실을 재미있게 표현한 용어입니다. 이런 스포츠 외교는 남북으로 분단된 한반도의 역사에서도 찾아볼 수 있습니다.

1979년 평양에서 세계탁구선수권대회가 열렸습니다. 이때 남북 단일팀을 만들자는 논의가 있었으나 성사되지는 못했습니다. 그 대신 대회는 분단과 전쟁 때문에 남북과 해외로 뿔뿔이 흩어져 생사 여부도 서로 모르던 가족들이 만나는 계기가 되었습니다. 캐나다에서 언론 활동을 하다가 대회 취재차 방북한 실향민 전충림은 그토록 보고 싶었던 누이와 상봉했습니다. 그때의 감격을 잊지 못한 그는 한평생 해외 이산가족 상봉사업을 펼치면서 북한과 해외 이주 한인들 사이에서 가교 역할을 했습니다.

1991년 일본 지바에서 열린 세계탁구선수권대회에서 첫 남북 단일팀이 만들어졌습니다. '코리아'라는 이름으로 대회에 참가한 남북 단일팀은 하늘색 한반도 깃발을 흔들며 국가 대신 민요 〈아리랑〉을 불렀습니다. 이 대회에서 남측 에이스 현정화와 북측 에이스 리분희가 함께한 남북 여자 단일팀이 우승하면서 남북에서는 화해 분위기가 고조되었습니다.

2018년 평창동계올림픽 때 남북 여자 단일팀이
스웨덴전에서 동점골을 넣고 환호하는 모습

    2018년 2월 평창동계올림픽에서는 아이스하키 남북 단일팀이 만들어졌습니다. 김정은 북한 국무위원장의 여동생 김여정은 대회 개막에 맞춰 남한을 방문해 문재인 대통령에게 김정은의 친서를 전달했습니다. 평창동계올림픽이 마중물이 되어 4월 판문점에서 남북정상회담이 개최되었고, 이 흐름은 6월 북미 싱가포르회담으로까지 이어졌습니다. 스포츠 외교로 남북한이 더 가까워진다면 동아시아의 평화와 화해에도 도움이 되지 않을까요?

국경을 넘어서는 애니메이션, 게임, 케이팝

〈명탐정 코난〉, 〈도라에몽〉, 〈짱구는 못 말려〉 등은 동아시아 청소년들이 좋아하는 일본의 애니메이션입니다. 만화책, 텔레비전 프로그램, 영화로 만들어졌고 해외로 수출되었습니다. 여러 나라에서 오랫동안 널리 인기를 얻고 있으며, 아동용, 순정물, 공상과학 등 주제 영역도 상당히 넓습니다. 건담 시리즈나 포켓 몬스터 같은 장난감과 캐릭터 상품은 마니아들의 수집 욕구를 자극하고 있습니다. 한국과 중국의 가게에서도 관련 상품들을 어렵지 않게 만날 수 있습니다.

"우리나라에서 만든 게임인 줄 알았는데 알고 보니 중국 게임이야." 중국에서 만든 게임의 그래픽은 일본 애니메이션 같은 수준 높은 3D 애니메이션으로 구성되어 있어 한국과 일본의 청소년들도 거리낌 없이 게임을 즐깁니다. 중국은 빠른 시간에 게임산업의 강자로 떠올랐습니다. 중국 기업이 내놓은 〈뮤 오리진〉, 〈아이러브니키〉, 〈소녀전선〉 등은 동아시아 청소년들이 좋아하는 모바일 게임입니다. 중국이 만든 게임은 한국이나 일본과 유행하는 게임 장르, 게임 내 콘텐츠, 모바일 환경 등이 유사하기 때문에 쉽게 다가올 수 있었습니다.

"새벽이 다 갈 때까지 / 그냥 살아도 돼. 우린 젊기에 / 그 말하는 넌 뭔 수저 길래."

- 〈불타오르네〉

불평등한 사회에서 자신이 '흙수저'라고 생각하는 청년들의 삶을 춤과 노래로 표현하는 7명의 청년들, 방탄소년단의 노래 가사입니다. 한국은 물론이고 베이징이나 도쿄의 공연장도 방탄소년단을 보기 위해 몰려든 사람들로 가득 찼습니다. 케이팝은 동아시아 청소년들을 열광시키고 있습니다. 한국뿐 아니라 이웃 나라의 청소년들도 한국의 아이돌 그룹에 들어가기 위해 오디션에 참가할 정도로 그 열기가 높습니다.

편집 후기

동아시아 공동역사교재 편찬 24년

한·중·일 세 나라의 학자와 교사, 시민 들이 뜻을 모아 시작한 동아시아 공동역사교재 편찬사업이 이제 24년 만에 한 단락을 마무리하게 됐습니다. 이 편찬사업의 모태는 '역사 인식과 동아시아 평화 포럼'입니다. 2002년 3월 중국 난징에서 개최한 제1차 평화 포럼에서 참석자들은 침략과 전쟁으로 얼룩진 과거의 역사를 비판하고 상생과 평화를 염원하는 동아시아인들을 위한 공동의 역사교재를 만들어 보자고 의견을 모았습니다. 그 합의에 따라 2005년 《미래를 여는 역사》, 2012년 《한중일이 함께 쓴 동아시아 근현대사 1·2》를 펴냈고, 이제 2025년에 세 번째 책을 펴냅니다.

《미래를 여는 역사》는 동아시아 3국 최초의 공동역사교재입니다. 이 책은 3국에서 30만 부 이상 판매되었습니다. 그리고 하와이대학에서 'A History to Open the Future'라는 제목으로 영문판이 출간되는 등 동아시아뿐 아니라 국제적으로 역사 대화의 모범적인 성과로 널리 알려졌습니다. 편찬위원들은 보다 체계적인 동아시아사를 펴내기 위해 2006년부터 2단계 작업에 들어갔습니다. 그렇게 나온 책이 《한중일이 함께 쓴 동아시아 근현대사 1·2》입니다. 이 책은 독일의 게오르그 에커트 연구소에서 'A New Modern History of East Asia'라는 제목으로 영문판(전 2권)을 출간했습니다.

2014년 11월 3국 편찬위원들은 베이징에 모여 이 책들을 평가하는 회의를 열었습니다. 1, 2단계의 공동교재가 나름 성과를 거두기는 했으나 이를 넘어서는 3단계 편찬사업이 필요하다는 데 의견을 모았습니다. 당시 상황은 절박했습니다. 앞선 10여 년간 세 나라 간에 역사 대화가 다양한 형태로 많이 진행되기는 했지만, 각국의 역사 인식은 여전히 대립하는 지점이 많았습니다. 동아시아에서 국수주의가 강화되며 서로 이해관계가 충돌하고 다양한 매체를 통해 세 나라 청소년들 사이에 상호 혐오가 확산되고 있었습니다. 이런 상황에서는 일방적으로 독자들에게 정답을 제시하는 방식의 교재로는 한계가 있었습니다. 세 나라 청소년의 시각에서 왜 역사 문제로 갈등하는지 진솔하게 질문을 던지고 그 답을 필자와 독자가 함께 탐색하는 열린 역사교재가 절실했습니다. 그리하여 2015년부터 2025년까지 11년간 3단계 편찬사업을 진행했습니다.

3단계 편찬사업에서는 협업 수준을 1, 2단계보다 훨씬 높였습니다. 1, 2단계에는 각 장절마다 한 나라 위원이 집필을 분담하고 다른 두 나라의 위원들은 상대방의 원고에 수정 의견을 제시하는 정도로 진행했습니다. 3단계에는 논점이 심각한 항목들의 경우 3국 위원들이 서로 번갈아 가며 상대방의 글을 대폭 수정 집필하는 작업을 반복하며 글의 완성도를 높였습니다.

이 책의 중요한 특징은 교육, 환경, 안전, 평화, 젠더 문제 등 냉전 이후 오늘날 동아시아가 공통으로 안고 있는 문제들을 두루두루 망라한 점입니다. 과거 침략과 전쟁의 역사를 비판적으로 인식할 뿐만 아니라, 더 나아가 세 나라에서 일어나고 있는 수많은 일상의 문제가 어떻게 과거와 현재에 서로 얽혀 왔는지 이해하는 데 많은 비중을 할애했습니다. 이 문제들을 해결을 위해서는 국경을 넘어 동아시아인들이 서로 연대해야 한다는 점을 독자들이 이해해 주기를 기대하며 이 책을 집필했습니다.

지난 24년간 공동역사편찬위원회는 3국을 오가며 제1단계 12회, 제2단계 17회, 제3단계 20회 등 총 49회의 국제회의(전체회의)를 개최하며 상호 의견을 조율했습니다. 그 외에도 제1단계 1회, 제2단계 5회, 제3단계 10회의 대표자회의와 실무회의 등을 개최하여 사실 오류를 바로잡고 상호 쟁점을 해소하는 과정을 거쳤습니다. 특히 2020년 초부터 3년간은 코로나19 팬데믹으로 인해 더 이상 서로 만나지 못하고 비대면 화상회의를 진행했습니다. 비대면 회의로는 깊이 있는 논의에 한계가 있었지만, 동아시아인들이 국경을 넘어 서로 소통의 기회를 늘릴 수 있는 좋은 수단이라는 점도 확인했습니다.

세 번의 작업을 하면서 각국의 편찬위원회는 서로 독자성을 존중하며 운영했습니다. 한국 측은 아시아평화와역사교육연대라는 시민 단체를 기반으로 하여 다양한 기관의 학자, 교사 들이 참여하여 작업했습니다. 중국 측은 첫 작업에서 베이징, 상하이, 난징 등 다양한 지역의 학자들이 참여했는데, 두 번째 작업부터는 베이징의 중국사회과학원 근대사연구소 중심으로 작업을 진행했습니다. 일본 측은 연구자, 교사, 시민들로 위원회를 구성해 자체 운영했습니다. 실무는 1단계 처음부터 3단계 중간까지 편찬위원의 일원인 다와라 요시후미(俵義文, 시민 단체 어린이와 교과서 전국네트21 사무국장)가 주로 맡았지만 투병 생활을 해야 했기 때문에 이후 편찬위원들이 분담했습니다.

20년 이상 편찬작업을 진행하면서 많은 난관이 있었지만 많은 분의 후원과 격려 덕분에 소기의 성과를 거둘 수 있었습니다. 한국의 한겨레출판과 휴머니스트, 중국의 사회과학문헌출판사, 일본의 고분켄(高文研)과 니혼효론사(日本評論社)는 책 편찬에 큰 도움을 주었습니다. 각국 위원회의 운영 실무자와 번역자, 통역자를 비롯해 많은 분의 협력에 고마움을 전합니다.

  오랜 세월 많은 분을 만나 즐거웠지만, 몇 분과는 생과 사를 달리하는 이별을 해야 했습니다. 중국의 부핑(苹步), 롱웨이무(榮維木), 일본의 다와라 요시후미(俵義文), 마루하마 에리코(丸浜江里子), 다나카 유키요시(田中行義) 등 작고한 분들께 깊은 애도를 표합니다. 그들의 노고와 뜻은 동아시아 역사 대화가 진전되는 한 잊히지 않을 것입니다.

  이번 책을 내면서 많은 신진 연구자가 합류하여 빈 공간을 느끼지 않게 채워 주었습니다. 이들이 중심이 되어 앞으로 동아시아 공동의 역사 인식 정립을 위한 여정을 지속하기를 바라며, 지난 24년간 꿈꾸었던 동아시아 평화 공동체가 실현되기를 바랍니다. 그리고 지난 여정에는 함께하지 못했던 북한을 비롯한 여러 지역에서 뜻을 같이하는 분들의 참여를 기대합니다.

저자 소개

한중일3국공동역사편찬위원회

2002년 3월 중국 난징에서 열린 제1회 '역사 인식과 동아시아 평화포럼'에 모인 한·중·일 3국 참가자들이 동아시아 공동의 역사 인식을 공유하기 위해 공동 역사 교재를 출간하기로 결정하면서 활동을 시작했다. 한국에서는 아시아평화와역사교육연대 산하 한중일공동역사교재위원회 소속의 학자와 교사가, 중국에서는 중국사회과학원 근대사연구소를 비롯해 여러 학자가, 일본에서는 학자 및 시민단체, 교사 들이 위원으로 참가하고 있다. 2002년부터 4년의 작업 끝에 2005년 《미래를 여는 역사》가 세 나라에서 동시 출판되었다. 이 책은 한·중·일 3국이 처음으로 함께 만든 공동 역사 교재로 동아시아에 큰 반향을 일으켰으며, 영어·에스페란토어로도 번역되었다. 2006년 11월 일본 교토에서 새로운 공동 역사서 발간에 합의하고, 그 후 수많은 회의와 이메일 논의를 거쳐 2012년 《한중일이 함께 쓴 동아시아 근현대사》(1·2)를 출판했다. 이후로도 한·중·일 3국의 역사 인식의 차이를 좁히고 확인하는 지속적인 노력과 함께 역사 대화를 통한 교류와 협력을 지속적으로 전개해 나갈 것이다.

아시아평화와역사교육연대

한·중·일 교과서의 역사 왜곡을 바로잡고, 20세기 침략과 저항의 역사에 대한 동아시아 공동의 역사 인식을 만들기 위해 2001년 4월 시민·사회 단체, 학자, 교사 등이 모여 결성했는. 한·중·일을 비롯한 동아시아 여러 국가 간 역사 갈등 해결과 평화로운 역사 인식을 공유하기 위해 각종 대중·연구·출판 활동을 진행하고 있다. 국내외 여러 시민·사회·연구 단체와 함께 과거사 청산 활동에도 적극 참여하고 있다. 역사 인식의 문제는 자라나는 세대의 미래에 관한 문제라는 생각에 중·일과 공동 역사책 편찬, '청소년역사체험캠프', '역사 인식과 동아시아 평화포럼' 등 대안을 제시하는 활동을 지속적으로 전개하고 있다. 홈페이지 www.aphen.net

■ **한국위원회(아시아평화와역사교육연대 한중일공동역사교재위원회)** 가나다순

김성보(金聖甫)	연세대학교 사학과 교수, 한국현대사, **3부 2장 1절, 3부 개요, 편집 후기** 집필
김정인(金正仁)	춘천교육대학교 사회과교육과 교수, 한국근대사, **2부 3장 3절, 〈유학을 다녀온 신여성, 여성교육에 뛰어들다〉** 집필
김지훈(金志勳)	아시아평화와역사교육연대 운영위원장, 중국근현대사, **2부 1장 3절** 집필
박삼헌(朴三憲)	건국대학교 일어교육과 교수, 일본근대사, **1부 3장 1절, 〈정로환의 탄생〉, 〈사진의 등장과 민중생활〉** 집필
신주백(辛珠柏)	연세대학교 국학연구원 전문연구원, 한국근현대사, **1부 2장 4절** 집필
왕현종(王賢鍾)	연세대학교 역사문화학과 교수, 한국근대사, **1부 2장 1절, 〈민간 종교와 남녀평등〉** 집필
윤세병(尹世炳)	공주대학교 교양학부 교수, 역사교육, **3부 3장 1절, 〈국경을 넘어서는 애니메이션, 게임, 케이팝〉** 집필
이경훈(李慶勳)	화흥고등학교 교사, 역사교육, **3부 1장 4절, 〈동아시아의 신세대〉 집필, 3부 3장 3절(공동)** 집필
이신철(李信澈)	아시아평화와역사연구소 소장, 한국현대사, **3부 1장 2절** 집필
하종문(河棕文)	한신대학교 일본학과 교수, 일본근대사, **2부 2장 1절** 집필
홍종욱(洪宗郁)	서울대학교 인문학연구원 교수, 한국근대사, **2부 3장 1절** 집필
	(이상 한중일공동역사교재위원회 위원)
김종학(金鐘学)	서울대학교 정치외교학부 교수, 한국외교사, **1부 1장 2절** 집필
배영미(裵姈美)	독립기념관 한국독립운동사연구소 연구위원, 한일관계사, **〈동아시아의 관점에서 본 간토 대지진〉** 집필
윤휘탁(尹輝鐸)	한경대학교 브라이트컬리지 교수, 중국근현대사, **〈한·중·일이 얽힌 완바오산 사건〉** 집필
조수룡(曺水龍)	국사편찬위원회 편사연구사, 한국현대사, **〈스포츠로 가까워지는 남북한〉** 집필

[자문위원]

김한종	아시아평화와역사교육연대 공동대표
박중현	페니카대학 교수

[통번역]

중국어	강수정, 김새봄, 김우성, 남은정, 도유정, 이영수, 이영화, 이주향, 정이정
일본어	강혜정, 김선화, 김재현, 김진선, 문서란, 배영미

[실무 협조]

김선화, 이순용

■ **중국위원회(중일한3국공동역사편찬위원회)** 가나다순

가오잉잉(高瑩瑩)	중국사회과학원 근대사연구소 선임연구원, 근대중일관계사·항일전쟁사, **2부 1장 2절, 2부 3장 2절, 〈제1차 세계대전에 동원된 아시아와 아프리카 민중들〉 집필**
궈양(郭陽)	중국사회과학원 근대사연구소 보조연구원, **3부 3장 2절(공동) 집필**
리시주(李細珠)	중국사회과학원 근대사연구소 수석연구원, 중국근대정치사·대만사, **서문, 1부 2장 3절 집필**
마샤오쥐안(馬曉娟)	중국사회과학원 근대사연구소 선임연구원, 근대중일관계사·항일전쟁사, **2부 2장 2절 집필**
쉬즈민(徐志民)	중국사회과학원 역사이론연구소 수석연구원, **2부 개요, 2부 2장 4절, 3부 3장 3절(공동), 〈어린이날〉, 〈평화기념관〉 집필**
쑹룽신(宋榮欣)	중국사회과학문헌출판사 역사학분과 편집장
양췬(楊群)	중국사회과학문헌출판사 편집장
왕샤오핑(汪小平)	중국사회과학원 근대사연구소 선임연구원, 근대중미관계사·대만사, **1부 3장 2절, 〈학교 체육 교육의 시작〉 집필**
자오칭윈(趙慶雲)	중국사회과학원 역사이론연구소 수석연구원, 중국근대사학사, **3부 1장 3절, 3부 2장 2절 집필**
차이이윈(柴怡贇)	중국사회과학원 근대사연구소 보조연구원, 중국근대문화사, **〈1900년 파리 만국박람회〉, 〈동아시아의 전통명절〉, 〈인터넷과 소셜미디어〉 집필**
허우중쥔(侯中軍)	중국사회과학원 근대사연구소 수석연구원, 근대중외관계사, **1부 1장 1절(공동), 1부 1장 4절, 〈멕시코 은〉 집필**

[번역]

한국어	류쥔옌(劉俊豔), 완전차오(万振超)
일본어	궈양, 쉬보(徐波)

■ **일본위원회(일중한3국공동역사편찬위원회)** 가나다순

가사하라 도쿠시(笠原十九司)	쓰루문과대학 명예교수, 중국근현대사, **2부 1장 1절, 2부 2장 3절, 3부 3장 2절(공동), 〈아시아의 쌀 소동〉, 〈반전 평화를 노래하다〉 집필**
다와라 요시후미(俵義文)	어린이와교과서전국네트21 사무국장(2021년 6월 7일 별세), 현대일본교육사, **3부 3장 4절 집필**
마쓰모토 다케노리(松本武祝)	도쿄대학 명예교수, 한국근대사, **2부 1장 4절 집필**
미야가와 히데카즈(宮川英一)	센슈대학 사회지성개발연구센터 객원연구원, 한국근대사, **《중국의 붉은 별》 집필**

사이토 가즈하루(齋藤一晴)	일본복지대학 준교수, 역사대화학·다국간수업교류, **2부 3장 4절** 집필
쓰보카와 히로코(坪川宏子)	'위안부'문제해결ALL네트워크 공동대표, 일본군 '위안부' 문제, **3부 3장 3절(공동), 〈미투운동〉** 집필
야마다 코타(山田耕太)	쓰쿠바대학부속고마바중고등학교 교사, 역사교육, **3부 2장 4절, 3부 3장 4절(공동), 〈이수현〉(공동)** 집필
오가와 테루미츠(小川輝光)	쓰루문과대학 준교수, 역사교육, **3부 2장 2절, 〈이수현〉(공동)** 집필
오비나타 스미오(大日方純夫)	와세다대학 명예교수, 일본근대사, **이 책을 읽는 여러분께, 1부 개요, 1부 1장 3절, 1부 2장 2절, 1부 1장 1절(공동), 3부 3장 3절(공동), 〈만세〉, 〈일본군이 전쟁에 동원한 말〉, 〈세 나라의 새해 첫날〉** 집필
와타나베 요스케(渡辺洋介)	NPO법인피스데포 연구원, 동남아시아근현대사, **3부 1장 1절, 〈재일코리안의 '국적'〉** 집필
우에야마 유리카(上山由里香)	와세다대학 종합인문과학연구센터 선임연구원(연구소 강사), 일본학술진흥회 특별연구원 RPD, 한국근현대사, **1부 3장 4절** 집필
하야카와 노리요(早川紀代)	종합여성사연구회 전 대표, 근현대여성사, **1부 3장 3절** 집필
혼조 도키(本庄十喜)	홋카이도교육대학 준교수, 일본근현대사, **3부 3장 3절(공동)** 집필

[번역]

한국어 　마쓰모토 다케노리, 우에야마 유리카

중국어 　미야가와 히데카즈, 사이토 가즈하루, 와타나베 요스케

사진 출처 및 소장처

20 Wikimedia Commons
22 홍영사
25 Wikimedia Commons
27 黒船館
29 野田市立図書館
30 Alamy
33 Getty Images
35 真田宝物館
38 中国社会科学院
41 인천본부세관
47 立教学院史資料センター
48 (위) 中国社会科学院
48 (아래) 国立国会図書館デジタルコレクション
52 《画報日本近代の歴史4》(三省堂)
53 中国社会科学院
56 국사편찬위원회
59 Wikimedia Commons
61 (왼쪽) 国立国会図書館
61 (가운데) 社会科学文献出版社
61 (오른쪽) 국립중앙박물관
66 《Harper's Weekly》
70 Rijksmuseum Amsterdam
72 (위) 홍영사
72 (아래) 동학농민혁명기념재단
74 《明治二十七八年戰役写真帖》
76 Museum of Fine Arts, Boston
81 国際日本文化研究センター
83 Wikimedia Commons
89 中国社会科学院
91 中国社会科学院
94 中国社会科学院
96 서울역사박물관아카이브
99 Wikimedia Commons
102 독립기념관
106 《日清戦争写真帖》(小川一真出版部)
108 (위, 왼쪽) 《東京朝日新聞》
108 (위, 오른쪽) 《동아일보》
108 (아래, 왼쪽) 大幸薬品
108 (아래, 오른쪽) 《동아일보》
112 川崎市市民ミュージアム
114 《ビゴー日本素描集》(岩波文庫)

116 (위) Wikimedia Commons	193 Wikimedia Commons
116 (아래) 中国社会科学院	194 《槇村浩全集》(凡堂書店)
121 Smithsonian Open Access	200 防災専門図書館
124 (위) Wikimedia Commons	206 (왼쪽) Wikimedia Commons
124 (아래) 高知市立市民図書館	206 (오른쪽) 京都大学附属図書館
129 KT텔레뮤지엄	208 《東京朝日新聞》
131 (왼쪽) 《写真記録 にいがたの女性史》(郷土出版社)	210 《東京朝日新聞》
	212 《読売新聞》
131 (오른쪽, 위) 《中華旧俗》	214 《従北平到延安》(広西師範大学出版社)
131 (오른쪽, 아래) 국립민속박물관	
141 (위) 東京都立中央図書館	216 《写真週報》
141 (아래, 왼쪽) 국립중앙박물관	217 《大東亜戦争写真史》
153 (위) 《중국 근대의 풍경》(그린비)	219 《同盟ニュース》
153 (가운데) Library of Congress	221 沙飞
153 (아래) 《日本写真史 1840~1945》(平凡社)	224 《연합뉴스》
	226 《銃後の婦人》
160 中国社会科学院	230 동북아역사재단
163 鳴門市ドイツ館	234 中国社会科学院
166 《大公報》	237 국사편찬위원회
170 Wikimedia Commons	239 (왼쪽) 《テルの生涯》(要文社)
173 독립기념관	239 (오른쪽) 《運のいい男》(光陽出版社)
177 《新青年》	246 Wikimedia Commons
181 《동아일보》	247 高文研
183 Wikimedia Commons	248 이육사추모사업회
186 《更生の大島中学校》	252 在日韓人歴史資料館
191 단재신채호기념사업회	257 高文研

259 長崎県観光連盟	311 (왼쪽) ?
261 (위) ドイツデジタルライブラリー	311 (오른쪽) 後藤悠樹
261 (아래) 《沖縄県写真帳》(小沢書店)	313 《연합뉴스》
263 (위) 青島公文書館	315 高文研
266 那覇市歴史博物館	317 (위) 《경향신문》
268 国際日本文化研究センター	317 (아래) 《조선일보》
270 (위) 《大正三年日独戦史写真帖》(東京偕行社)	320 Rockefeller Archive Center
	321 毎日フォトバンク
270 (아래) 那覇市歴史博物館	323 《연합뉴스》
272 (왼쪽) 서울역사박물관	324 沖縄タイムス
272 (오른쪽, 위) 上海図書館	327 朝日新聞フォトアーカイブ
272 (오른쪽, 아래) 日本ラジオ博物館	332 Alamy
275 국립중앙도서관	335 高文研
276 (위) モダン日本社	339 《연합뉴스》
276 (가운데) 한국영상자료원	344 《연합뉴스》
276 (아래) 中国社会科学院	346 (위) 共同通信社
279 《嗚呼忠烈·空閑少佐と肉弾三勇士》(誠光堂出版部)	346 (아래) 국가기록원
	354 高文研
280 한국대중음악연구소	356 株式会社東芝
282 神奈川大学日本常民文化研究	360 제주현대미술관
289 《写真週報》	367 高文研
290 しょうけい館	373 필자
302 (위) 毎日フォトバンク	385 《뉴스1》
302 (가운데) 국가기록원	394 《연합뉴스》
302 (아래) 中国社会科学院	408 도쿄전력홀딩스
308 高文研	410 (위) 필자

410 (가운데) 필자

410 (아래) 《한겨레》

412 필자

418 《뉴스타파》

422 川見一仁

429 原幸夫

437 高文研

439 《연합뉴스》

* 게재 허락을 받지 못한 이미지에 대해서는 저작권자가 확인되는 대로 게재 허락을 받고 통상적인 기준의 사용료를 지불하겠습니다.

찾아보기

인명

ㄱ

고노에 후미마로近衛文麿 209, 211~213
고모토 다이사쿠河本大作 206, 207
고이즈미 준이치로小泉純一郞 322, 323
고종高宗 55, 56, 97, 98, 148
귀츨라프, 카를Karl Friedrich August Gützlaff 30~32
기시 노부스케岸信介 326
김구金九 236, 237
김원봉金元鳳 248
김일성金日成 236
김일엽金一葉 140
김정일金正日 322, 323
김학순金學順 230, 412, 418

ㄴ

나카야마 미키中山みき 60, 61
네루, 자와할랄Jawaharlal Nehru 85, 334
닉슨, 리처드Richard Milhous Nixon 320

ㄷ

다나카 기이치田中義一 174, 206, 235
다케우치 유타카竹内豊 227, 228
덩샤오핑鄧小平 168, 238, 350, 395
데라우치 마사타케寺内正毅 98, 100, 101, 174, 197
도조 히데키東條英機 211~213, 307
돤치루이段祺瑞 168

ㄹ

량치차오梁啓超 54, 135, 136, 138
레닌, 블라디미르Vladimir Ilyich Lenin 171, 173, 179
루스벨트, 시어도어Theodore Roosevelt 78
리다자오李大釗 176, 177
리훙장李鴻章 128
린셴탕林獻堂 94
폴로, 마르코Marco Polo 21

ㅁ

마오쩌둥毛澤東 292, 320

마키무라 고槇村浩 194
모리슨, 존John Robert Morrison 30~32
모스, 새뮤얼Samuel Finley Breese Morse 127

ㅂ
박영심朴永心 229~231
박영효朴泳孝 135
박정희朴正熙 318, 337, 349, 357
비고, 조르주 페르디낭Georges Ferdinand Bigot 76, 77, 79, 113, 114
비숍, 이사벨라 버드Isabella Lucy Bird 43

ㅅ
사쿠마 사마타佐久間左馬太 89
서재필徐載弼 134, 138
손화중孫華仲 71
쇼와昭和 천황 213, 235, 303, 305, 306
순종純宗 98
슈펠트, 로버트Robert Wilson Shufeldt 36
신채호申采浩 191
쑨원孫文 55, 83 189
쑹칭링宋慶齡 193
쓰다 우메코津田梅子 295, 296

ㅇ
안중근安重根 84

오스기 사카에大杉栄 199
오쿠마 시게노부大隈重信 162
와카쓰키 레이지로若槻禮次郎 207
요시노 사쿠조吉野作造 185
우이팡吳貽芳 295, 296
위안스카이袁世凱 164, 165, 168
위원魏源 48, 49
위칭팡余清芳 88
윌리엄스, 새뮤얼 웰스Samuel Wells Williams 34, 35
윌슨, 토머스Thomas Woodrow Wilson 179, 188, 190
유관순柳寬順 180, 181
유길준俞吉濬 50
윤동주尹東柱 257, 258
윤치호尹致昊 180
이노우에 가오루井上馨 161
이동휘李東輝 172
이승만李承晚 341
이시와라 간지石原莞爾 207, 209
이토 히로부미伊藤博文 84, 97

ㅈ
장쉐량張學良 206
장제스蔣介石 156, 157, 189, 192, 193, 206, 208, 210, 211

장쭤린張作霖 206, 207, 213
저우언라이周恩來 168, 334
전봉준全琫準 70, 71

ㅊ

차미리사車美理士 295, 296
차오루린曹汝霖 182
차이위안페이蔡元培 168
천두슈陳獨秀 184
최시형崔時亨 60, 61
최제우崔濟愚 60
추근秋瑾 54

ㅋ·ㅌ·ㅍ

캉유웨이康有爲 53, 54, 117, 136
톰, 로버트Robert Thom 30, 31
페리, 매슈Matthew Calbraith Perry 27, 121, 122
포트먼, 안톤Anton L. C. Portman 34, 35

ㅎ

하라 다카시原敬 197
해리스, 타운젠드Harris, Townsend 34
황싱黃興 83
후스胡适 140
후쿠자와 유키치福澤諭吉 48~50, 69, 87,
 135, 136, 138
훙쉬안자오洪宣嬌 60, 61
훙슈취안洪秀全 45, 60
히라쓰카 라이초平塚雷鳥 140
휴스켄, 헨드릭Hendrick Conrad Joannes Heusken 34

일반

ㄱ

가쓰라-태프트 비망록 97
간토 대지진 199
갑신정변 16, 50
갑오개혁 16, 44, 71, 115, 136, 143
갑오농민전쟁 16, 17, 61
경인철도 126
경제협력개발기구(OECD) 398
고노 담화 413~416, 424
고려공산당 177
관동군 195, 205~207, 227, 235, 306
관민공동회 55
광저우 국민정부 189
9개국조약 157, 188
구로후네(흑선) 122
국민징용령 259

국민혁명 156, 157, 257
국민혁명군 157, 189, 192
국제연맹 156, 157, 187, 188, 195, 196, 208
국제연맹규약 188, 190, 195, 196
국제연합(UN) 225, 327, 338, 413, 415, 423
국제통화기금(IMF) 398, 403
국치기념일 165
군함도(하시마섬) 258, 259
극동국제군사재판(도쿄재판) 211
긴스이루 229, 231

ㄴ

난징 국민정부 156, 157, 211, 220
난징조약 16, 26, 30~33, 35, 39
난학 34
남만주철도 164, 195, 205
남만주철도주식회사 16, 255
남북 사이의 화해와 불가침 및 교류·협력에 관한 합의서 338
남북정상회담(2000) 322
남북정상회담(2018) 339, 439
남한대토벌작전 98
냉전 299, 300, 312, 318, 319, 321, 322, 325~328, 333, 334, 337, 349, 350, 424
니브호인 310
니콜라옙스크 사건 175

ㄷ

다이쇼 시대 161
단발령 114
대동단결선언 104
대동아공동선언 204, 205
대동아회의 205
대약진운동 349
대일본제국헌법 16, 52, 62, 215
대한민국임시정부 104, 167, 172, 173, 181, 236, 258
데탕트 321
도문강중한계무조관(간도협약) 98
독립협회 16, 55, 56, 136, 138
동남아시아국가연합 403
동남아시아조약기구(SEATO) 334
동문관 34
《동방견문록》 21
동북항일연군 234~236
동북항일의용군 236
동양척식회사 254
《동양평화론》 84
동양함대 163

동인도회사 23, 24, 26, 123
동학 47, 60, 61, 67, 70
동학(농민)군 68, 71~73, 136
동학당 67, 71, 72

ㄹ

랴오양 전투 79
러셀-아인슈타인선언 336
러시아혁명 104, 171, 174, 176, 177
러일전쟁 16~18, 76, 77, 79~83, 85, 97, 98, 103, 105~108, 126, 129, 138, 165, 205, 255, 284, 310, 316
루거우차오 사건 157, 158, 205, 209, 210, 228, 238
류큐왕국 16, 24, 25, 27, 262, 264, 268
류탸오후 사건 195, 205, 207
리턴조사단 208

ㅁ

《만국공법》 34
만민공동회 56
만주국 196, 208, 212, 241, 255, 284
만주사변 156~158, 194, 195, 205, 207~210, 220, 235~238, 244, 246, 271, 277, 284
메이지유신 16, 50, 51, 52, 161, 215, 262,

264, 340
메이지정부 46, 51, 122, 126, 295
메이지헌법 98
명성황후 시해 사건 114
무술변법운동 16
문화대혁명 349
미나마타병 254, 298, 355~358, 360, 362
미일안보조약 298, 326
미일화친조약 27, 34, 35
미투운동 384, 385
민족자결(주의) 167, 179, 182, 190

ㅂ

반둥회의 298, 334
반전운동 190, 240~242
배상제회 60
백군 172
베이징조약 32, 310
베트남전쟁 298, 321, 326, 327, 349, 433
변법자강운동 54
보갑제도 88
볼셰비키 171, 174~176
북대서양조약기구(NATO) 334
북벌 189, 192, 208
북양함대 70
불평등조약 28, 32, 37, 47, 157, 189

ㅅ

사립학교령 144
4·12쿠데타 192
산둥 출병 192, 195
산미증식계획 198
산발령 113, 115
3·1운동 62, 63, 103, 104, 156~158, 167, 172, 178~181, 184, 185, 190, 191, 296
상트페테르부르크조약 310
샌프란시스코강화조약 298, 309, 318, 319, 326, 344, 423
샌프란시스코강화회의 299
《서양사정》 48~50
《서유견문》 50
성환 전투 66, 67
세계무역기구(WTO) 298, 395~399
세계은행(World Bank) 348, 359, 398
소학교령 143, 146
스톡홀름호소문 332, 333
시모노세키조약 16, 53
시베리아 출병 172, 174, 197
10월혁명 156, 158, 171~176
신미일안보조약 298, 326
신사군 240
신사참배 95, 257
신여성 118, 295, 296
《신청년》 176
신축조약 16
신탁통치 319
신해혁명 16, 17, 55, 104, 115, 150
쌀 소동 174, 176, 197, 198

ㅇ

아시아·태평양전쟁 98, 156, 158, 205, 211, 212, 225, 231, 259, 271, 300, 315, 325
아이누인 310
아편전쟁 16, 17, 20, 26, 31, 39, 42, 49, 122, 168
안보투쟁 326
안세이5개국조약(미일수호통상조약) 40
야스쿠니신사 73, 305
양무운동 16, 42
여자소학당장정 144
연합국 157, 158, 167~169, 172, 296, 299, 303, 306, 307, 318, 319, 326
《영환지략》 49, 50
5·4운동 156~158, 169, 176, 178, 179, 182~185, 206, 295
완바오산 사건 243, 271
외국인등록령 343

우서 사건 90
우쑹철도 124, 125
워싱턴회의 156, 157, 183, 188
원수폭금지(서명)운동 334, 336
유럽연합(EU) 403
6월민주항쟁 298, 338
윤선초상총국 122
의열단 248
의화단운동 16, 45, 138, 205
21개조 요구 161, 164, 165, 182
이와쿠라 사절단 295
2월혁명 173
이화양행 125
인민공사 349
일본공산당 177, 237
일본군 '위안부' 225, 229~233, 309, 318, 412~417, 424, 427, 428, 430, 432~434, 436
일본반제동맹 192, 194
임오군란 16, 120

ㅈ

자유민권운동 16, 46, 51, 52, 56, 137, 139
장정단 88
재일코리안 343, 344
전쟁불법화운동 158

전족 60, 118, 134, 136
제1차 국공합작 189, 192
제1차 상하이사변 196, 208, 213, 235, 279
제1차 세계대전 104, 156~158, 160~162, 164, 166, 169, 171, 176, 179, 182, 185, 187, 194, 201, 265, 266, 268, 269
제1차 영일동맹 77, 162
제2차 국공합작 211
제2차 상하이사변 211, 277
제2차 세계대전 41, 158, 302, 303, 307, 333, 341, 343, 352, 356, 402, 418
제2차 영일동맹 97
제물포조약 67, 68
조계(지) 16, 39~42, 264, 269
조미수호통상조약 35, 36
조사시찰단 50
조선공산당 177
조선교육령 102
조선민사령 102
조선총독부 16, 96, 97, 100~103, 177, 180, 184, 244, 255, 287, 288, 291, 294, 306
조선특별통치주의 100
조일수호조규(강화도조약) 16, 28, 36,

37, 123
조청상민수륙무역장정 37
주정학당장정 143, 144, 147
중·소 대립 299
중국공산당 177, 189, 192, 215, 221, 222, 235, 239, 240, 242, 258, 292
중국국민당 189, 192, 248
중국동맹회 83
중일공동성명 422, 423
중일전쟁 98, 156, 158, 205, 206, 209, 212, 216, 218, 220, 222, 225, 226, 228, 231, 236, 242, 258, 259, 269, 279, 288
중일평화우호조약 321
집강소 71

ㅊ

창씨개명 95, 253
천리교 60, 61
청일수호조규 37
청일전쟁 16~18, 41, 53, 56, 62, 66~69, 71, 73, 75, 87, 105, 106, 110, 120, 125, 126, 129, 138, 150, 199
추축국 303

ㅋ

코민테른 177

ㅌ

타이루거 사건 89
타이베이제국대학 94
타이완총독부 87, 88, 90, 92~95, 306, 307
타파니 사건 88
태평천국운동 40, 45, 60, 61, 114
톈안먼 169, 179, 182, 183
톈진조약(1858) 31~33, 35,
톈진조약(1885) 67
토지조사사업 102
통감부 16, 97, 98, 144, 147

ㅍ

파나마호 122
파리강화회의 167, 179, 182~184, 190
파리부전조약 189, 190, 192
팔로군 239~241, 280
평화에 관한 포고 171
포츠담선언 156, 305, 306
포츠머스조약 16, 78, 97
푸에블로호 337
풍도 해전 68

핑퐁외교 320, 438

ㅎ

학제 143, 144, 146, 148, 149
한국광복군 219, 236, 237
한국병합 16, 41, 98, 100
한국전쟁 298, 299, 311, 320, 326, 327, 333, 334, 348
한미상호방위조약 327, 328
한반도의 비핵화에 관한 공동선언 338
한인애국단 236
한일기본조약 298, 314, 316, 317, 319, 344
한일의정서 16, 84
항일의용군 235
《해국도지》 48~50
해상자위대 328
헌병경찰 103, 104
헌의 6조 55
화교 119, 172, 244, 262, 264, 271
황국신민체조 287, 288
황민화 92, 95
후텐마 미군기지 330
훈춘 사건 175

평화를 여는 역사
한중일 3국이 함께 생각하는 동아시아의 미래

1판 1쇄 발행일 2025년 8월 11일

지은이 한중일3국공동역사편찬위원회
발행인 김학원
발행처 (주)휴머니스트출판그룹
출판등록 제313-2007-000007호(2007년 1월 5일)
주소 (03991) 서울시 마포구 동교로23길 76(연남동)
전화 02-335-4422 **팩스** 02-334-3427
저자·독자 서비스 humanist@humanistbooks.com
홈페이지 www.humanistbooks.com
유튜브 youtube.com/user/humanistma
인스타그램 @humanist_insta

편집주간 황서현 **편집** 박나영 강창훈 이영란 최인영 **디자인** 유주현
조판 홍영사 **용지** 화인페이퍼 **인쇄** 청아문화사 **제본** 민성사

ⓒ 한중일3국공동역사편찬위원회, 2025

ISBN 979-11-7087-366-2 03910

- 이 책은 저작권법에 따라 보호받는 저작물이므로 무단 전재와 무단 복제를 금합니다.
- 이 책의 전부 또는 일부를 이용하려면 반드시 저자와 (주)휴머니스트출판그룹의 동의를 받아야 합니다.